公共意識與中國文化

陳弱水　著

自　序

　　這本書是我十年來所寫的一些文章的結集。文章雖然是在很長的時間中個別寫出，主題倒都彼此相關，事實上，有些文章是在有這樣一本文集的構思下特地撰作的。現在，想就本書的主題作些簡單說明。

　　本書的主題不太容易描述，原因是，這個主題同時涉及了傳統中國、近代中國、近代日本以及現代情境的西方文化背景，在各個歷史環境，對於同一類型的問題，認識、感覺往往有很大的差異，表現的語言和觀念也迥然不同，很難在令人不生誤解的情況下利用單一概念來界定這個主題。最粗略地說，本書試圖處理的是，中國文化中有關「公共」(the public)和「社會」(the social)的意識，特別是前者。以下稍談本書的幾個特點。

　　首先，個人的專業是中國中古史與中國思想史，但本書絕大多數文章的問題意識都立足於現代，這使得本書處理問題的角度具有一定程度的普遍性，也就是跨文化性。在當前的台灣或華人文化，無論「公共」或「社會」的課題，大體上來說，都是由現代化的巨變以及西方文化進入而引起的。在考慮和理解這些問題時，不得不觸及西方的思想背景。現代華人世界中與「公」有關

的意識，有的還深受日本影響，這是因爲在十九、二十世紀之交，日本是中國理解現代事物與觀念的重要管道。本書的若干考察，也放入了近代早期中日比較思想史的因素。另一方面，華人文化具有強大的傳統源頭，要對現代華人世界中的「公共」和「社會」意識有比較切實的了解，歷史的觀點是必要的。爲此，個人對中國歷史上的一些相關課題，進行了整體式的研究。總之，在探索問題的取向上，某種程度的普遍性與通貫性是本書的一項特點。

其次，本書的主題雖然具有現代和普遍的性質，個人並非對這些問題進行直接的思辯，也不是應用起自西方的觀念或理論來觀察中國的情況。相反地，本書所作的，是從中國和東亞的具體歷史現實出發，來探討這些環境中或是自發的、或是受外力引發的有關「公共」和「社會」問題的一些現象，有時稍微觸及這些現象的一般性涵義。這樣的作法，似乎嘗試的人還少，可以算是本書一個明顯的特點，也希望能從中得出比較特殊的貢獻。

第三，由於本書的特殊取向，實際處理的問題，跟一般流行論述中所見到的不太一樣。這裡要作點進一步的說明。本書處理的問題中，有的到目前爲止，學界、知識界還注意不多，譬如傳統中國文化中的「義」和社會感。與此迥異的，則是本書的首要主題——「公」或「公共」。這是個在世界各地吸引極大關注的問題，如果從哈伯瑪斯(Jürgen Habermas)《公共領域的結構轉換》英譯本出版(1989)算起，到現在爲止，有關「公」的論述熱潮已經持續了十五年，不但沒有消退的跡象，而且蔓延到非西方世界，至少在東亞地區，還有方興未艾的態勢。這個熱潮中最明

顯的焦點，自然就是哈伯瑪斯提出的「公共領域」，這個問題、相關的評論與觀念發展，構成了這股公共論述的核心。在中國歷史──特別是近代史──的研究上，也有學者運用了哈氏的問題意識。

這裡想要特別說明的是，本書也觸及了公共領域或公領域的概念，但不同於哈伯瑪斯所指。哈伯瑪斯所謂的「公共領域」，最基本的意涵是，這是一個眞實的公共意見得以形成的場域。哈氏的「公共領域」處於社會日常生活與國家之間，是社會影響國家行動的渠道，也是社會和政治參與可能充分達成的所在。哈伯瑪斯提出的無疑是重要的課題，不過，有關「公」或public的問題，面相極多，哈氏所言只是其中之一。而且，「公共領域」是個很一般性的語詞，很難說其他類型的公共經驗不宜使用。照個人的看法，哈伯瑪斯的「公共領域」觀念並不是探討中國文化中「公」問題的理想起點，這個概念帶有強烈的近代西歐經驗的色彩（或可加上古代希臘城邦），特殊性太高，跟中國歷史經驗中的「公」重疊之處很有限。本書所處理的公共領域問題，存在於日常生活的層次，可以說是日常生活的共同世界，跟哈伯瑪斯政治參與義的「公共領域」性質不一樣。關於這項歧異，本書若干文章有直接的討論，但因哈伯瑪斯的「公共領域」聲威太盛，此處提出，是爲避免讀者有先入之見的誤會。

「公共」的觀念與價值還有一個特性，就是它並非現代社會的產物，中國（以及受中國所影響的東亞）的公/私，西方的public/private，都有非常長遠而且深刻滲入人心的歷史。中國從戰國時代開始，西方從古羅馬開始，「公」就是文化中的核心觀

念。由於這個觀念長久而分殊的背景，在內容上，中國的「公」和西方的public其實有重大的出入。現代世界的出現使得「公共」成為一個普遍性的議題，在台灣的知識界，有些人提起「公」，心中的預設恐怕是public。但公觀念的自身傳統，現在還在華人社會產生巨大的作用，可以說，這不只是背景，而是我們文化中活生生的一個部分，公私意識具有歷史根源的本土面相也是本書所關心的。即使在近代，東亞和華人社會也發生了特殊的「公共」問題，其中最突出的就是公德或公德心。嚴格來說，這不是西方傳來的觀念，而是明治時代的日本在向西方文化學習、與西方文化奮鬥的過程中凝塑而成的，這個觀念後來在中國與華人世界的傳布，也有重大的意義。本書對於這個獨特而少人問津的課題，同時作了歷史與理論的考察。

本書正編共分三個部分。「原理篇」的主要內容是原則性的討論，歷史研究論文置於「歷史篇」。「評論篇」則是若干有關台灣的公共領域和社會秩序問題的評論，內容有不少可與「原理篇」、「歷史篇」呼應的地方。由於本書諸文是在長時間中分別寫出，內容有一些重複之處，這次整理，未能完全排除，尚請讀者原諒。不過，文章課題重複，有時有互相補充、互相保護的效果，這是始料未及的「好處」。此外，本書收納了兩篇二十多年前學生時代的舊作，作為附錄。這兩篇文章雖然跟「公」沒有關係，但都屬於政治思想和政治思想史的範圍，多年來不時有朋友提起，現在重刊，方便有興趣的人參閱。

本書正編諸文，除了一篇短評，都曾單獨發表過。這次結集，至少都作了文字修訂，有的還進行實質改寫、更正。原發表

的處所與修訂方式，都在文末或文前有所註明。許多文章的研究
寫作曾獲得朋友幫忙，特別重要的協助，在個別文章中有所銘
誌。個人在專業領域的研究教學之外，從事本書諸文的撰作，歷
時十年，如織毛線，時斷時續。在此期間，也懷疑過這項工作的
價值，但一直得到婉窈的鼓勵，終至告一段落。在此要向她表示
感謝。

陳弱水

2004年8月於東京西之原旅寓

目　次

評論篇

附錄

原理篇

泛論篇

公德觀念的初步探討
——歷史源流與理論建構

　　1980年代初期——大概是1981年底或1982年初，當時我剛到美國留學，有一回與一位美國同學閒談。她因為不久前才到過台灣，就和我說起在台的見聞。她提起她喜歡台灣的地方，也談到這裡公共秩序的混亂。她說，她在台灣的時候，有一次向本地的友人抱怨此事。那位友人急忙告訴她：「我們知道，我們都知道！我們缺乏公德心。」轉述到此，我的美國同學面色突然嚴肅起來，對我說：「台灣的確缺乏你們所說的『公德心』，我告訴我的朋友，沒有公德心，台灣是不可能成為真正的現代社會的！」——她的「公德心」三字是用中文說的。十五個年頭已經過去了，那位同學的最後兩句話還時常在我心頭響起。

　　這篇文章就是要討論「公德」或「公德心」的問題。這兩個詞語的內涵完全相同，「公德」是代表某種特定德行的概念，「公德心」則是指個人具有這種德行意識的狀態。本文將視論述脈絡的需要，交互使用這兩個詞語，不作區分。

　　「公德」或「公德心」的觀念在近代中國思想中占有很特別的地位。這個觀念在華人世界的出現，大概始於梁啟超（任公，1873－1929）的《新民說》。台灣有關社會、文化問題的日常談話

和通俗文字裡，也經常含有這個字眼。《新民說》陸續刊布於1902年至1905年間，至今已近一個世紀。可怪的是，這個觀念流行雖久雖廣，卻似乎沒有人對它作過系統的分析。依我個人的推測，造成這個現象的一個主要原因是，二十世紀華人學界對政治、社會、文化問題的理論性論述，多以西方馬首是瞻，問題的認定和分析的架構幾乎完全取決於歐美學術思想的發展。但「公德」或「公德心」基本上是十九、二十世紀之交產生於日本和中國的觀念，在西方的政治社會思想中並沒有嚴格對應的概念，這個觀念因此也從未得到台灣哲學界或社會科學界的青睞。「公德」這個說法之所以會在台灣長久流行，是因為它能有效表露或解釋我們社會中的某些重大現象，值得學界予以注意。透過對此觀念以及相關問題的嚴謹探討，我們應能對我們公民文化的特質——特別是其缺點——獲得更深刻的認識。

近代中國社會為什麼會用缺乏公德的說法來指稱華人行為的某種特質？（最近中國大陸多以「社會公德」四字連用。）公德觀念的主要內涵是什麼？它和公民生活中的其他價值有何異同？關係何在？許多人認為，我們的社會缺乏公德心，但用什麼方法來改善？我們的價值系統和行為模式要做怎樣的調整，才能促進公德的成長？對於這些問題，個人現在想從歷史發展與理論建構的角度，提出一些初步的看法。也許可以做為自己或他人更進一步探索的參考吧！

一、公德觀念的歷史演變

梁啓超的公德觀念

　　前文已經說過，在中國近代史上，「公德」一詞可能最先出現於梁啓超的著作，現在就對這個觀念在其著述中的涵義略作說明，以為本文討論的起點。梁啓超最早使用「公德」一詞，似乎是在1902年2月8日刊布的〈新民叢報章程〉，該文第一章第一條即云：「中國所以不振，由於國民公德缺乏，智慧不開」，「公德缺乏」四字還是用粗大字體印的，可見他的重視[1]。梁任公對此觀念的闡釋，則始於同年3月10日出版的《新民說》第五節〈論公德〉。此節起始即對「公德」下了定義：

> 我國民所最缺者，公德其一端也。公德者何？人群之所以為群，國家之所以為國，賴此德以成立者也。人也者，善群之動物也。……而遂能有功者也，必有一物焉，貫注而聯絡之，然後群之實乃舉。若此者謂之公德。

後文對公德的性質有進一步的說明：

> 道德之本體一而已。但其發表於外，則公私之名立焉。人

1　《新民叢報》第一號，頁1。此頁台灣藝文印書館景印本失印。

人獨善其身謂之私德，人人相善其群謂之公德，二者皆人
生所不可缺之具也[2]。

上引文字的意思雖然不是非常明確，但我們大概可以推定，梁啟
超所謂的「公德」的最基本意思是人的行為中能對公共利益、社
群凝聚有所貢獻者。因為這種行為具有高度的價值，所以稱為
「公德」。梁啟超之外，梁漱溟(1893－1988)是近代中國另一位
少有的曾對公德觀念作過討論的思想家。他在《中國文化要義》
(1949年出版)中也指稱，中國人缺乏公德。他對「公德」下的定
義是：「人類為營團體生活所必需底那些品德。」這完全是繼承
梁啟超的說法，也是對梁任公「公德」觀念的一個恰當詮解[3]。

　　就基本意義而言，梁啟超所稱的「公德」是指個人行為中具
有公共性的道德意義的部分；或者說，從公共利益的角度來評價
個人行為的標準。這是一種相當寬泛的說法。在任公的心目中，
「公德」有沒有比較具體的內涵呢？筆者通觀他的作品，的確發
現了一些線索。簡要地說，「公德」一方面指有利於國家總體利
益的行為，一方面則指有利於一般社會公益的行為。這兩個涵義
其實在梁啟超為「公德」所下的總定義中已見端倪。他說：「人
群之所以為群，國家之所以為國，賴此德以成立者也」（見前引

2　以上引文均見《新民說》，頁12，收在梁啟超，《飲冰室專集》，
　　第三冊(台北：中華書局，1987年台三版)。
3　梁漱溟，《中國文化要義》(上海書店民國叢書影印本)，第四章
　　〈中國人缺乏集團生活〉，頁70。梁漱溟對此問題的重視明顯是受
　　梁啟超的影響，見頁70-1。

文）。在這裡，「群」是泛指西方所謂的society──此詞日人譯爲「社會」，而逐漸爲中國所接受[4]；「國家」則是指一種特殊形態的「群」，一個country或nation。

十九世紀末，特別是甲午戰爭之後，中國受東西列強的侵辱日深，甚至有國亡不復的危機。在此處境下，知識界中興起了「群學」的思潮，提倡「群重己輕，捨私爲公」，希望打破家庭、宗族、階級等小單位的隔閡，解放震旦全民的能量，爲國族的全體大利獻身奮鬥[5]。梁啓超的公德觀念也是群學思潮的一部分，它的一個主要指涉就是國家觀念與愛國心──個人小我爲最重要的大我奉獻努力的意志與情感。所以，在《新民說》中，緊接〈論公德〉之節的就是〈論國家思想〉，梁任公的構想是，〈論公德〉一節總論新國民所需之道德，國家觀念則是實行此公德的首要方法[6]。梁啓超以國家觀念爲國民道德之主要內涵的想法

4　"Society"的概念傳入之初，嚴復先譯爲「群」，但「社會」一詞也很快就傳入中國。梁啓超撰寫《新民說》時，似乎多用「社會」一詞指society，但有時仍用「群」字。關於society觀念及其譯法在清末流傳的狀況，見黃碧雲，〈清末民初知識分子的「社會」觀念〉（清華大學歷史研究所碩士論文，1996），第二章第二──四節。

5　關於清末民初群學思潮之大要，參見王汎森，〈「群」與倫理結構的破壞〉，收在氏著《章太炎的思想──兼論其對儒學傳統的衝擊》（台北：時報文化出版公司，1985），頁243-9；王汎森，《古史辨運動的興起》（台北：允晨文化出版公司，1987），〈引論〉；鄭師渠，《國粹、國學、國魂──晚清國粹派文化思想研究》（台北：文津出版社，1992），第六章第二節。

6　《新民說》，頁15-16。

尚散見於《新民說》他處，爲此書中心思想之一[7]。

「公德」的另一個主要指涉則是個人對社會的義務，梁啓超也稱之爲「社會倫理」。在〈論公德〉中，梁啓超批評中國傳統的五倫大多爲私德，其中朋友一倫僅爲不完全的社會倫理。他說：「凡人對於社會之義務，決不徒在相知之朋友而已。即已絕跡不與人交者，仍於社會上有不可不盡之責任。」（頁13）《新民說》第十八節〈論私德〉有云：

> 德之所由起，起於人與人之有交涉。……故無論泰東泰西之所謂道德，皆謂其有贊於公安公益者云爾，其所謂不德，皆謂其有戕於公安公益者云爾。（頁112）

以上引文所說的社會義務、公安、公益，顯然並不能只當成國家的整體利益來了解，而是汎指超越個人或私人關係的責任與利益。梁啓超常期望中國人民要有「公共心」、「公益心」，他所說的主要就是社會義的公德[8]。

在此我想進一步推論，雖然《新民說》沒有明言，梁任公的

7　張灝對梁啓超的民族關懷與其「新民」觀念之關係有精詳的討論。見Hao Chang, *Liang Ch'i-ch'ao and Intellectual Transition in China, 1890-1907* (Harvard University Press., 1971), Chapter 6。

8　見《飲冰室文集之十四》，〈論中國國民之品格〉，頁3-4；〈服從釋義〉，頁16。此兩文都收在台灣中華書局版的《飲冰室文集》（1983年台三版）第五冊。梁啓超在1916年所寫的《國民淺訓》中尚對「公共心」的問題有所申論。此書原收於1936年上海中華書局版《飲冰室專集》第九冊，台灣中華書局重印該集時未納入。

「公德」或「社會倫理」觀念，其實不限於個人與社會集體利益的關係，它們也包括了個人和社會其他個別成員的關係。在1902年6月刊行的〈東籍月旦〉一文中，梁啓超就盛讚日本編寫倫理教科書能顧到人生世界的各個方面，不似中國人講倫理之狹隘。他特別引了日本文部省所頒布的有關編寫高等小學修身教科書的一份準則，其中「社會倫理」項下的子目最多，如他人之人格、身體、財產、名譽、秘密，又如恩誼、朋友，都與任何性質的集體利益無關。這些社會倫理的條目雖然不是梁啓超所自撰，但他顯然是同意的[9]。〈東籍月旦〉的發表較〈論公德〉僅晚三個月，任公在後文提到「人對於社會之義務」、人在社會上「不可不盡之責任」時，可能心中就有這些社會倫理的影子。

　　總結而言，梁啓超的公德觀念含有兩個主要元素。用他自己的話來說，一是「愛國心」，一是「公共心」或「公益心」；一是國家倫理，一是社會倫理[10]。從中國近代思想史的觀點看來，公德觀念初起時雖然深受群學思潮的影響，但它實有重要的特殊意義。「公德」的特殊處在於它有社會倫理的涵義，這是此概念與強調集體綱紀和利益的「群」的觀念的最大不同。

9　《飲冰室文集之四》，〈東籍月旦〉，頁85，收在台灣中華書局1983年台三版《飲冰室文集》第二冊。此文於1902年6月起陸續在《新民叢報》發表，此處所論出現於文章首次刊載的部分。（2003年6月筆者附識：梁啓超在該文未清楚指出他引用資料的出處，個人經查核，發現是日本第一次國定修身教科書高等小學修身書的德目。見本書所收〈日本近代思潮與教育中的社會倫理問題〉註52及相關正文。）

10　對「愛國心」的討論，見〈論中國國民之品格〉，頁2；國家倫理與社會倫理概念的提出，見《新民說》，頁12-13。

公德觀念的日本淵源

「公德」一詞並非梁啓超所自創，而是日本原有的觀念，他只是借用。「公德」（こうとく）和「公德心」（こうとくしん）都是日語中通用的詞彙，就和中、日文中絕大多數共用的現代名詞一樣，此二詞是由日本傳入中國的，《新民說》顯然是一個主要的媒介[11]。「公德」一詞很可能是明治維新後的新生事物。就個人追索資料所得，公德的概念最早出現在思想家福澤諭吉（1834－1901）的名著《文明論之概略》。此書初版於1875年（明治八年），在書中第六章〈智德的區別〉的起頭，福澤將「德」分為「私德」、「公德」，「智」分為「私智」、「公智」。他並說：「自古以來，雖然沒有人把這四者明確地提出來討論，但是，從學者的言論或一般人日常談話中，仔細琢磨其意義，便能發現這種區別確實是存在著的。」從這幾句話看來，「公德」一詞是福澤自己的發明。

在福澤的用法裡，「公德」的涵義非常寬泛，可指一切顯露在社會生活中的德行。他說：「與外界接觸而表現於社交行為的，如廉恥、公平、正直、勇敢等叫作公德。」「公德」並不是福澤論述智德問題的要點，除了上引的簡單界定，他幾乎未給予

11　高名凱與劉正埮曾對現代漢語中發源於日文的詞語作過研究，但他們的詞彙表中並無「公德」。見高名凱、劉正埮，《現代漢語外來詞研究》（北京：文字改革出版社，1958），第三章第五節。Philip Huang（黃宗智）曾探討日本對梁啓超思想的影響，也未觸及公德的觀念。參考他的 Liang Ch'i-ch'ao and Modern Chinese Liberalism（University of Washington Press, 1972）, Chapter 3.

任何正面的討論。福澤論述的重心是在「智」。他認爲，一個社會要發展現代文明，「智」——知識、技術——遠比「德」重要。傳統日本和中國所講的道德，幾乎都是限於個人及其周遭狹小範圍的私德，道德要發揚到廣大的人群，唯有依靠「智」的力量。從福澤的整體理路觀察，他似乎以爲，公德、私德的區別主要在應用的範圍，而非性質上有何差異，道德的原則如能憑藉現代知識技術獲得普遍的實現，就可算是公德了[12]。

如果「公德」一詞的確是《文明論之概略》首先提出的，它並沒有因爲福澤自己的忽視而受到時代冷落。種種跡象顯示，「公德」是一個在明治時代廣泛流行的觀念，在涵義上，也有了獨立於福澤思想的生命。關於此觀念的流行，一個明顯的證據是，至遲在1900年（明治三十三年），也就是《新民說》開始撰寫前兩年，這個詞語已經走進了法令。在當年八月公布的〈小學校令施行規則〉中，第二條論修身課之宗旨云：

> 修身乃基於教育敕語之旨趣，主旨在於涵養兒童德性、指導道德實踐。……培養對社會國家的責任，……鼓勵進

---

12 以上引文，均見福澤諭吉著，北京編譯社譯，《文明論概略》（北京：商務印書館，1959年初版），頁73。福澤對智德問題的整體討論，見頁73-103。原文見福澤諭吉，《文明論之概略》，頁83-114，收在《福澤諭吉全集》第四卷（東京：岩波書店，1959）。福澤以爲私德、公德原理一貫的意見，在1887年（明治二十年）所寫的〈讀倫理教科書〉（發表於1890），有更明確的發揮。見《福澤諭吉全集》，第十二卷（東京：岩波書店，1960），頁397-400。

取，崇尚<u>公德</u>，忠君愛國[13]。

這個條文直述「公德」一詞，沒有加上任何說明性的修飾語，可見是一個為大眾熟知的觀念。

至於明治時代日本公德觀念的內涵，亦有可得而言者。前引的〈小學校令施行規則〉中說修身課的指導原則是〈教育敕語〉。按，〈教育敕語〉發布於1890年（明治二十三年）10月30日，這是日本近代教育史與國家統治史上的一件大事。此敕以天皇之名，宣示了當時政治領導階層對國民道德走向的指導方針，對往後數十年的日本文化有極深刻的影響。敕語頒布後，謄本就發交全國各級學校奉讀，並由東京帝國大學哲學教授井上哲次郎（1855－1944）參考八十多位學者的意見，撰成敕語注釋書，此書最後由文部大臣芬川顯正定稿（芬川本人曾參與敕語之起草），以《敕語衍義》之名於次年出版。〈教育敕語〉的篇幅極短，共列舉了十四項德目，其中並沒有「公德」一詞。敕語中與「公德」最有關係的語句有：「博愛及眾」、「進廣公益開世務」。根據《敕語衍義》的解釋，這幾句話的意思是要求國民努力成材，為國家大眾奉獻犧牲。事實上，敕語中明白告誡：「一旦緩急，則義勇奉公」。以〈小學校令施行規則〉對照〈教育敕語〉，似乎

---

13 原文見勝部眞長、涉川久子，《道德教育の歷史——修身科から「道德」へ》（東京都町田市：玉川大學出版部，1984），頁80。譯文據村田昇著，林文瑛、辜雅靖譯，《道德教育》（台北：水牛出版社，1992），頁290。引文中的底線為筆者所自加。

顯示「公德」在日本亦有集體主義、國家主義的意味[14]。

不過，在十九、二十世紀之交的日本，「公德」一詞的集體主義涵義並不強烈，它主要是指個人對公共秩序及社會其他成員所應有的責任和愛心，換言之，相當於梁啓超所說的「社會倫理」或「公益心」。在1901年(明治三十四年)，日本出現了一個討論公德問題的風潮。從當年一月到四月，《讀賣新聞》刊載了一百五十個有關如何培養公德的實例。這是報社當局爲喚起民眾的公德意識而進行的計畫，報社同時並開辦一連串的「公德養成風俗改良演說會」。1903年，《讀賣新聞》將報上刊載的150個例子修訂成130個，連同演講會記錄和當時若干有關公德的論述，彙集成書出版，顏曰：《公德養成之實例──附英人之氣風》。(附錄部分爲《讀賣新聞》在1902年所刊載的132篇有關英國風習的訪談記錄。)[15]

---

14 勝部眞長、涉川久子，《道德教育の歷史》第三章，特別是頁58-61。此處所引係〈教育敕語〉的官方漢譯，見國民精神文化研究所，《教育敕語渙發關係資料集》，第三卷(1939)，頁594。村田昇著，林文瑛、辜雅靖譯《道德教育》亦有中譯文(頁289)。按，在近代日本思想史上，〈教育敕語〉的頒布可算是文化保守主義開始凌駕西化(即所謂「文明開化」)風潮的第一個重要標誌。參考 Kenneth Pyle, "Meiji Conservatism," in Marius Jansen, ed., *The Cambridge History of Japan, volume 5, The Nineteenth Century* (Cambridge University Press, 1989), p. 684；和辻哲郎，《日本倫理思想史》下冊，收在《和辻哲郎全集》第十三卷(東京：岩波書店，1962)，頁441-55。

15 讀賣新聞社編纂，《公德養成之實例──附英人之氣風》(東京：岩陽堂書店，1912)。按，此書原出版於1903年，負責編纂者似爲記者中島益吉。又，書中實際刊出的公德實例有132個，與〈凡例〉所說不合，不知何故。

　　對於了解公德觀念的成立，《公德養成之實例》是一份內容豐富的珍貴資料。但由於日本的公德觀念不是本文的重點，這裡只能作最簡單的介紹。此書把刊載的實例分爲九類：眾人聚集場合中的公德、對待公物的公德、對待他人之事業與物品的公德、有關收受運送財物的公德、關於與他人之約定的公德、與遵行法規有關的公德、與政治有關的公德、與商業交易有關的公德、在應表示同情友好的場合中的公德。在這九類實例中，和國家社會的整體目標有關的，可說是絕無僅有。此書所謂的「與政治有關的公德」只有三例，一是英國選舉的公平，一是承認反對黨之優點的雅量，一是指黨員遲繳或不繳黨費爲不合公德。這三件事都跟個人對集體的效忠無關。從此書所舉的例子，我們可以大概歸納出，在作者和編者的心目中，「公德」有兩個主要的性質：一是個人在公共場所和對集體利益應有之行爲，另一則是對社會生活中的其他人——主要是陌生人——應有的態度與舉止。

　　《公德養成之實例》包羅繁富，除了各種例子，還附有多人的論述，應可在很大程度上反映二十世紀初日本的公德觀念。和梁啓超的思想相對照，日本公德觀念最明顯的不同是，政治倫理、集體主義的色彩淡薄，社會倫理的意味則遠爲濃厚。綜而言之，明治時期日本公德觀念似亦含有政治倫理與社會倫理兩個方面，但以後者爲主。梁啓超的公德觀念雖直接取自日本，但因他受到本土群學思潮的影響，在重點上有了改變[16]。（附識：本文原

16　關於一篇闡揚社會倫理義的公德觀念的早期文章，見能勢榮，〈敕語に宣ひたる德義の順序〉（1891），收在國民精神文化研究所編，《教育敕語渙發關係資料集》，第三卷，頁563-78。《新民叢報》

發表於1997年，筆者爾後曾對公德觀念在日本的起源和發展另作
專門考察，見收於本書的〈日本近代思潮與教育中的社會倫理問
題〉。）

公德觀念在台灣

　　梁啓超發表《新民說》，介紹「公德」觀念後不久，此詞即
大行於中文世界，至今不衰。舉例而言，1904年第十三期的《中
國白話報》即出現帶有濃厚群學意味的「公德」一詞。1905年或
稍前，上海廣智書局出版了《公德說話》、《公德美談》二書。
在1906年，《東方雜誌》第七期社論與美國牧師林樂知(Young J.
Allen)都曾使用過「公德」的概念[17]。以我粗略所得的印象，此觀

（續）————————————

　　第三十至第三十二期(1903年4至6月出版)載有日本育成會所編的
　　〈歐美公德美談〉譯文，這份文獻所談的公德也屬於社會倫理的範
　　疇。此外，當時日本流行的「公德」定義似乎是：對社會大眾應有
　　之德義(公眾に對する德義)，見《公德養成之實例》，〈岡部長職
　　序〉，頁1；〈江原素六序〉，頁1；〈歐美公德美談〉，《新民叢
　　報》第三十二號，頁94。另須說明，1890年代以後，日本思想也有
　　明顯的集體主義傾向，但「公德」、「社會」、「社會倫理」等觀
　　念不是這個取向表達的主要管道。

17　《中國白話報》的例子，見鄭師渠，《國粹、國學、國魂——晚清
　　國粹派文化思想研究》，頁275。《東方雜誌》和林樂知的例子，
　　見王昱峰，〈公民公共性的建構——以戰後公共性社會運動爲主
　　軸〉（國立師範大學公民訓育研究所碩士論文，1994），頁8，11。
　　《公德說話》、《公德美談》二書的資料，見《新民叢報》第七十
　　一號(1905年10月)封面後廣告。章炳麟在1906年曾兩度批評公德、
　　私德之分，這似乎屬於少見的情況。見章炳麟，〈俱分進化論〉，
　　《民報》第七號(1906)，頁13；〈革命之道德〉，《民報》第八號
　　(1906)，頁15，18。

念主要的演變方向，是褪減其民族主義和政治倫理的意味，而逐漸轉成較單純的社會倫理觀念。劉師培（1884－1919）於1905、1906年出版的《倫理學教科書》就是一個明顯的例子。此書第二冊用將近一半的篇幅討論社會倫理，這部分開章明義，立刻引用公德的觀念。師培所論的「公德」就很少有集體主義或國族主義的意味，他言及中國人民輕公德，舉的例子是：「汙穢公共道路，損折公共之花木，乘舟車則爭先，營貿易則作偽」，可為明證[18]。上海中華書局1930年出版有徐澄著《公德淺說》一書，其內容絕大部分也與政治無涉[19]。

　　有關二十世紀前半公德觀念在中國的發展與表現，涉及相當多的資料與課題，要有充分了解，還有待專門研究。本文的目的，除了在揭示此觀念的基本歷史發展軌跡，還希望能對其涵義與有效性提出理論的說明。由於這個概念重構的工作是在台灣進行的，本文有必要對現代台灣文化中的公德觀念作些具體的說明。以下對1963年青年自覺運動中有關公德心言論的分析，即是基於這點考慮。

　　「青年自覺運動」亦稱「五廿運動」，起因於1963年5月18日中央日報副刊上的一篇文章。這篇文章題目為〈人情味與公德

18　參見劉師培，《倫理學教科書》，收在《劉申叔先生遺書》，第四冊（台北：京華書局景印，1970），第十九、二十課。

19　我未能找得此書。根據北京圖書館編《民國時期總書目·哲學·心理學》（北京：書目文獻出版社，1991）頁288，此書認為公德包括利人利己、公益、守秩序、守時間、負責任、博愛、正當娛樂、勿占人便宜、團體自治、地方自治，其中只有地方自治屬於政治的範疇。

心〉，作者署名狄仁華，自稱是美國留學生。作者以一個熱愛中華文化、來台學習中國文史的留學生身分，向台灣的朋友提出諍言。他以自己在台灣大學的生活經驗爲例，指出中國人欠缺公德心，覺得這是「對於中國的革命和建國運動一個很大的障礙」。文章刊出後，立刻引起反響，20日就有台大學生發起「自覺運動」，呼籲同學自我反省，建立公德心，負起對國家社會的責任。這個運動也得到很多其他大學的學生和社會人士的響應，狄仁華的文章和許多他人的回應文字都收在晏祖所編的《人情味與公德心——青年自覺運動專輯》[20]。由於公德心是這些文章討論的一個重要主題，本文想以這本集子中所提到的有關公德的具體例子爲樣本，分析「公德」一詞在台灣文化中的涵義。以下是缺乏公德心的例子：

一、做事不排隊、插隊。(頁3，4，103，111，177，219)

二、考試作弊。(頁3-4，195)

三、非學生借他人學生車票使用。(頁4)

四、在不准吸煙之處抽煙。(頁5)

五、違反規定，在宿舍留宿外人。(頁5)

六、在圖書館「霸位」。(頁102)。

七、行人與車輛闖紅燈。(頁103，130，219)

八、在公共場所扔紙屑果皮、隨地吐痰便溺。(頁61，103，130，219)

20　此書印過多次，我所用的是台北五洲出版社1972年印行的版本。前面所引狄仁華的句子見頁3。

九、使用公共廁所導致不潔。(頁103，219)

十、深夜在馬路上練車及製造種種噪音。(頁121)

十一、溜狗對狗不作拘束，威脅他人。(頁121)

十二、家內收音機聲音大，吵鄰居。(頁127)

十三、夜間開車不燃燈。(頁130)

十四、私自剪下圖書館中雜誌的文章。(頁146)

十五、台大郵局試辦買郵票不設售票員，顧客自己付錢，許多人就私取郵票。(頁195-6)

《人情味與公德心》集子中還舉出了一些符合公德的情況，現在也列出：

一、公車司機開車時，起步與停車都不猛。(頁57)

二、開車遵守交通規則。(頁57)

三、索取統一發票。(頁57)

四、商店店員、公車車掌對顧客和善有禮。(頁143)

五、抱小孩乘坐公共交通工具，為免弄髒座位，將小孩的鞋子脫掉或用塑膠套罩在鞋子上。(頁143-4)

六、熱心協助問路的人。(頁144；例四—六是描述在日本的見聞)

七、愛護公物。(頁61)

除了以上的例子，這本集子中還是有言論把公德心和集體紀律、國家命運相連，提倡公德心的同時，一併攻擊自由主義的心態，不過這類的例子並不多。(見頁27-9，61，153-4)

「公德」的範圍有多大，包含了哪些行為？是一個不容易有確切答案的問題。上面列出的例子裡，有少數究竟是否屬於一般

人心目中的公德，可能還有爭議。但由於前舉之例雜取自多人的言論，應該有相當的代表性。從這些例子，我們發現，在1960年代的台灣，公德基本上也是個社會倫理觀念，更重要的是，它有兩個特性：第一，它大多用來指稱不作為或消極性(negative)的公民行為。絕大多數的所謂公德都不涉及公共利益的創造或公共事務的參與，公德基本上是要求公民不要破壞公共利益，或不要妨害在公共領域中活動的他人。公德的這個特性尤其明顯地表現在最常被提出的有關要求上，如不要插隊、不要隨地扔垃圾、不要任意停車、不要製造噪音、不要遺棄家狗。

公德的另一項特性是，它常與法律或公共場所的規則有關。上文所引的例子觸及了許多法規，如交通規則、圖書館的規定、使用車票的規定。簡言之，公德行為與守法行為有很大的重疊。公德的這個特色更進一步彰顯了它的不作為性，公德並不要求個人的特殊貢獻或犧牲，它通常只意謂著對社會成員遵守與公共秩序有關的法規的期望。

《人情味與公德心》中的文章雖然寫於三十年前，但前引大部分例子所反映的社會現實都還存在，在這三十年間，公德的觀念也沒有明顯的變化。現在我想對目前通行的公德觀念再作一次確認，確認的方法是：我們可以試想，積極作為性的(positive)、參與式的公民行為算不算是一般所謂的公德？譬如，有人富於同情心，經常參與社會服務，擔任義工，或捐款給慈善機構。這些算不算是公德行為？又如，有人對自己的參政權十分重視，無論選總統或選里長，都一定投票。這算不算是有公德心？在一般人的心目中，以上行為雖然表現了高度的公民責任感與社會關懷，

但恐怕不會用公德的概念來指稱它們。經過這樣的試想，我們應可確定，在現代台灣社會的觀念裡，公德主要是指不作為性的、避免妨礙公眾或他人利益的行為[21]。

　　日本近代思想家西村茂樹(1828－1902)曾在一篇文章提出「消極的公德」與「積極的公德」的區分。現在我們所說的公德，大約只等於西村所說的「消極的公德」，範圍甚至還小些[22]。這個觀念與《新民說》所論相比，差距就更大了，可說只是梁任公提出的「公共心」或「社會倫理」的一部分。經過近百年的演變，雖然公德觀念的內涵變得相當狹窄，但我個人認為，公德在目前通行的涵義，正是這個觀念最有力量的所在，也可能是這個觀念能持久不衰的關鍵原因。當前意義的公德觀念指出了華人文化的一個特質，這就是：一般來說，華人對公共利益或陌生人的存在，感覺相當模糊。在行為上，經常以占用公共資源或傷害陌生人的方式來增進自己的利益。用一個比較戲劇性的說法，許多華人和公眾利益似乎有一種天生的敵對關係。公德觀念最有意義的地方就是它能直接指陳華人行為的這一特質，無論在傳統中國思

21　關於台灣公德觀念的討論，本文有個盲點，這就是：公德概念起於近代日本，而台灣受到日本統治五十年，在日治時期，這個價值在台灣有怎樣的傳播和影響，是值得往後考察的。周婉窈曾對日治時期公學校修身教育中的公德有所討論，見其《海行兮的年代──日本殖民統治末期台灣史論集》(台北：允晨文化，2003)所收〈失落的道德世界──日本殖民地統治時期台灣公學校修身教育之研究〉，頁324-9。

22　西村茂樹，〈公德養成の心〉，收在讀賣新聞社編纂，《公德養成之實例──附英人之氣風》，頁106-110。按，此文刊出時，西村已逝世。

想或由西方引進的政治社會論述中，似乎沒有其他任何觀念能更精確地點明這個問題，並提出一個要求改變此特質的價值。

在本節結束前，特別要補為說明的是，即使在公德觀念出現的初期，此觀念的涵義甚為寬廣，公德的不作為面或消極面已經是一個極有力量的成分。《公德養成之實例》〈志賀重昂序〉力陳日本人肆意破壞濫用公物，言之具體而痛心：

> 本邦學生，其在家也，曾無為削傷机案塗鴉障壁等惡戲者，是以自家物也。而其上校也，為是等惡戲無所憚，是以公共物也。其進入中學也，己所有書冊，則糊紙蔽之，慎密保護，以防擦損，是以自家物也。而係學校所有者，則不為是等保護，任其擦損，是以公共物也。又如自家庭園花木，珍重保護，無敢折傷。而至公園花木，則濫折濫傷者，往往有焉。……其居心卑陋，而毫無公共心者，已胚胎幼童之時矣。……比之西洋人一枝筆一葉紙，尚且不私用之，相距遠矣。（頁1，原文即漢文）

梁啓超早年似未特別重視公德的不作為面，但在1916年撰寫《國民淺訓》時，則也慷慨陳詞：

> 我國人……一涉公字，其事立敗。……公林無不斬伐，公路無不蕪梗，公田無不侵占，公園無不毀壞。有一公物於此，在西人則以為此物我固有一份也，乃擁護而保全之，使我能長享有此份。在中國人則以為此物我固有一份也，

　　乃急取我一份所有者割歸獨享，又乘他人之不覺或無力抵
　　抗，則並他人之一份所有而篡取之。（頁16）

從上面兩個例子看來，對所謂消極的公德問題的關心，是貫穿此
觀念的整個歷史的。

二、重構公德概念的嘗試

　　以上對公德觀念歷史演變所作的描述，應可作爲我們重新建
構這個觀念的基礎。公德觀念自梁啓超提出後，一直沒有機會成
爲知識界嚴肅分析的對象。在這個情況下，它之所以能夠流行久
遠，在筆者看來，主要是因爲它在描述文化現象上的有效性。在
過去幾十年的台灣，「公德」是被用來指稱社會成員習慣性地忽
視或破壞公眾利益的最重要字眼。筆者相信，公德觀念的這個指
涉可以成爲一個非常有意義的文化概念的核心內涵。

公德的不作為性

　　上節已經指出，在台灣目前通行的用法裡，公德主要指的是
消極性、不作爲性的公民行爲；也就是說，是指不破壞公共利益
或在公共場域遵守規範的表現，基本上不涉及積極性的公民行
爲——如參與公共事務、從事公益活動或特殊的愛國行動。公德
觀念爲什麼值得我們作嚴肅的思考呢？個人認爲，這是因爲積極
性與消極性的公民行爲在性質上有明顯的差異，在台灣——甚至
整個中文世界——的政治社會論述中，並沒有其他概念能夠帶領

我們深入探討存在已久的現實上的公德問題。

　　在繼續申論公德問題之前，要對所謂消極性和積極性公民行為二詞稍作說明。我對公民行為作這個區分，是受到當代英國思想史家以撒・柏林(Isaiah Berlin, 1909－1997)對自由觀念所作的分析的啟示。在一篇著名的論文，柏林將自由區分為消極的自由（negative freedom）與積極的自由（positive freedom）。前者是指個人在私人領域內免於外力干預的自由，後者是指個人可在社會生活中發揮個性、分享資源的自由[23]。筆者討論公民行為，雖然在性質上與自由的問題大不相同，但我以為，對公民行為作類似的區分，頗能有效說明華人公民文化中的一些癥結。特別需要強調，我所說的「消極」和「積極」是由英文的"negative"和"positive"翻譯過來的。在中文裡，「消極」常有不重要或負面的意味，其實不是很妥當的翻譯，因此本文有時會以「不作為」一詞替代「消極」。不作為或消極的自由是自由極重要的一個形式，甚至可說是自由的生活方式的根本基石。同樣地，消極性的公民行為也是公民文化的一個重要柱石。另須說明，本文所謂的積極性公民行為是一個相對於消極性公民行為的概念建構，並不和歷史上任何公德觀念──如明治日本的或梁啟超的公德觀念──有明確的對應關係。消極性與積極性的公民行為，也可理解成「有所守」與「有所為」的行為的區分，如此，「消極性」的意涵就更清楚了。

23　Isaiah Berlin, "Two Concepts of Liberty," in Isaiah Berlin, *Four Essays on Liberty* (Oxford University Press, 1969), pp. 118-72.

　　現在回到公德與社會參與之區分的議題。我說積極性與消極性的公民行為有明顯的差別，主要的意思是，這兩者在行為上有高度的分離性，積極性的公民行為並不一定能導致消極性公民行為的改善。就以上節所舉的例子為討論的開端吧！前文曾經提過，珍視自己的參政權利，絕不輕易錯過任何選舉的投票，是政治參與的一個重要方式，這是一種積極性的公民行為。擔任義工、捐款給慈善機構，是主動為社會大眾謀求福祉的表現，也是一種積極性的公民行為。但是，我們試想，在台灣的社會環境裡，具有以上兩項特質的人是不是通常在公德心上會有水準以上的表現？對這個問題，個人是持懷疑的看法。

　　現在，讓我舉兩個比較容易檢證的例子。政黨園遊會、政見發表會和里民大會都是政治參與的活動。社區舉辦民俗晚會，由居民自己籌辦、表演、觀賞，可以有維護社區傳統、增強社區意識的功能。這兩種都是積極性的公民行動，有助於創造公共利益。但是，一般而言，在這樣的活動中，參與者公德心的表現是不是比其他活動的參與者更好？對我而言，答案是相當清楚的：並非如此。在台灣現實的環境裡，我們從這類活動中，經常看到的是嚴重的髒亂和噪音，停車秩序混亂，以及種種逾矩違法的情事。這些現象的形成有複雜的因素，這裡不是要對此類活動在現實上的表現有任何責難，我的目的在點出，參與式的公民活動與不作為性的公民行為有性質上的不同。在公民文化中，公德是一個具有獨立性的問題。對這個問題，我們需要特定的了解，並尋求特定的處理之道。一個社會在民主化和社區參與方面的進步，並不能自動導致公德範疇的改善；反過來說，一個社會有可能在

政治民主化程度不高的時候，公德水準獲得大幅提升，新加坡就是一個明顯的例證。

為了更清楚說明積極性與消極性公民行為的差異——或低度的相干性，容我再以一個虛擬的情景來作申論。在台灣，一種常見的社會服務工作是清理公共空間中的垃圾，譬如「淨山」活動、街道大掃除等，這是典型的參與式公民行為。公共空間中的髒亂是從哪裡來的呢？當然絕大部分是沒有公德心的人丟的，因為義務清掃環境是針對缺乏公德所造成的後果而發的。我們可以假定，參加這種活動的人不是髒亂的來源，髒亂製造者和整理環境者是兩批不同的人。現在，讓我們假定，某個社會中只有兩批人：一批人習慣在公共空間中扔擲垃圾；另一批人不但不隨地丟垃圾，而且熱心清掃環境。假定這批清掃環境的人除了參加勞動服務，並不針對扔垃圾的行為作任何處置或教育，我們有理由相信，清垃圾與扔垃圾將是兩條永不相交的平行線，這個社會的公德問題永遠沒有改善的可能。「你丟我撿」不只是義務清理環境者用以自我激勵的話，也是現實冷酷的寫照。

公德與西方相關觀念之比照

本文已經說明，「公德」是產生於現代日本和中國的觀念，這個觀念的出現雖然與西方的衝擊有密切關係，但它在西方政治社會思想中並無嚴格對應的概念。現在我想對這個課題稍作析論。作此探討的理由有二：首先，西方政治思想是一個極其豐富的傳統，對現代社會已有世界性的影響，這個傳統的許多價值和觀察問題的角度都已得到普遍的接受。在此情形下，研究一個當

代非西方社會重要的公民文化問題時，如不與西方思想稍作比
對，似乎不容易有高度的說服力。再者，經由這個比照，我們可
再有一次省察公德觀念的機會，應有助於更精確地了解它的特
質。

公德一詞在英文中沒有清楚對應的概念是顯而易見的，任何
人只要嘗試用英文說明公德的問題，立刻就會遭逢翻譯的困難。
更重要的是，這個字即使翻了出來，很可能只有極浮泛的意思，
如果不作解釋，不是他人無法了解，就是誤會橫生。在張灝研究
梁啓超早期思想的一本英文著作中，「公德」的正式翻譯是
"public morality"，他有時也用"public virtue"、"civic virtue"之詞與
"public morality"交互使用[24]。"Public morality"和"public virtue"可
說是對「公德」的字面翻譯。"Public virtue"一詞不甚常見，其用
法似乎與下文要討論的"civic virtue"相當接近[25]。"Public morality"
則是岐義多端，不但不能表達消極公民行為義的公德，甚至無法
用以指示任何近代東亞曾出現過的涵義較泛的公德觀念。此詞的
大約意思是涉及公共領域的道德價值或行動，涵蓋極廣，可以指
政府或社團集體行動的道德性，可以指政治生活中的道德問題，

24　Hao Chang, *Liang Ch'i-ch'ao and Intellectual Transition in China*, pp.
　　149, 154. 我在一篇英文文章中則以"public virtue"來翻譯「公德」。
　　見Jo-shui Chen, "'Public Virtue' and Cultural Modernization in Chinese
　　Societies: Some Reflections," in Yun-han Chu and Eric Wu, eds., *The
　　Predicament of Modernization in East Asia* (Taipei: National Cultural
　　Association & Institute for National Policy Research, 1995), pp. 81-96.

25　Shelley Burtt, "The Politics of Virtue Today: A Critique and a
　　Proposal," *American Political Science Review*, 87 (1993), pp. 360-8.

也可以指個人在公共生活中遵從的價值。"Public morality"還常被用來指稱社群生活中所處理的道德價值問題，如賭博、色情行業、毒品使用與交易[26]。本世紀中一位名叫Herbert Schneider的美國哲學教授曾著書專論"public morality"，內容可說包括了公共領域中所有重要的價值問題，例如：自由、平等、人權、平等、安全、公共服務、同胞愛、慈善心等等[27]。這個詞語的內涵龐大而分歧，實在無法稱爲一個概念。筆者不解英文以外的歐洲語文，但寓目所及，在有關西方思想的論述中，也未曾發現任何非英語的類似本文所討論的公德觀念。

在西方政治思想史上，公民的德行的確是曾受到高度重視的問題，此即一般所說的"civic virtue"。這個觀念與近代東亞所謂的公德有一個類似之處，就是它的焦點在於公民的意態與行爲。"Civic virtue"是古典共和主義(classical republicanism)傳統中的一個核心觀念，十九世紀以後因自由主義大興而幾乎銷聲匿跡，晚近先是有漢娜‧鄂蘭(Hannah Arendt, 1906－1975)重倡共和主義理想，繼之以社群主義(communitarianism)思潮崛起，此觀念重新又受重視。古典共和主義有兩個形態，"civic virtue"在其中的涵義稍有不同。主要形態奠基於古羅馬而大盛於文藝復興時期的義大利，

26　略見Stuart Hampshire, ed., *Public and Private Morality* (Cambridge University Press, 1978); Adam Seligman, *The Idea of Civil Society* (Princeton University Press, 1992), pp. 50-1; Harry Clor, "The Death of Public Morality?", *American Journal of Jurisprudence*, 45 (2000), pp. 33-49.

27　Herbert Schneider, *Three Dimensions of Public Morality* (Indiana University Press, 1956).

代表人物有西塞羅、馬基維利、十七世紀英國思想家Algernon
Sidney(1623-1683)等。這個支脈的"civic virtue"觀念強調公民要有
爲社群和國家奉獻的情操，要能爲公共利益犧牲個人利益。羅馬
傳統的共和主義思想家認爲，公民對其所屬的政治體的獻身感直
接關係到這個群體的良窳興衰[28]。

共和主義的另一形態則是亞里士多德的政治哲學。亞里士多
德認爲，發展個人德性是城邦國家(polis)政治生活的重要目的，
作一個有"virtue"(希臘文爲aretê)的公民因此可說是公民的基本責
任。但依亞氏的看法，公民的"virtue"並沒有一定的內容，任何公
民只要能達成國家憲法所賦予的任務，都算成就了"virtue"。從理
想上說，眞正的好公民是一個能同時做好統治者與被統治者角色
的人，換言之，既能治理國家，又能服從國家的律法[29]。亞里士

28 參考Shelley Burtt, "The Good Citizen's Psyche: On the Psychology of
Civic Virtue," *Polity*, 23 (1990), pp. 23-38; Margaret Canovan,
"Republicanism," in David Miller, ed., *The Blackwell Encyclopedia of
Political Thought* (Oxford: Basil Blackwell, 1987), pp. 433-6;
Christopher Duncan, "Civic Virtue and Self-interest," *American
Political Science Review*, 89 (1995), pp. 147-8; Nicolai Rubinstein,
"Italian Political Thought, 1450-1530," in J. H. Burns, ed., *The
Cambridge History of Political Thought, 1450-1700* (Cambridge
University Press, 1991), pp. 30-65; Blair Worden, "English
Republicanism," in J. H. Burns, ed., *The Cambridge History of Political
Thought, 1450-1700*, pp. 443-75.

29 Aristotle, *Politics*, translated by Ernest Barker and revised with an
introduction and notes by R.F. Stalley (Oxford University Press, 1995),
III.3, 4; R.F. Stalley, "Introduction," in Aristotle, *Politics* (Oxford
University Press., 1995), xii-xiv; Sir David Ross, *Aristotle* (London:
Methuen & Co., 1923), pp. 246-50.

多德式的共和主義與羅馬傳統的主要不同是，它一方面假定了政治生活是個人成德的場所，認為政治參與本身就是極高的價值，另方面則不強調捨私從公。就相同面而言，這兩個思想形態都重視公民對公共事務的參與和對公共福祉的奉獻。

　　一直到二十世紀乃至當前，"civic virtue"都是以公共意識和社會參與為主要內涵，思想家則作個別發揮。一個清楚的例子是前文提及的Herbert Schneider。在一本出版於1950年代的書中，Schneider表示，古典共和主義以對社群集體福祉的奉獻為"civic virtue"的要旨，陳義過高。他主張，"civic virtue"最核心的意思是同胞愛——社群成員之間共一命運的感覺。這個情感的具體表現是，社群要維持秩序、和諧，成員要彼此尊重，在社區中行事要有格調(be decent)。由於社群成員之間的情感很難完全是自然的，他們必須自我要求，心中即使沒有深情，行為上也要有愛的表現，於是同胞愛就成了一種德行[30]。總結而言，"civic virtue"與公德觀念有相似之處，在精神上和梁啓超的初期公德觀尤其接近。西方其他一些有關公民行為的用語——如「公共精神」(public spirit)或「公民禮貌」(civility)——都可包涵在此觀念裡。然而，"civic virtue"一詞仍無法精確表達華人社會中的公德問題，因為它的重點在於對社群的獻身感和集體事務的參與，也就是本文所謂的積極性公民行為。這和以消極性、不作為性公民行為為中心指涉的當代公德觀念有明顯的差別。

30　Herbert Schneider, *Three Dimensions of Public Morality*, pp. 130-4. Shelley Burtt評論了晚近有關此問題的論述，見"The Politics of Virtue Today: A Critique and a Proposal"。

公德的倫理內容

前文討論了公德觀念的基本性質，現在要說明它的實質內涵。過去幾十年，中國社會中許多人曾經作過一個調整傳統倫理體系的努力，希望能促進公民精神和公德心的培養。這就是所謂的第六倫運動，提倡在傳統的君臣、父子、夫婦、朋友、兄弟五倫之外，再加上第六倫──一個具有社會倫理意義的關係。這裡想從這個問題出發，對公德與一般倫理的關係提出一些看法，藉此探察公德所涉及的倫理原則。

對於第六倫，現在一般稱作群己關係，即個人對群體的倫理責任[31]。從公德問題的角度看來，這個觀念是不充分的，不足以涵蓋公德觀念的內容。在很多情況下，缺乏公德影響所及的並不是抽象的群體或公共利益，而是活生生的、少數的、具體的人──陌生人。舉一些常見的例子，如製造噪音、停車妨礙他人出路、在密閉的空間吸煙等都是；再舉一個例子，在台北街頭，常有車子違規停在公車站牌前，公共汽車來的時候，候車的乘客就要在慢車道上穿梭奔跑，才能登上停在快車道上的公車，行動不便的老人、殘障人士以及攜帶幼兒的婦人也必須如此，這種傷害是非常具體的。公德不彰的一個主因，簡單地說，就是社會上許多人極少考慮自己的行為對無特殊關係之人的影響。他們對陌生人缺乏尊重，甚至對傷害他人感到漠然。把這種普遍的心理和中

---

31 根據王昱峰的研究，「第六倫」的觀念最早在1934年就有人提出。關於這個概念以及提倡此新倫理的努力，參見王昱峰，〈公民公共性的建構──以戰後公共性社會運動為主軸〉，第四章。

國傳統倫理體系相對照，我們不能不說，華人公德的低落與傳統文化不強調普遍性的人際關係有密切的因果關聯。

我在這裡想要表達的看法是，作為一個倫理問題，公德事實上涉及了兩層關係：一是人與人之間的普遍關係，也可說是個人與陌生人的關係；另一則是個人與群體利益的關係。「群己關係」概念的形成，顯然受到清末以來群學思潮很深的影響，在涵義上並沒有明顯包括社會生活中具體的個人。要有效提高公德水準，除了群己倫理，培養「尊重他人」、「善待陌生人」的倫理也是必要的。

群己關係——個人與群體利益的關係——的概念雖不足以涵蓋公德問題，但它和這個問題仍然息息相關。在某些違反公德的情況，行為與被影響到的個人的關係相當不定而遙遠，我們不妨說，這些行為損害了公共利益；有些行為，則直接損害到公共財產。如果以《人情味與公德心》一書所舉的例子為取樣對象，此類行為包括了隨地扔果皮、開車行路不遵守誌號規定、破壞公物、在圖書館「霸位」等。提倡群體利益的意識，或許仍有助於改善公德問題。

但值得注意的是，群體利益有時相當抽象，個人在生活中很難敏銳地感覺到它的存在。再者，人類行事一般以自己的利益為主要出發點，我們不可能——恐怕也沒有權利——要求任何人翻轉這種根深蒂固的直覺，隨時去偵測公共利益的所在。儘管如此，在現實生活裡，避免破壞公共利益並不是太困難的事。在現代社會，個人與群體利益的關係通常是用法律規章的形式來規範的，一個人如果有守法的習慣，即使不常以公眾福祉為念，也很

難有機會損害群體利益。同理，如果社會的大多數成員有守法的習慣，這個社會大概也不會有群己關係的重大難題。（社群主義者可能不會同意這句話。）反過來說，即使社會上有許多存心善良的「好人」，如果這些人欠缺法規意識，他們很可能常在不知不覺中傷害公共利益。總結而言，欲求改善公德，必須培養尊重法律的風氣，甚至要發展出以守法為榮、為道德上的善的觀念。但守法並非孤立的問題，它是整體法治環境的一部分，如果沒有良好的立法機制與政府執法能力的配合，這個習慣恐怕很難培養。由此而觀，公德程度與法治水準有密切的關係。

附帶一提，關於「五倫」和「第六倫」，華人世界中其實還存在著一種看法，就是五倫已經足夠了，不需要第六倫——五倫中的朋友一倫已經涵蓋了社會關係。這種看法雖然沒有響亮的宣傳聲音，恐怕還是潛伏於不少人心中。我想鄭重地指出，這是個誤導性的想法。在中國傳統的人倫概念裡，朋友之倫雖然不如父子、兄弟密切，它仍屬於「親密圈」（intimacy sphere）的性質，至少是差別性的關係。所以，如果一個社會要靠朋友關係來運作，善於交遊的人固然可以朋友遍天下，到處辦事方便，不善交友的人就要凡事碰壁了。在建立公民精神的問題上，「第六倫」或類似的講法也許用處不大，但說五倫中已含有普遍性人際關係的意念，則是不符合實際的。

公共領域

公德的養成，除了可從法治、公共利益意識、普遍性人際倫理等方面著手，明確的「公共領域」觀念應該也是一項重要因

素。我曾對傳統中國有關公共性的行為與事務的觀念作過初步研究，發掘出五個主要的看法，它們是：以統治者或政府為「公」的觀念、統治者與知識分子應為公眾謀福利的觀念、人民應為全體大利犧牲小我的觀念、慈善布施的觀念、和睦鄉里的觀念。我得到的一個主要結論是，傳統中國有若干道德意味相當強的公共生活觀，但缺乏清楚的領域概念[32]。相對而言，西方和日本歷史上的「公」，都頗有場域的涵義，雖然兩者在實質內容上有差別[33]。缺乏明確的公共領域意識的一個後果是，社會上對何物為公，何事為私，認識相當模糊，即使法律上作了規定，也常得不到嚴肅看待。

公共領域是什麼？對公德問題而言，公共領域最主要的內涵就是公共場合。公德觀念的一個基本前提是，人們要對公共場合與私人場合作區分。一般而言，公共所有或向公眾開放的空間屬

---

32 本書〈關於華人社會文化現代化的幾點省思——以公德問題為主〉。更詳細的討論，請參看本書〈中國歷史上「公」的觀念及其現代變形——一個類型的與整體的考察〉、〈近世中國心靈中的社會觀——以童蒙書、家訓、善書為觀察對象〉。

33 關於傳統日本的「公」（おおやけ）的觀念，參見溝口雄三著，賀躍夫譯，〈中國與日本「公私」觀念之比較〉，《二十一世紀》，第二十一期（1994年2月），頁85-97；田原嗣郎，〈日本の公・私（上）〉，《文學》，56:9（1988年9月），頁103-13。與西方的公共觀念相比，傳統日本的「公」基本上沒有普遍的、向所有人（或許多人）開放的意味。「おおやけ」基本上意指某個特定共同體或組織，相對於共同體中的成員或較低層的共同體，這個共同體代表「公」；相對於更高層的共同體，它就是「私」了。至於中西「公」觀念稍有系統的比較，參考本書〈中國歷史上「公」的觀念及其現代變形〉。

於公共場合。但公共場合與私人場合的差別,並不完全取決於空間的性質,空間中人群的組成也是一個重要因素。一個只有同學、朋友或家人的電梯,可以算是私人場合,當一個陌生人走進來後,它的性質就起了變化。在公共場合,行為應當自我約束,儘量遵守規章,避免妨害他人或破壞公共利益。以我個人的觀察,在台灣,公共領域意識的低落是公德不彰的一個直接原因。侵占馬路或公地就是明顯的例子,但這類情事經常涉及行為人的重要利益,因素比較複雜,現在拿兒童的情況來做說明。

在台灣的公共場所,如商店、餐廳、車站,甚至醫院、博物館,我們常會看到幼年兒童或少年打鬧追跑。為什麼這些小孩不覺得自己的行為可能對他人造成干擾?為什麼他們同行的父母、長輩對此常不以為意?我個人的看法是,他們很自在地作出破壞公共秩序的情事,基本原因在於他們並不覺得自己的行為有任何異常之處,他們只是延續在其他場合——如家中、學校或遊樂場——的行為而已。這個現象的形成,顯然與社會中公共領域的觀念淡薄有關,兒童在成長過程中很少接收到行為與場合有關聯的訊息。一般對此問題的看法似乎是,兒童的本性就是天真活潑,在哪個地方天真活潑則不是問題。但這種想法是特定文化的產物,有自我矛盾之處,台灣大概很少有家長希望孩子在上數學課或鋼琴課時也舉止活潑。事實上,兒童——更不必說少年——不必然是破壞公共秩序的來源。就我在北美的觀察,當地的兒童大約在五、六歲以後,普遍都有辨別公私場合、調整自我行為的

意願與能力[34]。

以上是從公私場合之分的觀點討論公德問題，但公共場合並不完全等於公共領域，這裡需要對這個概念作更周全的說明。在公德問題上，公共領域指的是日常生活中的公共領域。我為它下的定義是：個人與公共財或無特定關係人所構成的共同場域。這個場域包括兩個部分：其一，公眾使用的空間；其次，個人行為對私人關係圈外所能造成影響的範圍。這個場域的第一部分主要是空間的性質。第二部分則是以行為影響力的範圍——而非特定的時空因素——來作界定，當個人的行為可能對私人生活以外的人產生明顯影響時，這個行為就處於公共領域。舉一個例子，一個人如果晚上十一點半想在牆上打釘掛畫，如果他是在一座獨立家屋內，從公德的觀點，他有權利做；假使這個動作吵醒了在睡夢中的家人，這是私人的事。但他如果身處一棟公寓，就不應該這麼做，這已經不是私事了。

我要對公共領域特別下一個定義，目的是要和現在通行的公共領域觀念作區分。最近十餘年來，公共領域是歐美學術思想界一個非常熱門的課題，這個潮流是直接受哈柏瑪斯（Jürgen Habermas）對「公共領域」（Öffentlichkeit, public sphere）的論述所激發。但哈柏瑪斯公共領域觀念的內涵與公德問題所涉及的公共領域有非常大的差距。哈氏自己曾對他所謂的公共領域下了一個簡明的定義：

34　本書〈兒童與公共秩序〉。

對「公共領域」，我們最主要是指社會生活中的一個像公
共意見這樣的東西能夠形成的場域[35]。

以本文所用的概念來說，這是一種積極意義的公共領域，是社會
成員可能影響國家權力、決定集體命運的機制。在當代西方思想
中，另一個重要的公共領域觀念是由漢娜・鄂蘭提出的。鄂蘭所
說的「公共領域」(the public realm)的基本意義是由人的行動與實
踐所開創的政治生活的共同世界。鄂蘭用「共同世界」(a common
world)的說法來定義「領域」，與我對日常生活義的公共領域的想
法相當接近。套用鄂蘭的概念，我心目中的「公共領域」可說是日
常生活的共同世界。但由此一詮釋，我們也可看出，和哈柏瑪斯
的理論一樣，鄂蘭的「公共領域」是徹底積極性、參與性的[36]。由
哈柏瑪斯和鄂蘭的公共領域概念與本文所謂的「公共領域」的差
異，似乎也能顯示我對消極性與積極性公民行為所做的區分是有

35　Jürgen Habermas, "The Public Sphere," in Chandra Mukerji and
　　Michael Schudson, eds., *Rethinking Popular Culture: Contemporary
　　Perspectives in Cultural Studies* (Berkeley: University of California
　　Press, 1991), p. 398. 哈柏瑪斯對於公共領域問題的全面論述見於*The
　　Structural Transformation of the Public Sphere: An Inquiry into a
　　Category of Bourgeois Society,* trans. Thomas Burger with Frederick
　　Lawrence (Cambridge, MA: The MIT Press, 1989；德文原著出版於
　　1962年)。

36　有關鄂蘭「公共領域」理論的一個清晰分析，見蔡英文，〈漢娜・
　　鄂蘭的公共領域理論及其問題〉，收在錢永祥、戴華主編，《哲學
　　與公共規範》(台北：中央研究院中山人文社會科學研究所，
　　1995)，頁239-312。鄂蘭自己對此觀念的說明，特見Hannah Arendt,
　　The Human Condition (The University of Chicago Press, 1958), Part II.

意義的。

　　要再提的一點是，本文強調公共領域觀念的重要，並不代表我認為公私行為沒有關聯，或公私領域截然可分。實則不然。公私領域的關係有時可能像是連續體，界線在哪裡，需要視具體情境作判斷。人的行為也有一貫性，不太可能因為領域的更換而作大幅度的轉變。本文的看法是，公私領域的關聯與要不要有公私界線，是不同的問題。如果不假定有一獨立公領域的存在，並發展相應的規範系統，公德的建立是不可能的。

　　在本節的結尾，我想略為複述我對公德觀念所作的理論建構的要點。在筆者看來，公德最核心的內涵就是，公民在日常生活中應該避免損害公眾的集體利益以及其他個別社會成員的權益。公德是一種不作為性、消極性、有所守的行為，它要求人們不要為自己的利益或方便而傷害陌生人與社會，並不強調政治社會參與。對台灣以及其他華人地區的許多人而言，這種不作為的要求並非容易達成的事，因此，能夠在行為上達到這個標準，可以算是一種德行。公德涉及了兩個主要的倫理原則：對人的普遍尊重與善待，以及對群體利益的維護。後者以法律規章所訂定的範圍為限，並不要求個人特別的努力或奉獻。此外，一個明確的日常生活意義公共領域概念是公德觀念得以建立的前提。基於以上的認識，本文認為，若要增進台灣社會的公德意識，至少須做以下三項努力：養成尊重、善待陌生人的倫理觀，培養守法的習慣與精神，發展公共場合或公共領域的觀念。

　　公德是不作為、消極性的行為，對造就一個健康、能對大眾集體命運有正面影響的公民文化而言，它是重要的因子，但不可

能是全部的內容。無論要興利或除弊，社會都需要公民各種層次
的參與。一言以蔽之，積極性的公民行爲是不可或缺的。然而，
一個社會——至少是都市化的現代社會——如果普遍缺乏公德
心，不可能是一個好的公民社會。在這樣的地方，人是不斷會受
傷害的，他們如果不想常有被侵犯、被屈辱的感覺，只能儘量降
低對生活的期望，尊嚴只能是一項奢侈品。在這樣的社會，自保
是最高的價值，參與感和同胞愛是很難被誘發的。

三、小結

本文的主體有兩部分：在第一部分，我對公德觀念的起源、
在梁啓超思想中的原始涵義，以及後來在中國和台灣演變的涵
義，都作了概略的探討。這部分的主要結論是，在最近幾十年的
台灣，公德觀念最核心的意指是避免妨礙公眾或他人利益的行爲
與心態。個人認爲，這個觀念能長久流行的主要原因，在於它是
有效的描述性概念，精確地點出了華人社會的一個通病。本文的
第二部分則以公德觀念原有的核心內涵爲基礎，對其進行概念重
建，希望能清楚說明公德的性質、內容及其社會、文化涵義。在
對公德的性質有明確了解的基礎上，筆者也試圖指出改善公德所
需要的條件。

現在我想對公德問題再作兩點零星的評論，以爲本文的結束
語。首先，本文已指出，公德實爲起源於日本的觀念。這個觀念
在日本和中國之所以流行，一個根本的原因是，兩國在與西方接
觸後，有人深感本國人民缺乏公益心，因而倡爲此論。本文第一

節末端所引志賀重昂和梁啓超的文字可爲明證。但這些敘述可能
會給讀者一個印象，以爲在明治時代，日本的公德水準非常惡
劣——似乎跟中國差不多，實情恐非如此。在許多日本人看來，
和西洋人相比，他們缺乏公共心，但在有些中國人眼中，日本的
環境宛如仙境。清末思想家宋恕(1862－1910)於1903年到日本遊
歷，在給夫人孫季穆的一封信中說：東京「大街小巷無不林木蔚
然，潔淨達於極點，以我北京比之，眞是天堂地獄之別矣！」[37]
很明顯地，至少在明治晚期，日本的公德狀況已遠優於中國，加
以各方不斷進行改善的努力，現在日本普遍公德水準之高，已是
眾所週知的。在這個創造公德觀念的國家，公德已經不是重要的
問題了。

　　在一部日本作品中，我曾看到一段對公德心的性質有極細緻
揭露的文字。現在引出，以爲本文對公德觀念的最後說明。這是
一個虛構的情境，出自當代推理小說家松本清張(1909－1992)的
名著《砂之器》：

> 前衛劇團的事務員成瀨小姐，終於回到公寓中自己的房間
> 裡。……成瀨小姐先打開收音機，但考慮到已是深夜，怕
> 打擾左鄰右舍，所以把音量調整到最小程度。正在播放音
> 樂節目。
> ……
> 祇有單獨一個人住在這裡，所以打開收音機後，多少可以

37　胡珠生編，《宋恕集》(北京：中華書局，1993)，頁719。

沖淡一些孤獨感。她從樓梯上來時，也曾看過信箱，但是
沒有她的信件[38]。

這個場景描寫成瀨小姐深夜回家，打開收音機，為顧慮干擾鄰居
而把音量降至最低。值得注意的是，成瀨小姐的這個行為是極自
然，幾乎是無意識的。她這時的心境非常低沉，男朋友對她所作
的不合理要求讓她有絕望之感。事實上，她不久就自殺身亡了。
但即使在情緒極度低劣、生命極度灰黯的時刻，為他人著想仍是
她行為中有力的因素。成瀨小姐這麼做，對社會並不能說有什麼
英雄式的貢獻，也無助於拯濟自己的生命，但這微小的自制，至
少可能讓某些人在一個深夜的時刻活得更好一些。公德——這個
微薄的德行——的生根，就表現在社會中這種普遍的、深層的略
為尊重他人的直覺。

　　我的另外一點評論是關於公德觀念與當代主要政治社會哲學
的關係，這是可以詳細討論的問題。但用最簡單的話來說，公德
應該是持各種立場的人都能接受的觀念。對傾向社群主義的人而
言，公德遠不足以作為建構良好公民文化的充分條件，但公德對
社群的凝聚與福祉只可能有正面的貢獻。對傾向個人主義或自由
主義的人而言，公德主張尊重他人、遵守法律，對個人與群體是
否應有更深的連結，則沒有任何主張，跟他們的一貫立場相容。
由公德觀念與當前兩個主要政治哲學思潮都沒有衝突這一點，或

38　松本清張著，鄭建元、梁惠珠合譯，《砂之器》（台北：星光出版
　　社，1993），頁238-9。

可推論，公德是各種形式的公民文化應有的共同倫理基礎。

　　本文原刊於中央研究院中山人文社會科學研究所《人文及社會科學集刊》第九卷第二期(1997年6月)，頁39-73。2003年7月、2004年7月文字微幅修訂。

愛、善惡與公民倫理

　　台灣社會存在著各式各樣的倫理觀念，但一般似乎感覺，公民倫理不太發達，這是我們生活中許多障礙與困擾的主要來源。本文試圖將台灣的民間倫理與公民倫理的基本原則作一些對比，看看它們之間有怎樣的關係——在哪些方面，兩者是相合的？又在哪些方面，可能是不對應，甚或有衝突的？本文的首要目的在求了解現象，另外也想對如何發展成熟的台灣公民文化，提供少許看法。

　　本文所說的「民間倫理」，是指普遍存在於台灣的倫理觀，並不意味在民間倫理之外，另外還有菁英倫理。個人採用這個詞語，也是想點出，這些觀念是自然形成的，有長久的淵源，因此力量龐大、深植人心，恐怕也散布於台灣以外的華人社會。民間倫理的範圍非常廣，不太可能作整體的探討，本文將集中於說明兩套深具社會意涵的觀念。

　　首先，是「愛」的觀念。在台灣，「愛」不但是最常受到宣揚的社會性價值，在人們心中，似乎也是一切道德的根本原理。這個字無所不在，從廣告、新聞媒體到日常談話，處處可以見到它的蹤跡。台灣規模最大的慈善組織「慈濟功德會」所辦的電視

台，就叫「大愛」。與「愛」相關的詞語，還有「情」、「眞
心」等，都廣泛流行，一個相當有名的人物訪談電視節目就叫
「眞情指數」，雖然其中可能含有不少虛假或自我辯解的語言。
爲了寫這篇文章，個人作了一個小小的測試。我利用蕃薯藤引擎
在電腦網路上搜尋含有「愛」字的台灣網站，一舉發現了859個，
再透過「雅虎」搜尋全世界含有「love」這個字的網站，只找到84
個。各種跡象顯示，至少在語言文字的層面，台灣對「愛」情有
獨鍾，可以說是我們的「最愛」[1]。

　　尤有進者，在台灣不滿於公民文化的現狀，而亟思有以改進
的人，也大都以「愛」爲主要論據。我手邊有一本中華民國群我
倫理促進會編印的闡揚公共倫理的文集，書名就叫《推愛集》，
意思是，我們應當將自己對親人朋友的愛推廣到社會大眾。

　　「愛」的觀念爲什麼在台灣的道德意識中占有如此重要的地
位，原因應該不少。這裡只想指出，這個情況不是短期形成的，
它和漢人文化的基本道德意識結構有關。簡單地說，長久以來，
中國社會有一個重要的意念，就是價值的最終來源是人心，人的
主觀善意。這個意念是由很多個別觀念匯集而成的，或者說，它
表現在很多方面；其中歷史最久，地位最關鍵的，就是儒家思想
中的「仁」。

1　這是1999年底文章最初撰寫時所作的搜尋。往後幾年，網路快速發
　　展，資訊量成長驚人，再搜尋像「愛」這樣普通的字已經沒有什麼
　　意義。2003年4月初，我又作了一次網路調查，這次使用的關鍵詞
　　是：「送愛」、「送愛到」、「送愛心」，發現含有這三個詞語的
　　台灣網站數量依序爲：6,399、550、4,533。看來，「愛」在台灣人
　　的意識中依舊高度活躍。——2003年10月5日補記。

在儒家思想史上，「仁」的基本意義一直相當穩定。從孔子開始，「仁」一方面指人生命內在的道德感，另方面則代表道德價值的全體或道德實踐的終極成果。「仁」是怎樣的道德感呢？一個普遍的看法是，「仁」主要指人對外在事物的同情，特別是對人間苦難的敏感。就是在這層意義上，孟子說：「仁，人心也」（〈告子上〉）；「惻隱之心，仁之端也」（〈公孫丑上〉）。宋儒程顥則認為，醫書上把手足麻痺稱為「不仁」，最能透露「仁」的精義，換言之，「仁」就是不麻木，感通外物。（《程氏遺書》卷二上）由於「仁」的以上性質，它經常被界定成「愛」。樊遲問仁，孔子答以「愛人」（《論語顏淵》）；孟子云：「仁者愛人」（〈離婁下〉）。唐代的韓愈則說：「博愛之謂仁」（〈原道〉）。宋人周敦頤稱「仁」為「德愛」（《通書》）；朱熹也以「仁」為「愛之理，心之德」。（《論語集注》卷一）總而言之，作為儒家思想的一個核心觀念，歷來關於「仁」的討論雖然複雜萬端，「愛」可以說是最通俗的詮釋。

值得注意，在儒家思想中，「仁」不僅僅是一個德目而已，它更常被視為儒家倫理的整體性格，這是啓自孔子的觀點。程顥的弟弟程頤說：「仁者，天下之公，善之本也」（《易傳》卷二復卦），是這個想法很清楚的表達。程氏兄弟和其他宋代理學家都曾表示，「仁」既是仁、義、禮、智、信五常中的一端，也同時包含了其他四者。扼要地說，從先秦開始，儒家就有以「仁愛」為一切善的本源的思想，在後世，這個信念不但繼續存在於儒家內部，也廣為中國社會所接受。這個傳統代表的是一個注重心理狀態的倫理觀，影響所及，一些具有客觀意涵的道德概念，譬如

「理」、「義」，在漢人文化中也都高度內心化了。

　　台灣社會對於「愛」的信仰，顯然還有另一個主要歷史來源，就是佛教的慈悲觀念。佛教在元明以後衰落，但它的一些觀念，已經發生了根深蒂固的影響，後來這些觀念透過民間教派和信仰繼續傳播，得以流傳不歇，「慈悲」就是其中的一項。從原始佛教時期開始，「慈悲」即為佛教的重要價值，大乘佛教興起，更以之為中心教旨，標示自己的崇高地位，貶斥起源較早的其他部派與獨立修行者為「小乘」。照一般的理解，「慈」的語義是「與眾生樂」，「悲」則是「拔眾生苦」。在中國佛教，通常並不對這兩個字深加區分，而用以通指對一切眾生——包括人以外的生命——的慈愛、憐憫與同情。簡單地說，「慈悲」是一種純粹化了的愛。

　　「慈悲」雖然是外來的觀念，在社會影響上，恐怕比本土的「仁愛」更為廣泛而直接。「慈悲」觀念有兩個值得一提的特色：首先，慈悲強調具體的施善行為。大乘佛教的六波羅蜜菩薩行，頭一項就是「布施」。中國的社會救濟活動從南北朝時代開始多與佛教有關，持續了很長一段時期。佛教的行善，特別強調濟貧救難。一直到今天的台灣，慈善救濟還是最能被一般人所理解的公益行為，也最能引起共鳴，這個情況清楚地顯示，台灣的社會倫理觀與佛教有深厚的淵源。

　　其次，「慈悲」經常與功德、福報的思想聯結在一起。在佛教內部與一般民間，長久以來存在一種看法，認為布施能為行善者帶來好的報應。對於這個觀念，佛教有個說法，稱作「福田」，意思是，行善的對象是使人獲得幸福的田地。「福田」當

中，功德最大的，是對「悲田」——即困窮者——的布施供養。此外，還有「施物福田」，指造橋修路鑿井等事；醫療則為「看病福田」。簡單地說，福田觀念主張慈善行為是有功德的。雖然有佛經強調布施者不應期待報酬，福報思想無疑是社會福利活動在漢人文化生根的重要動力。

台灣另外一個極其流行的倫理觀，或許可以稱為「善惡倫理」。這可能是近八、九百年來漢人社會最盛行的道德思想，廣見於各種家訓、善書、功過格、教育讀本、宗教文獻，更活在人們的口頭心裡。現存最早的著名善書是大約成於南宋的〈太上感應篇〉，此文到現在還不斷在台灣被翻印散布，展現了善惡倫理強韌的生命力。

就形式而言，善惡倫理有兩個特色。第一，它把具有道德意涵的行為（甚至念頭）分為「善」和「惡」，勸人要行善避惡。用佛教《增一阿含經》的話來說，就是「諸惡莫作，諸善奉行」。第二，善惡倫理特別為道教、佛教和各種民間信仰所宣揚，強調報應，善有善報，惡有惡報，善惡導致的功過甚至還可以相抵，善惡倫理的這個部分與福田觀念相當類似。單從形式，我們很難看出善惡倫理的性質。一個可能的推論是，善惡倫理把人間百態分為善惡兩類，善惡中有時又區分等級，教人依此體系行事，反射出善惡倫理既不強調個人內在德性的培養，也不注重勾畫道德通則，好像是一種具體性的他律道德。但另一方面，善惡倫理也許只是督促人進行日常道德實踐的設計，並不意味著任何特定的道德觀。這個問題，還值得進一步考索。

至於善惡倫理體系的內容，則眾口紛紜，甚為龐雜。大體來

說，忠孝倫常、社會倫理和宗教倫理是最主要的種類。宗教倫理
的部分，依勸善文撰寫人的信仰，常有不同的方向，如佛教徒批
評殺生，道教徒要人敬神。後文討論民間倫理與公民倫理的關係
時，會稍觸及社會倫理的具體內容，此處省略。

　　總結以上，本文揭示了台灣民間倫理中的兩項重要觀點。一
項把「愛」，或人的主觀情意，視為道德的根本基礎，這個看法
在社會性的價值方面表現尤其強烈；另一則是行善戒惡的指導原
理。接下來，要略為討論公民倫理的性質。公民倫理的基本意
思，可說是社會成員在公共生活中所應有的心態與行為準則。這
是現代生活中一個非常大的範圍，我們隨意就可舉出許多條目，
例如：同胞愛、慈善心、社區服務、參與公共事務、忠於國家、
尊重他人、容忍、守法、愛惜公物、不侵占公共空間。不過，只
憑零散的列舉，很難看出公民倫理的特色，我們還必須找到涵蓋
面廣而精要的基本原則。

　　亞里士多德在《政治學》（*Politics*）一書中勾勒的公民圖象也
許就有這樣的功能。亞里士多德認為，一個理想的公民是指，他
既是好的統治者，又是好的被統治者——他同時具備統治者與被
統治者的能力與意願（Book III, iv）。換言之，好公民有兩個面相，
一是積極的，一是消極的；用中文文言來表達，或許可以說，一
是「有所為」，一是「有所守」。前者展現於政治參與，後者則
導使公民遵守自己協同立下的法律。亞氏的定義很切合現代民主
政體的環境。民主政體的特點是，人民有權參加政治過程，雖然
如何讓這種權利發揮實質的功效，在大多數社會仍面臨很大的困
難。亞里士多德的思想和現代世界觀倒是有一個主要差別：他不

曾區分政治與社會現象。我們如果能把他的公民觀念賦予社會的意義，大概就能得出周延的現代公民倫理原則了。總括而言，亞里士多德式的公民倫理是，公民既應謀求增進公共福祉，也須節制自己的行為，使其不對他人與社會造成損害。

關於公民倫理的兩個面相，這裡要做兩點澄清。首先，這兩個方面都很重要，「消極」的名稱決無貶義。其次，這兩個面相雖然都不可或缺，在個人行為上，消極面經常具有優先性，就此點而言，我們甚至可以說，這一面比積極面更重要。為了迅速闡明個人的這點看法，現在要先提出一個比較極端的假想情境，以為論證。火災是社會的一種主要災害，從公民倫理的角度來看，要減少火災帶來的損害，可以有兩項作法，一是鼓勵人們參加志願性的義勇消防隊，在職業消防隊之外，增加滅火的力量；另一則是要求人們注意火源，減少火災的發生。假定有個社會，參加義消的風氣很盛，但認為縱火只是無傷大雅的遊戲，對縱火者的處罰很輕微，只呼籲大家努力救火。這會是一個什麼狀況？無疑地，是個火災頻仍的社會。在這裡，也許還有義消人員自己縱火，如果沒人知道，就是善士；被人發現，則成為義賊。讓我們再想像另外一種情境。這是個沒有志願消防隊但人們普遍注意火源的社會，縱火更是希罕，可以想見，此地火災相當少，也許專業消防隊就足夠應付了。以上的想像，目的是在顯示，公民倫理的消極面——如防火、不縱火——是公民倫理的根本要素，有時重要性比積極面——如志願救火——還要高。現在，讓我們接近現實一些。如果我們希望生活周遭有令人愉悅的公共空間，希望家門口的巷道常保清爽。怎樣的社會變動較能有效達成這個結

果？是鼓勵義務清掃活動，還是抑制扔垃圾、倒污水的行為？答案應該是後者，這又顯示了消極面公民德行的重要。

接下來，要考慮台灣民間倫理與公民倫理的關係。先從「愛」談起。很明顯，「愛」（或「仁」或「慈悲」）是完整的公民倫理應有的一部分。古今中外許多宗教家和關心普遍福祉的思想家，都鼓吹「愛」或類似的價值，因為「愛」是能使人走出孤立的自我和家庭，與陌生人、大眾接觸的重要力量。沒有人與人的互相關心，公民社會的摶成與運作是不可能的。公民倫理的目的，在於促成合理而優質的公共生活，依此，「愛」是任何公民倫理體系所不可或缺的。

我們雖然很難想像缺乏仁愛成分的公民倫理，「愛」似乎只能是這種倫理的一個部分，或許還不宜占據核心的位置。以下想以三點來說明這個看法。首先，在公民社會，「愛」最能發揮作用的，是在社會結合、運作、互助的方面；從個人的角度出發，「愛」使人積極參與群體生活，用亞里士多德的觀念來說，有助於造就好的「統治者」。可是，群體生活非常複雜，顯然需要其他的價值。除了「愛」，諸如理性、自制、禮貌、容忍、守法、誠實、知識、公平、正義、效益都不可少。我們似乎沒有理由宣稱，「愛」一定比其他價值重要。「愛」為什麼比「誠實」重要？一個慷慨捐款濟貧卻又大量逃稅的人算不算好公民？都是值得提出的問題。

群體生活的一個主要工作，是在作計畫和決定時，考慮不同的偏好，哪些價值最終獲得採納，比重占多大，通常取決於問題的性質與當事人的心態。整體來說，群體生活中的價值應該多元

而均衡。價值過於集中，容易導致重大的缺陷。譬如，一個以
「平等」為絕對優先的社會，不免犧牲發展、創造性，乃至個人
自由。強調「愛」而忽略其他價值，恐怕就會有博感情不顧是非
的後果，或許可稱之為「多情寡義」。總之，這裡表達的看法
是，公民倫理應包含多種價值，過於注重單一價值是不合理的。

其次，「愛」基本上是主觀的。社會的規模很大，成員多為
互不了解的陌生人，穩定的生活秩序的形成，必須依靠合理行為
法則(法律、風俗習慣)的建立與遵行。如何建構這些準則，則又
多有賴社會集體的常識判斷以及理性的反思與批評，主觀的善意
似乎用處不大。這個過程意謂，人民參與公共事務，除了愛心，
還須運用其他能力。提倡仁愛的孔子說：「好仁不好學，其蔽也
愚」(《論語・陽貨》)，或許還是具有現代意義的警語。

再者，即使在感情的範疇，「愛」也不見得是公民倫理所最
需要的情操，也許「尊重他人」與公民倫理的關係更密切。
「愛」和「尊重」的性質相當不同。「愛」是一種強烈的、向外
欲求的情感，由於強度高，可能帶有占有的欲望，但也有自我犧
牲的傾向。「尊重」則是一種不干涉、肯定他人的意態，是一種
平靜的心情。「愛」和「尊重」是可以並存的，有的父母既愛小
孩，也尊重小孩；但兩者不必然並存，再以親子關係為例，有的
父母愛小孩，但不尊重他們──一定要他們唸醫科。

前文提及，「愛」顯然是公民倫理不可或缺的一部分，它在
公民倫理的積極面或「有所為」面扮有重要的角色，愛國心、鄉
土意識、社區服務、慈善撫貧在很大程度上都是「愛」的表現。
不過，即使在公共事務與公益活動的層次，「尊重」也可以是重

要的資源。1994年4月華航客機在名古屋發生空難，日本警察對待
罹難者遺體與家屬的態度廣獲好評。有的家屬問，我們不是日本
人，為什麼對我們這麼好？日本警察表現出的，可以算是普遍主
義(universalism)的態度，這種態度似乎較遠於「愛」，而近於
「敬」──敬業、尊重死者與受難者。「愛」是一種強烈的情
感，除了像德蕾莎修女這類的宗教家，一般不易持久，更難以廣
泛施予。「尊重」則比較容易發展成善待他人的習慣。在公共生
活中，我們必須經常面對陌生人，在這種情況下，「尊重」很能
彌補「愛」的盲點。

在公民倫理的問題上，「愛」最不發生作用的，是在消極面
或「有所守」面。這個方面是指個人行為如何避免侵犯他人與公
共權益，具體而言，大概包括守法和一般所謂的公德心。要做到
這兩件事，根本無須動用到愛心：不蓋違建、開車讓行人、少製
造噪音，於「愛」何有哉？尊重他人倒可能是必要的心理狀態。
反過來說，如果有人愛心飽滿，但沒有尊重他人的習慣，又漠視
法律，也不會是好的「被統治者」。

在現代公民社會，尊重他人還有一個特別的意義。現代的民
主憲政體制奠基於基本人權的理念，這種體制的首要原理是，社
會對於集體福祉的追求，應以確保個人自由為前提。要使民主憲
政的體制持續發展，精神得以維繫，個人權益必須成為生活中的
重要價值。尊重他人的社會意涵，其實就是不侵犯他人之權益，
如果這種態度普遍化，大多數人的權益就容易獲得穩固的保障。
簡單地說，尊重他人的意態與現代社會中自由之維繫是息息相關
的。

　　再來要檢討善惡思想與公民倫理的關係，這個問題可以分形式和實質兩方面來考察。在形式方面，我們可以問：行善的觀念對公民倫理的培養有沒有幫助？如果有，幫助在哪裡？勸善書中，「善」泛指道德上好的、有正面價值的一切事物，既包括積極主動的做好事，也含有消極的義務性行爲。不過，大體上，有所守、盡責任的「善」只出現在政治與家庭的範圍——即傳統所謂的「忠孝」，清初善書《彙纂功過格》稱此爲「盡倫」。在一般性人際關係和社會的領域，就很難看到這類性質的「善」。在台灣，如果有人把過馬路不闖快車道稱作善事或行善，大概會被看成傻瓜。依此而言，善惡倫理與公民倫理的「有所爲」面頗有呼應，與「有所守」的部分則少干係。

　　至於善惡倫理的實質內容，前文說過，大概有忠孝倫常、社會倫理、宗教倫理三大類。其中社會倫理大都與助人救難、造福鄉里有關。譬如，約撰於明代的〈文昌帝君陰騭文〉要求人們：「濟貧如濟涸轍之魚，救危如救密羅之雀，衿孤恤寡，敬老憐貧」，「點夜燈以照人行，造河船以濟人渡」。〈關聖帝君覺世眞經〉提及的社會性德目還包括捨藥施茶、造橋修路。很明顯，依本文的分析架構，這些都屬於公民倫理的積極面。個人在傳統善書中，只發現一項常見的消極性社會德行，就是要商人斗秤公平，不得作弊，大約這是日常生活中引起很大困擾的問題[2]。

　　現在要爲全文作總結。從本文對台灣社會性民間倫理的考察

2　關於善書中的社會倫理，詳見本書〈近世中國心靈中的社會觀——以童蒙書、家訓、善書爲觀察對象〉。

看來，無論就「愛」的觀念或善惡倫理而言，台灣道德意識的重點都在公民倫理的積極面，至於消極面或「有所守」面，傳統的資源很少。台灣目前有個現象，就是行善和參加公益活動的人很多，但不守法、缺乏公德心的行為也很普遍，公共秩序混亂。這個現象跟我們道德意識的結構是吻合的，不能不說兩者具有因果關係。許多人感覺，台灣的公民倫理不發達，根據本文的分析，根本的問題在於欠缺消極面的公民倫理素養。在積極性的公民倫理方面，似乎人們最能體會的，仍是傳統上關注的慈善救難、造福鄉里之事，至於現代公民社會參與權利的運用，則顯得認識薄弱，行為也普遍不合規範。譬如，開會無章法、發表意見言辭粗暴、賄選橫行、把選舉權當商品出售，都是顯著的例子。

如果本文的分析大體可從，對於如何改善台灣公民倫理的狀態，可以提出以下的兩點基本意見。第一，台灣人民對公民基本規範的認識相當薄弱，遵守的意願也低，總能輕易找到理由占社會的便宜。「公私之分」為漢人文化之一大弱點，是十九世紀末期以來不少人逐漸認識到的。要改善這個景況，在思想的層面，恐怕必須建立個人與陌生人之間、個人與社會集體之間的新倫常關係。這些倫理關係不——恐怕也不可能——以「愛」為基礎，尊重他人的意識與責任（或義務duty）觀念似乎是更重要的。個人以為，消極性的公民倫理是合理的社會合作的基礎，應該作為優先努力的方向。第二，在社會參與的問題上，我們應在傳統仁愛行善的觀念之外，培養對於現代公民權利的認識與運用能力。

本文主張，台灣的民間倫理未能涵蓋公民倫理「有所守」的

一面。需要聲明，這是就大體而言，這方面的因子還是存在的，只是甚為稀疏。著名的《了凡四訓》（明末袁黃撰）中「愛敬於心」的想法，就是一個例子。袁了凡說：「君子所存之心，只是愛人敬人之心。蓋人有親疏貴賤，有智愚賢不肖，萬品不齊，皆吾同胞，皆無一體，孰非當愛當敬者？」我們不必同意這段話裡萬物一體的思想，但其中普遍「敬」（尊重）人、平等待人的觀念，值得我們珍惜彰顯。

本文也曾說過，「守法」是公民倫理消極面的核心要項，這個觀念的倫理意義在台灣似乎不受注意，因此這裡不避蛇足，提出一個看法，以為本文的結束。依照自由主義的政治思想，在民主體制，人民有道德權利不服從法律。但這是有條件的，不服從只有在法律未依正當程序訂定或抵觸個人良心、信仰的情況，才有合理性。這就是有名的「公民不服從」論（civil disobedience）。從這個觀念，我們或許可以反推，因為個人的方便或利益任意不守法，是不合理的，可以稱為「非公民的不服從」，uncivil disobedience。

本文原在1999年11月27日發表於時報基金會舉辦的「邁向公與義的社會研討會」，後略經文字修改，轉載於《當代》第一五○期（2000年2月），頁86-97。2003年12月、2004年7月又再作少數修訂。

關於華人社會文化現代化的幾點省思
——以公德問題為主

前記：本文是本書正編中寫作最早的作品，原發表於1994
年6月27、28日在台北舉行的「東亞現代化的困境與出路」
國際會議，修訂後收入該會議論文集：朱雲漢、吳東昇
編，《東亞現代化的困境與出路》（中華文化復興運動總
會、國家政策研究中心，1995）。文章刊出後，個人對其中
牽涉的許多問題有進一步的探討，所得結論有較本文更準
確、深入處，請參考本書原理篇其他兩文與歷史篇各文。
惟本文的問題意識、論述內容似仍有為其他諸篇所不及而
值得參考的地方，現再略作文字修訂收入本書。

　　這篇文章試圖討論幾個有關華人社會文化現代化的問題。我
所謂的華人社會是以台灣和中國大陸為主，但也會稍微涉及其他
地區。在進入正題之前，我想先說明我對「現代化」問題的基本
理解以及「文化現代化」這個概念在本文中的意涵。「現代化」
是一個頗有歧義的名詞，但就核心內容而言，它大概指稱兩個主
要的過程：一是技術和經濟上的工業化；一是在工業化(尤其是西
方工業化)的歷史過程中所出現的種種社會、文化與制度變遷，如

都市化、世俗化、理性化、政治民主化等等。沒有人會否認工業化是現代化的主要內涵，但哪些社會變化可以算作是現代化的必經過程，或在現代化的過程中應當追求的目標，則相當容易引起爭議。本文無意涉入這個爭議。我在這裡所想要表明的是，就我個人的理解，儘管現代化的非經濟面相在具有不同歷史文化背景的社會有甚為不同的表現，這些面相的確存在，而且時常構成獨立於經濟變遷之外的力量。本文所謂的「文化現代化」，指的並不是某一或某些社會活動領域(如教育、表演藝術、家庭關係)的變化，我所指的主要是一個社會的成員如何能在觀念和行為的層面配合處於現代化過程中的環境的問題。我個人認為，這是目前華人社會(尤其是台灣與中國大陸)所面臨的一個嚴重問題。華人社會能否達成成功的現代轉化，將與它們如何處理這個困難有著密切的關係。

在華人社會中，文化現代化何以是一個嚴重的難題，似乎與華人社會現代化的歷史和特性直接有關。華人社會的現代化有兩個主要的源頭：一是十九世紀中葉以來西方的衝擊，這個衝擊在不同的地區以不同的方式出現。在中國本土，自英法聯軍之役和太平天國之亂以後，官方和民間都興起了廣泛的學習西方的努力，以期有助於應付李鴻章所稱的「數千年未有之變局」。這些引進西方技術、制度與觀念的工作進行甚不順利：挫折多，成效微，影響的地域也相當有限。但自1860年代到1940年代的將近百年中，總算陸續進行著。台灣、香港、新加坡的情況與中國本土有些不同，這些地方的現代化是因成為殖民地而開始的。香港和新加坡是受英國的直接統治；台灣的經驗最為特殊，帶領它向現

代化過程邁步的是一個本身力求西化的東方新興強國——明治時
代的日本。整體上說來,這三個地區受到西方式制度和觀念的影
響都比中國本土強烈。綜而言之,各個華人社會的初期現代化經
驗有顯著的差異,但彼此間有一個共同的特色,這就是:這些社
會的現代化都是在外力影響或主導之下進行的,而非自發的,而
且這一過程並未導致成功的工業化。

　　華人社會現代化的另一個源頭是第二次世界大戰之後的快速
經濟發展。在所謂「亞洲四小龍」之中,有三個是華人社會。從
1970年代末期起,中國大陸也致力於市場導向的經濟發展,開始
出現了高度成長的現象。最近幾十年的經濟發展把許多華人地區
由農業社會或傳統性還很深的商業社會改變爲高度發達的工商業
社會,對這些地區的社會結構和生活環境產生了極深刻的衝擊,
遠非早期的現代化所可比擬。簡單地說,華人社會的近期現代化
有兩個共同的特點:第一是急遽性,第二是單一性或片面性。
「急遽性」指的是,到目前爲止,所有的華人社會都有在極短的
時期內經歷重大經濟、社會變動的經驗,而且這個急速變遷的過
程還在持續著。所謂的「單一性」或「片面性」則是指,這些社
會近期的現代化基本上是不均衡的發展——是經濟掛帥的發展。
在這些社會,許多與現代化有關的非經濟性問題都被長期忽視。

　　以上是我對華人社會現代化的通性的簡單觀察。從這個觀
察,我們可以注意到,近一百多年來的現代化歷程使得華人社會
的環境起了翻天覆地的變化。我所說的「環境」,指的不僅是物
質性的環境,如工具、技術、經濟形態、聚居方式;我指的也包
括非物質性的、「軟體」性的環境,如政治組織、教育制度、種

種形式的法律和規範。但另一方面，華人世界的這些變化並不是本土社會文化自然演變的結果，而這些變化的產生過程也相當突兀和偏頗，尤以近二、三十年爲甚。在這種情況下，一個嚴重的後果就是：人們的觀念和行爲遠遠不能與環境的變化相配合。

必須聲明的是，我在此並不是說，當前華人社會中觀念與環境衝突的現象完全可以由華人社會現代化的特殊歷史得到解釋。從結構的觀點，我們也許可以說，中國傳統文化中有許多與現代生活的基本形態相扞格的因子。無論華人社會中觀念與環境衝突的原因何在，這個衝突的存在是一個明顯的事實，而且也是個必須處理的問題。我在這裡並不是主張，爲了達成成功的現代化，華人社會應該盡力採納、吸收西方(甚至日本)的制度、心態與行爲方式。我所想表達的一個觀念是：在華人社會，現代化在很大的成分上是一個環境變化的現象，如果要避免讓環境變化對人的生活和生命品質帶來無法收拾的惡劣影響，觀念、行爲與環境之間必須取得某種程度的平衡。舉例而言，華人不僅要學習如何製造和銷售現代科技產品，也必須了解如何合理地使用這些產品——如何開車少按喇叭，如何住公寓而合作維修公寓，如何開發而不污染水源。同理，華人國家不僅需要憲法，也要知道如何遵守憲法；華人公民不僅要會投票，也要學會不賣票。這就是我所說的文化現代化——觀念與行爲的現代化。

文化現代化可說是一個至大無外的問題，因爲它牽涉到華人社會現代生活的所有層面。對於這個問題，本文只將討論一個我認爲是極其關鍵的部分，這就是華人文化的公共性——即一般所謂的「公德」——的問題。現代化所帶來的最重大社會變化之

一，就是公共領域的極度擴大。我所說的公共領域，並非單指公眾共同擁有的空間，而是指社會中一切與公眾（或非特定他人）利益有關的行動所構成的場域或生活層面。在現代社會，公共事務遠比以往龐多而複雜，一般人在生活中也必須時常與和自己無特殊關係的人接觸，或處於公共所有的空間。尤有進者，由於都市化的結果，居住形態趨於密集，即使在家中、在私人空間中的行爲，都很可能影響及他人的利益。我們可以說，在現代社會中，人們的活動極少有不必顧及公共後果的。然而，與許多其他已開發或開發中國家的國民相較，華人對於公共性行爲的規範的認識甚爲薄弱，遵守這些規範的意願和能力也很低。華人社會（至少是台灣和大陸）中的許多人──也許是大多數人──根本沒有明確的公共領域觀念。依我個人之見，華人文化公共性的低落，是華人社會達成現代轉換的大敵；華人世界中許多觀念、行爲與環境的衝突，追根溯源，都與公民意識之淡薄有關。

華人文化公共性的低落及其可憂後果，是很多人都已經注意到的。遠在二十世紀之初，梁啓超就曾指出，中國國民性格的缺點包括「公共心之缺乏」與「自治力之欠闕」（《飲冰室文集之十二》〈論中國國民之品格〉）。梁任公還慨言，中國傳統倫理偏於私德而輕公德。所謂的五倫之中，三倫純屬家族倫理，朋友和君臣則爲極不完全之社會、國家倫理。（《新民說》第五節）。小說家蕭紅（1911－1942）在其名作《呼蘭河傳》中也對中國社會缺乏公共倫理的性格有深刻的描寫。該書的一個重要場景是：小城呼蘭河的東二道街上有一大坑洞，常有車馬陷入，儘管鎮民長年花費力氣幫忙拉出這些車馬，始終不見任何人或任何組織把這個坑

洞填平。梁啓超是廣東人，蕭紅是黑龍江人，論地域出身，一極
南，一極北，兩人所見則略同，可見公益心之薄弱確爲華夏民族
之通病。在台灣，近年來有人倡導在傳統的五倫之外再加上第六
倫，即個人與社會的道德關係，也是針對此弊而發的。我個人的
學術背景是歷史，尤其是中國思想史，並沒有足夠的專業素養對
當代華人公民文化從事深入的研析。本文以下想從歷史和思想的
角度，申論三個有關的問題。首先，我將試圖對傳統中國思想中
有關公共性行爲的觀念與價值作一概略分析，比較這些觀念和現
代人應有的公民觀念之異同，希望這個工作能增進我們對華人社
會的「公德」問題的了解。其次，本文將對傳統中國文化公共性
低落的原因提出一些初步的看法。最後，我想談一下現代化過程
對華人社會所造成的精神層面的影響，這與文化現代化並不是同
一個問題，但有相關的地方。

　　要討論傳統中國有關公共性活動的思想，就無法避開「公」
這個觀念。對於這個問題，學者論述已不少，日本的溝口雄三教
授尤有精湛之研究[1]。這裡需要說明的是，「公」的概念固然與我
的論題有關，但兩者並不是二而一的。此中最重要的差別是，傳
統中國的「公」的概念時常帶有強烈的道德色彩，而本文所謂的
「公德」之「公」，指的則是一個特定的生活領域，不帶價值判

1　參見溝口雄三，〈中國における公・私の概念展開〉，《思想》，
　六六九號(1980年3月)，頁19-38；〈中國の「公・私」(上)〉，
　《文學》，五十六卷第九期(1988年9月)，頁88-102；〈中國の
　「公・私」(下)〉，《文學》，五十六卷第十期(1988年10月)，頁
　73-84；賀躍夫譯，〈中國與日本「公私」觀念之比較〉，《二十
　一世紀》，第二十一期(1994年2月)，頁85-97。

斷的意味。舉例而言，朱熹曾說：「人只有一個公私，天下只有一個正邪。」又說：「將天下正大底道理去處置事，便公；以自家私意去處之，便私。」(《朱子語類》，卷十三，第四十四、四十五條)朱子此處所說的「公」是一種高層次的價值判準，而不必然與公共領域有關。任何事，即使是一般所謂的私事、家內之事，只要以正理處之，依朱子的說法，便是「公」。這是相當普遍的觀念，至今還存留在日常語言當中。如「公平」、「偏私」二詞指的就是行事的態度，而與事務的性質無關。此外，在語意上，「公」也有「共同」、「共有」之意。所以在台灣，宗族所共有的田地可以叫作「祭祀公業」，雖然就現代的公共觀念看來，它屬於私產[2]。另外需要指出，中國傳統文化中還有一些與公共領域有關的觀念並未含有「公」這個字，它們也是本文所要處理的對象。

我首先要討論「公」的一個比較原始的涵義。根據學者的研究，甲骨文、金文中的「公」主要有祖先、尊長、國君等義。(周法高，《金文詁林》，○○九○)這裡的第三義(國君)即是作爲抽象概念的「公」的最初源頭。《詩經》中的「公」，指的主要也是封建諸侯、貴族領主或與這些統治者有關的事物。如：「雨我公田，遂及我私」(〈小雅‧大田〉)，「夙夜在公」(凡三見)，「敬爾在公」(〈周頌‧臣工〉)。《詩經》中的「公」意思都甚

2　溝口雄三曾指出此點。見氏著，〈中國與日本「公私」觀念之比較〉，頁89。另一個類似的例子見於《光緒八年濟陽江氏重修統宗譜》：「族中有公益事，宜以富厚者當之」。轉引自陳捷先、盛清沂編，《中國家訓》(台北：行政院文化建設委員會，1987)，頁94。

具體；單獨出現時，多是封建主的官署或宗族之義。至遲到春秋末、戰國初，「公」已經有了一般性的政務、公眾事務的意思。《論語》中記載子游稱讚澹臺滅明之語：「行不由徑。非公事，未嘗至於偃之室也。」（〈雍也〉）此處的「公事」顯然不只是封建主之事。《左傳‧昭公二十六年》有這樣的句子：「大夫不收公利」，意思是大夫不侵占官府或公眾的利益，「公利」指的也不是封建諸侯的個人或家族利益。簡而言之，作為一個政治社會性的概念，「公」最初的涵義是統治者或政府之事。「公」的這個涵義在後世一直繼續存在，所以官府也叫「公家」、「公門」。在當前的台灣，政府工作人員則叫「公務員」。政府或統治者的作為當然跟公共事務有關。這個意義的「公」似乎是在中國最早出現的與公共領域有關的觀念。此一觀念對於中國人的思想形態有極深刻的影響。一直到現在，還有很多人會把公共事務和政府劃上等號。中國大陸由於經歷過長時期的極權統治，這種心理比其他華人社會更為強烈。

傳統中國思想中有關公共領域的第二種觀念也常用「公」字來表達，其基本意義是公共利益或人民的福祉。這種觀念與傳統知識分子的淑世思想關係特深。更直接地說，這個觀念之所以重要，是因為經世濟民是士人文化中的一個根本價值；古往今來，有無數的知識分子相信，他們與統治者最大的責任在於為人民謀求幸福。此一理想起源甚早，孔子自言其志：「老者安之，朋友信之，少者懷之。」（〈公冶長〉）又說君子的最高成就在於「修己以安百姓」。（〈憲問〉）墨子摩頂放踵，念茲在茲的則是「國家百姓人民之利」。（〈非命上〉）孟子也期望士人以「窮則獨善其

身，達則兼善天下」的理想。(〈盡心上〉)到了戰國時代晚期，開始有人用「公」字來表達爲政之目的在爲人民謀福利的觀念。這個概念特別是爲君主而發的，《呂氏春秋·貴公篇》就是一個明顯的例子。該文云：

> 昔先聖王之治天下也，必先公。公則天下平矣。平得於公。嘗試觀於上志(按：即古籍)，有得天下者眾矣。其得之以公，其失之必以偏。天下，非一人之天下也，天下之天下也。

上文中的「公」，顯然一方面指社會的整體福祉，另一方面也是說統治者須平均照顧所有人的利益，不可有所偏頗。《韓非子》一書也要求統治者以「公」的原則治國，此書中的「公」亦有公共利益之義。與其他諸家不同的是，以《韓非子》爲代表的法家思想基本上認爲公利與私益是徹底衝突、全不相容的；欲求國治，必須從公滅私。此外，在法家思想中，人主的利益與公眾的利益也沒有明顯的區分。先秦儒家不常以「公」字來代表公眾的福祉，但如前文所述，儒家的政治思想自始即以追求人民福祉爲鵠的，這種淑世濟民的觀念不但延續於後代，成爲中國政治思想的主流，而且對知識分子的人生哲學也有極深的影響。宋儒張載曾說：「某平生於公勇，於私怯。於公道有義，眞是無所懼」(《經學理窟·自道》)，反映的就是以公眾之事爲重的使命感。

中國知識分子傳統中的公利思想有兩個與現代社會所應有的公民觀念不同之處。首先，現代公德的功用在於規範社會成員在

公共領域內的行為，傳統中國的公利觀念則主要是指社會或某個社群的整體福祉，而這種福祉並不全屬本文所謂的公共領域的範疇。舉例而言，儒家一貫主張為政之道不僅在養民，也在教民。教民的項目多與風俗人心有關，如父慈子孝、兄友弟恭，從現代社會的觀點看來，是屬於私德的範圍。其次，傳統的公利主要是知識分子所抱持的價值。現代的公民意識則要求社會的所有成員處於公共領域時都必須遵行某些規範。這兩種觀念有性質上的差別。以當前台灣和中國大陸的狀況而論，許多知識分子仍有「為生民立命」之心，但在個人行為上，他們並不都能表現現代公民所應具備的素養，有些人甚至還無法完全遵守最基本的公德規範。梁啟超在討論他的「新民」觀念時曾說：「新民云者，非新者一人，而新之者又一人也。則在吾民之各自新而已。」（《新民說》第二節）在內涵上，任公的「新民」與本文所說的公民並不完全一致。但就公民的養成而言，則「非新者一人，而新之者又一人」確為的論，而社會領導者的自新尤其重要。

在中國思想史上，不是所有有關公共利益的討論都是針對統治階層和知識分子而發的。以先秦思想為例，法家也要求一般人民為公利服務，而君臣任法、人民守法則是達成此目標的最有效途徑。《韓非子·有度》曰：「古者世治之民，奉公法，廢私術，專意一行，具以待任。」此處是說人民應擯棄私人性的作為，專心執行國家或國君交付的任務。〈五蠹〉篇對這個觀念表達得更清楚；該文說，在一「明主之國」，其人民「言談者必軌於法，動作者歸之於功，為勇者盡之於軍。是故無事則國富，有事則兵強」。《商君書》對民眾也有同樣的要求。（參見〈修

權〉、〈定分〉)中國思想史上另一次強調群體大利的浪潮出現在清末民初。當時中國已經歷數十年的內憂外患，而有國亡不復的危機。許多知識分子愛國保種之情深熾，大力提倡「群重己輕，捨私爲公」的思想，希望打破家庭、宗族、階級等小單位之隔閡，解放震旦全民的能量，爲國族的全體大利獻身奮鬥。當時有人把這種愛群之心也叫作「公德」。1903年第十號的《中國白話報》中有篇文章寫道：「個個重公德，日日講合群，所以報答社會的恩賜，是人類第一等的義務。」[3]這篇早期的白話文當然是希望寫給一般老百姓看的，文中的「公德」顯然就是指獻身群體利益的情操。梁啓超《新民說》中所論之公德(第五節)，固有公共領域之規範的意思，也有此處所說的義涵。下文可以爲證：「群之於人也，國家之於國民也，其恩與父母同。蓋無群無國，則吾性命財產無所託，智慧能力無所附……明乎此義，則凡獨善其身以自足者，實與不孝同科。案公德以審判之，雖謂其對於本群而犯大逆不道之罪，亦不爲過。」在晚清開始出現的捨己爲群的道德觀，到了民國以後，一直在國民黨和共產黨的意識形態中占有重要的地位，對於現代中國的政治文化有相當大的影響[4]。

　　先秦法家思想與清末民初的重群思潮都是特定時代的產物，本難併合而論，但就探討中國公德思想的角度而觀，這兩者有一

3　轉引自鄭師渠，《國粹、國學、國魂──晚清國粹派文化思想研究》(台北：文津出版社，1992)，頁275。
4　本文關於晚清民初思潮的討論主要參考王汎森，《古史辨運動的興起》(台北：允晨文化出版公司，1987)，〈引論〉；鄭師渠，《國粹、國學、國魂──晚清國粹派文化思想研究》，第六章第二節。

共同的特色：它們都要求一般人民爲公利效力。然而，這兩個思潮中的公利觀念與現代所謂的公德有甚大的差距。前兩者所說的公利是指一個大的群體——如國家或民族——的集體利益，這是一種比較抽象的觀念，它與個人在日常生活中的行爲並沒有明顯的關聯。法家要用嚴刑峻法把這個關係規定、建立起來，二十世紀初期的群學思想家章炳麟提倡建立軍國民社會，都可以反映出這種利益的性質。在另一方面，現代公民道德則是重視個人在日常生活中所遭逢的公眾利益。這種利益無所不在，幾乎滲入生活的每一層面，是需要社會成員隨時處理、隨時與個人利益取得合理的關係的。因此，一個社會公民水準的高低涉及了文化中極多的觀念與行爲模式，需要多方面的努力才可能改變。

傳統中國文化中另一個與公眾福祉有關的價值是慈悲或慈善，也就是要求社會成員應援助不幸之人、從事公益活動的觀念。中國歷史上比較大規模的、有組織的民間慈善活動，似乎首先出現於東晉南北朝時代。這些活動通常是由佛教僧侶或信眾領導的，在觀念上也深受佛教「慈悲」、「布施」、「福田」教義之影響。然而，整體上說來，「義」是最常用來涵蓋慈善性、公益性作爲的概念。南宋的洪邁(1123－1202)對「義」的這個用法有清楚的說明。他說：

> 人、物以義爲名者，其別最多。……與眾共之曰義，義倉、義社、義田、義學、義役、義井之類是也。(《容齋隨筆》卷八)

事實上，連東晉南北朝時期從事社會救濟事業的的佛教組織也以
「義」爲名，如「義邑」、「義坊」[5]。至於慈善性的義行之具體
內容，清初的石天基(康熙至乾隆時人)有詳細的解釋。現具引之
於下：

> 義者，宜也。爲所當爲，謂之義。如爲子死孝，爲臣死忠
> 之類是也。其次則於宗族鄉黨之中，見有貧而不能婚嫁、
> 殯葬的，須當量力以贈之。見有遭難逢苦、衣食不給的，
> 須當量力以濟之。見有含冤負屈而不能伸的，須當出力率
> 衆，慷慨公道以白之。至於修橋修路，施藥施棺，賑(賑)
> 飢濟乏，喜道人善，廣行方便，皆義也。(《家寶全集》全
> 二集，卷二，頁20)[6]

「義」或慈善布施應該也是一種與公共福祉有關的觀念，因爲它
要求社會成員關心自己家庭以外的人和事物，但這個觀念與現代
的公民意識也有兩個主要不同之處。第一，在行爲的層面，慈善
布施的價值要求社會成員幫助他人、熱心公益。這是本文所說的

5　參見山崎宏，《支那中世佛教の展開》(東京：清山書屋，1943)，
　　第四章第二節；劉淑芬，〈五至六世紀華北鄉村的佛教信仰〉，
　　《中央研究院歷史語言研究所集刊》，第六十三本第三分(1993年7
　　月)，頁522-7。「義坊」一詞見〈標異鄉義慈惠石柱頌〉，《定興
　　縣志》(光緒十六年刊本)，卷十六，頁6上。此碑文係劉淑芬教授
　　爲中央研究院歷史語言研究所於1994年4月所舉辦的國史研習會所
　　準備之研讀材料。按，漢代時捐貲之人已稱爲義士。
6　轉引自張秀蓉，〈清代慈善事業之意理研究〉，《中山學術文化集
　　刊》，第二十六期(1980年11月)，頁450。

公德中重要的一部分，但它只是公德之一部，不能涵蓋全體。第二，慈善性的「義」的觀念和傳統的「公」的概念有一類似之點，這就是兩者常是指涉一種道德性的態度，但對於此態度的應用範圍並沒有明確的規定。以「義」而論，它的應用範圍是在家庭以外，但不一定是在現代意義的公共領域之內。舉例而言，傳統社會似乎特別重視宗族之內的「義行」。「義莊」、「義學」（或「義塾」）就主要是宗族內部的組織。此外，也有人強調義行之施應由近而遠，由親族、鄰里以至路人，這和公德的觀念似乎也甚不相符[7]。

關於傳統中國對於公共道德的看法，我最後想討論的是敦睦鄰里的觀念，這是傳統社會倫理中很重要的一個條目。王陽明在他著名的〈南贛鄉約〉中說：「凡爾同約之民，皆宜……和順爾鄉里，死喪相助，患難相恤，善相勸勉，惡相告戒，息訟罷爭，講信修睦。務為良善之民，共成仁厚之俗。」在明太祖朱元璋的聖諭六言和清朝康熙帝的聖諭十六條中，唯一與公共道德明顯相關的條目也是敦睦鄉里。明太祖和康熙帝的聖諭是明清兩代鄉約所用的主要教材，它們一方面是傳統社會思想的典型反映，一方面也對基層社會有巨大的影響。此外，在族譜家訓裡，和睦鄰里也是重要的教誡。現舉一例以見其一斑：

> 鄉里是同鄉共井，比居相近，務須一心一德，好事大家共成之，不得故生異同；不好事大家共改之，不得私行誹

7　參見張秀蓉，前引文，頁454-5。

謗。彼此交際,和氣藹然[8]。

相較於其他有關公共領域的傳統價值,敦睦鄰里的觀念特重小型社區,著眼點在於與日常生活有關的公共福祉,但這個觀念和現代公德思想也有明顯的相異之點。首先,傳統的鄰里生活觀最重視的是家庭之間的關係,個人行為與公共利益的關係則非措意之要點。其次,傳統對於鄉里生活的關心重點在於防止衝突之發生,因此,促進或維護公共利益經常並不是極重要的事;為了保持地方的祥和之氣,私家或私人侵妨公眾利益是可以受到容忍的,這和現代公民道德的基本精神顯然是相違背的。

前文曾經提及,很多人都已經注意到中國社會自來甚忽視公共性行為的現象,這個背景當然與華人社會目前在現代化上所面臨的困境密切相關。本文處理此問題,不是要爭論傳統中國文化有沒有——或是有多少——符合現代公民觀念的因子,本文所作的,是試圖透過對傳統有關公共性行為的觀念的整理和分析,來了解中國傳統心理與現代公民意識的差距何在,並希望這個認識能夠幫助我們得到有關改進華人公民文化的啟示。前文已從傳統中國思想中歸納出五種有關公共領域或公共性行動的看法。它們是:以統治者或政府為「公」的觀念、統治者與知識分子應為公眾謀福利的觀念、人民應為群體大利犧牲小我的觀念、慈善布施的觀念、和睦鄉里的觀念。本文只對傳統的公德思想作了簡略的

8　《光緒十一年懷寧任氏宗譜》,轉引自陳捷先、盛清沂編,《中國家訓》,頁114。

整理，遺漏、不妥之處一定不少，但以上所論應已包括傳統公共生活觀的大部。根據這個初步成果，我想對如何改善華人社會(尤其是台灣和中國大陸)的公民文化的問題，提出兩點個人的見解。第一，中國傳統文化中的確缺乏相近於現代公民觀念的成分，從事改善華人社會的公民文化，不啻相當於創造一種新文化。中國傳統有關公共福祉或事務的思想與現代公民觀念最大的差別似乎是，前者缺乏一種領域觀。更具體地說，傳統中國沒有類似公共生活圈或公共權威圈的概念，當然也不存在相對應於這種領域的完整規範系統。第二，以我對當前華人文化的觀察，傳統公德思想還是深植人心，具有很大的力量。因此，我們應根據這些傳統思想與現代公民觀念的差別，對於現代社會應有的公民觀提出較精確的說明。我們可以針對傳統的觀念指出：公共利益不只是國家、社會的整體大利，它存在於日常生活的每一部分，需要所有的人共同創造和維護；能夠在實際行為上遵守公民規範、保護公共利益的人才能算是合格的現代公民，只是關心抽象的國家利益、人民福祉是不夠的。我們也可指出：公共事務不只是政府之事，它需要全民共同參與；敦睦鄰里不應是社區生活的最高原則，過分講求和諧，容易為求息事寧人而犧牲公眾利益；慈善布施是公民的美德，但社會成員不僅須關心他人私人生活中的苦難，也應求有所貢獻於公益事業。這裡需要特別說明的是，本文主題雖在檢視華人社會公德低落的歷史文化根源，但我並非認為公德的養成只是文化的問題，而與其他因素少有關涉。事實上，我相信一個社會的公民水準是個複雜的現象，與該社會經濟發展的程度、法律制度的設計都有密切的關係。但由本文以上所論，

這個現象的歷史文化因素是不容忽視的。

傳統中國文化公共性低落的原因何在呢？這又是一個至大無外的問題，因爲它涉及了中國文化的整體性質，我在這裡只能作一個極爲簡單的檢討。一般對於這個問題似乎有兩個基本的看法：一是從社會結構著眼，指出中國社會最主要的操控力量是一些由自然性的人際關係所建立的網路，如家庭、宗族、鄉黨；相對而言，政府以及社會學上所謂的次級團體(secondary groups，個人爲達成共同目標而自願結成的組織)涉入一般人民生活的機會甚少。在這種狀況之下，社會非常缺乏公共生活的經驗，規範個人行爲與公共利益之關係的價值系統自然不易發展成熟。另一種說法主要是從價值面立論。許多西方學者強調，傳統中國的價值系統基本上是特殊主義式的(particularistic)；也就是說，傳統中國文化講究行爲與人際關係的關聯，認爲個人應以不同的規範對待與自己關係不同的人。人類學家費孝通在他的《鄉土中國》裡也有類似的說法，他認爲中國社會的基本單位不是界線清楚的團體，而是以個人爲核心放射出去的關係網。在這個網內，與核心距離的遠近決定與核心關係的深淺，費孝通把這種結構稱作「差序格局」。他認爲，「差序格局」所要求的道德觀念也是差別性的；以親己之人事爲重，以疏己之人事爲輕。一個重視特殊主義式或差別性價值的文化顯然不利於公德觀念的發展，因爲它的關心首在與個人有特別關係之人；在這種文化裡，集體的、與個人無特殊關係之人的利益自然容易受到忽視。

以上所述是常見的說法。我個人認爲，這兩種看法雖然都還有值得商榷之處，但都能相當有力地解釋中國社會偏私德輕公德

的現象。我在這裡還想介紹一個比較特殊——但我以爲是十分深
刻——的見解。這是中國現代名史學家陳寅恪(1890-1969)的看
法。1919年12月14日午後,時在哈佛大學進修的陳寅恪至其友人
暨後日之文學家吳宓(1894-1978)之住所,暢論中、西、印文化。
吳宓撮記寅恪之論於其日記,其中有一段涉及公利問題,現引之
如下:

> 中國古人,素擅長政治及實踐倫理學。與羅馬人最相似。
> 其言道德,惟重實用,不究虛理。其長處短處均在此。長
> 處即修齊治平之旨;短處即實事之利害得失,觀察過明,
> 而乏精深遠大之思。……夫國家如個人然。苟其性專重實
> 事,則處世一切必周備,而研究人群中關係之學必發達。
> 故中國孔孟之教,悉人事之學。而佛教則未能大行于中
> 國。尤有說者,專趨實用者,則乏遠慮,利己營私,而難
> 以團結、謀長久之公益。即人事一方,亦有不足。今人誤
> 謂中國過重虛理,專謀以功利機械之事輸入,而不圖精神
> 之救藥,勢必至人欲橫流,道義淪喪。即求其輸誠愛國,
> 且不能得。

陳寅恪此論對公益並未提出界說,觀其上下文,必然包括國家
之治亂安危,但恐亦不止於此,視爲廣義之公共利益亦可也。
陳先生此言的基本論點是,中國文化的主要性格在重實利,但
過重實際,則乏遠見精思,個人所謀者無非一己之私利,公益

必受戕傷[9]。以我個人對中國歷史文化與當前華人社會、行爲模式的了解，我以爲陳寅恪之說極富洞見。與公利相比，個人或與個人密切相關之人的利益本較具體，其得其失，對個人所產生的影響、感受十分直接。公利之爲物，則甚爲抽象，不易捉摸，其得其失，對個人未必有明顯的衝擊。就個人生活的短期、直接經驗而言，公利之失甚至常可爲私利之得。性格實際的個人或群體，若無強有力的信念約束，其趨於捨公利而就私利，幾乎就是事之必然了。

最後，我想討論一下現代化過程對華人社會所造成的精神層面的衝擊。我之所以試圖對這個問題表示一點個人的看法，起因於我覺得公民文化的貧弱已經影響及當前台灣社會的心靈品質，然後我決定連帶略談整個現代化過程對華人社會所帶來的精神性後果。我在爲撰寫本文作準備之初，就開始考慮華人公德不振對處於現代化過程的社會造成了什麼影響的問題。我原來的想法是，影響大約有兩方面：第一是爲社會帶來混亂。當社會狀態已發生重大變化，公共領域急速擴大，而公民水準卻仍低落之時，社會自然不易維持良好的秩序。缺乏秩序的結果則是個人與社會整體必須耗費許多資源應付這種混亂的局面，進而導致生活品質常有不升反降的情況。另一項影響則是現代化直接受到阻礙。在現代化的過程中，華人社會所面臨的最艱鉅工作之一就是，如何使種種發源於西方但顯爲現代社會所必需的政治、行政、法律制

9　引文見吳學昭，《吳宓與陳寅恪》（北京：清華大學出版社，1992），頁9-10。據勞思光教授相告，陳先生日後仍持此觀點不改。勞教授本人在北大求學時即曾親聆此論。

度得以建立生根，這可以說是現代化的軟體基礎工程。由於這些制度、法規大都和公共事務有關，如果沒有健康的公民文化的支持，它們很難順利運行，經常只能淪為紙上之具文。

然而，由於一個偶然的機會，我突然領悟到，在一個急速現代化的社會，公民素養的低落還會有精神層面的後果。現在我就寫出我得此領悟的經過，以代論證。大約是三個月前——也就是1994年3月初——的一個週六下午，當時下著不小的雨，路上車輛非常擁擠，我走過羅斯福路四段的一個巷口。巷口和大馬路（羅斯福路）的交口有交通號誌，當時紅燈亮著，巷口有許多車輛——汽車、摩托車——在等候燈號變換。我站在巷口旁的騎樓下，隨意往巷口望去，看到該處樹著一個禁止左轉的標誌。我再看一看等在巷口的車輛，突然間，整個人被所看到的景象驚住了。我發現所有的車輛——我記得是所有的車輛——都亮著要左轉的閃燈。刹那間我的心裡泛起了一股迷離的、超現實的感覺，覺得自己是在夢幻裡。不是不能左轉嗎？為什麼每一輛車都在陰雨中閃著左轉燈？我的直覺是，我看錯了交通標誌，於是轉頭再看一眼，發現標誌的確是禁止左轉。這件事情過後，我再回過現場幾次，以確認當時所見是實非虛。現在，禁止左轉的標誌還在，違規左轉的車還是很多，但我已不常見到車子閃左轉燈的景象，這大概是因為我後來經過該處時都是晴天，駕駛人或騎士不覺得有打燈警示他人的必要。當我被上面所描述的景象震懾過後，就時常在想，在我看到許多駕駛人和騎士在那個巷口打左轉燈的時刻，他們的心理狀態是怎麼樣的？我所能得到的結論是，他們的心情大概是不在意、無所謂的，至少是對交通標誌以及自己違規這一事

實麻木。我後來不斷注意到,違反自己在理智層面認為是合理的法規,是台北人生活中很重要的一部分。以我個人的揣想,人大概必須盡量麻木才能生活在不斷違規的狀態裡,因為他必須要讓規則對自己的心靈不發生意義。麻木,當然是一種很不理想的精神狀態。

在文章結束之際,我想介紹一個有關現代化對華人心靈所可能產生的影響的看法。這個看法與前文所引述的陳寅恪對於公益問題的論點甚為相似,這是近代另一大學者王國維(1877-1927)的論點,現引之如下,以為討論的基礎:

> 我國之重文學,不如泰西,……則事實較然,無可諱也。我國人對文學之興味如此,則於何處得其精神之慰藉乎?求之於宗教歟?則我國無固有之宗教;印度之佛教,亦久失其生氣。求之於美術歟?美術之匱乏,亦未有如我中國者也。則夫蚩蚩之氓,除飲食男女外,非鴉片賭博之歸,而奚歸乎?……夫吾國人對文學之趣味既如此,況西洋物質的文明,又有滔滔而入中國,則其壓倒文學,亦自然之勢也。夫物質的文明,取諸他國,不數十年而具矣。獨至精神上之趣味,非千百年之培養,與一二天才之出,不及此。(《靜安文集·教育偶感四則》)[10]

10　收在王國維,《王觀堂先生全集》(台北:文華出版公司,1968),
　　冊五,頁1761-2。

靜安先生在世之日，尚無現代化一詞，他在上引文字中討論的是
西方文明之輸入對中國文化所造成的衝擊的問題。現代化與西化
雖非全為一事，但我以為王國維的見解很可以應用到現代化的問
題上。王先生的論點大概是，華夏文明本重實際，文學是否不如
泰西，雖不可知，但國人較不重視文學及其他精神性的活動，則
事實皎然，無可為辯。以此一重實利、輕精神的文明而受西方威
脅，洎至大舉引進仿效西方之經濟技術，則將更強化原有之重利
傾向。循此路徑發展，國民精神生活之愈趨貧乏，可預知矣。王
國維此文原發表於1904年，我們把他的論點與往後近百年的情勢
演變相對照，可以發現兩者的吻合程度實為可驚。近數十年來，
台灣、香港、新加坡全力投入經濟發展，已有成就；近十幾年
來，中國大陸也加入追求高度成長的行列。當此舉國皆商或舉國
皆言商的時期，社會對所謂精神文化之關注，可謂微不足道。另
一方面，隨著社會結構、生活形態發生根本變化，傳統信守的規
範系統已漸無附著之處。在此情況下，對物質利益之追求似乎已
成為當前華人文化的最終關懷，這是台灣、中國大陸、香港、新
加坡——四個社會、文化形態甚不相同的地區——所共有的特
徵。宋儒張載曾說：「富而不治，不若貧而治。」（《正蒙·有
司》）今天的台灣是「富而不治」，中國大陸似乎也正往這個方向
走；如果不論政治民主的問題，新加坡、香港也許可以算作是
「富而治」。然而不論是貧或富、治或不治，精神生活的貧瘠則
一。這是王國維、陳寅恪的中國文化觀所預見的景象，但顯然不
是他們所希望出現的。

歷史篇

篇史烈

中國歷史上「公」的觀念及其現代變形
——一個類型的與整體的考察 *

　　這篇文章試圖以最簡扼的方式，說明中國傳統「公」觀念的
整體特色，兼及這個(或這組)觀念在十九世紀末期以後的變貌。
「公」成為中國文化中的重要語彙和觀念，至少已有兩千五百年
的歷史，在這段漫長的時間，這個觀念歷經分化、演變，分化後
的觀念在意涵上又保持重疊，乃至彼此滲透，構成複雜而極其寬
廣的意義之網。本文所要作的，是建構最基本而不致過分偏頗的
圖象。首先要聲明，本文探索「公」觀念，有時會涉及「公」的
相對觀念「私」，但「私」的內涵只在介紹「公」的觀念類型
時，附帶說明，藉以揭露這些類型的特色，並不另作獨立探討。
其次，本文的方向，並非直接處理中國歷史上有關公共活動或公
共領域的觀念，而是企圖說明「公」這個詞語本身的社會、政
治、倫理意涵。這樣的工作，應該可以相當清楚地揭示中國心靈
中的「公」究竟何所指，中國文化中的「公」與源自西方的
「公」(public)主要異同何在，從而有助於理解中國式的「公」觀

*　　本文的研究工作，頗受益於中央研究院歷史語言研究所開發的漢籍
　　全文資料庫。此外，近代部分若干資料的蒐集，得到趙立新、楊俊
　　峰兩位先生的協助，謹此申謝。

念與現代社會環境的種種糾纏。

　　自從二十世紀初，中國人開始大舉檢討自己的文化後不久，就一直有人批評本國人缺乏公共意識，行事只顧個人利益與方便，不懂經營公共生活，不擅處理公共事務，用梁啓超的話來說，就是「一涉公字，其事立敗」（1916年《國民淺訓》）。來華的西方人更早提出這類看法，明恩溥（Arthur H. Smith, 1845-1932）在他的《中國人的性格》（*The Chinese Characteristics*），更發出直率的抨擊[1]。從中國思想史的觀點看來，這是個令人困惑的現象。中國人的公共意識普遍薄弱是事實，但傳統中國並不缺少「公」的觀念與價值，相反地，傳統文化對此是非常強調的，諸如「天下爲公」、「大公無私」、「公爾忘私」等常見詞語，都是這個傾向的反映。那麼，近代中國與西方接觸後尖銳地感覺到公共意識之闕如，問題在哪裡？傳統中國重公輕私，難道都是空談？如果不是，這種意識與西方的公共觀念，有哪些區別和共性？遭受近代歷史鉅變的衝擊後，「公」的觀念在中國有怎樣的發展？這些是本文試圖探索的最主要問題。

　　在我所見到的近代中國有關公私問題的評論中，最富趣味的出自福州才子黃濬（1890或1891-1937）的《花隨人聖盦摭憶》。這段評論見於該書上海書店版「閩中新樂府〈渴睡漢〉〈關山

---

[1]　此書於1890年在上海發行初版，往後重印多次。在初版中，「公共心」（public spirit）的部分見Arthur H. Smith, *The Chinese Characteristics* (Shanghai: the "North-China Herald" Office, 1890), chap. 26。在後來的修訂版，如1894年的紐約Fleming H. Revell Company版，這部分變成第十三章，該書還有一章論中國人「同情心之闕如」。

虎〉」條，藏有敏銳的直觀，很適合作爲具體展現中國公私意識
問題的起點，因此不避煩長，多引如下：

> 予意以爲東西俗尚所判，即在於國人最重男女禮節之防，
> 而於公私之分，反熟視若無睹。西人則反之。其實公私之
> 分，即是義字，古聖賢所教導甚明，後人漸泯忘其界。唐
> 有不書官紙者，史已稱其美德，則公物私用之惡習，相承
> 已久。海通以來，外交久視爲專科，而獻媚教諂之逸聞，
> 指不勝屈。濫用官物，猶其餘事。十年前有總長夫人之花
> 粉廁紙，由部供億者，未足奇也，比日更聞有釀賞譛異國
> 之武員，舉杯僞飲，受其呵斥，赬顏怩怩，不敢仰看者，
> 其事之奇與辱，又不堪道。究其病，皆在國人但以爲出妻
> 女，狂飲，酣舞，可以聯歡，不知至多得附爲暱交，於事
> 無裨也。……即論中西男女之防，舊日志乘，皆以外人履
> 舄交錯爲奇。憶某筆記載：「杭人黃保如司馬，官直隸辦
> 天津洋務局，初辦事，諸事皆順手，一日美領事招飲，坐
> 無他客，惟黃君一人而已。領事夫人亦同坐，酒半，領事
> 與夫人請移至內室，已而又改設於月台，而領事云，有公
> 事先辭出，夫人留之坐，黃君慮招物議，強辭而去。夫人
> 意頗不悅。自後與領事來往公事，常致齟齬云云。」此説
> 眞堪一噱。弊在我國人夙有瓜李之戒，橫梗於胸，誤以爲
> 簪裾之酬酢，爲帷薄之遮邀[2]。

2　黃濬，《花隨人聖盦摭憶》（上海書店出版社，1983，1998），頁

　　相對於本文的主題，上段引文有三個要點：第一是，公私不分不但是中國生活的常態，而且是中西風習的一個基本分野。近時中國人辦外交，以為籠絡結交外人，就能得到談判桌上的方便，這完全是一廂情願的想法，不了解西方公事公辦的習慣。其次，公私之分，即是「義」，這是中國的古訓，可惜後人忘記。按，黃濬所指的古聖賢教誨確切為何，不得而知，但在宋明理學，頗有類似的話語。譬如，北宋的程頤就曾說：「義與利，只是箇公與私也。纔出義，便以利言也。只那計較，便是為有利害。」[3]有關這方面的問題，下文會有討論。

　　黃濬最令人玩味的看法是，中國人的公私不分，恰與嚴守男女大防成為尖銳的對照。「男女有別」是中國道德體系中的一個根本信條，《禮記・喪服小記》所謂「人道之大者」，它不但是歷代儒者士人不斷強調的規範，也深刻地落實於現實生活。在近代以前，特別是傳統中國的晚期，講究禮法的大戶人家婦女不出中門，不輕見外客。在元明以後的文籍，「士女」、「士女輻湊」之詞就難得出現，可見市街戶外少見上層人家婦女，一般男女如有群聚的情況，則被認為是風俗輕薄。十九世紀六、七十年代日本人來華，也驚訝於上海天津街頭女性之少[4]。更極端地，還

（續）──────────

　　　240。關於仕宦者不用官紙為人稱美的問題，粗查史籍，見有南朝阮孝緒、明代姜昂二例，不知黃濬所說為何人。

3　《河南程氏遺書》卷十七，在《二程集》（台北：漢京文化事業有限公司景印，1983），頁176。同樣的意思，微有差異的記錄，見楊時、張栻編《河南程氏粹言》：「義利云者，公與私之異也。較計之心一萌，斯為利矣。」（《二程集》頁1172）

4　節慶賽會之際，基層社會有男女混雜聚集的情事。見湯斌，《湯子

有「夫婦有別」的說法(首見《孟子‧滕文公上》),姑不論此語可如何解釋,至少就字義而言,強調夫妻的分隔,嚴重違背人類的一般經驗。日本明治維新時期的一位知識領袖津田眞道(1829-1903)就曾回憶,他少時讀到「夫婦有別」之語,實在感到大惑難解,還聽過人說,這是指不要和別人的夫婦混雜在一起[5]。黃濬觀察到,在晚清的外交界,不但官員拙於處理男女交際的場面,他們的妻女因爲困於與男賓應酬,也視異國爲畏途;洪鈞(1839-1893)出使歐洲,根本只帶妓妾賽金花隨行,外國人以爲她就是夫人[6]。黃濬描寫中國人嚴守男女分際但公私混然不分,西人男女少別卻公私嚴謹,生動地點出了清末中西相對反的文化情態。不過,可疑的是,「男女有別」、「男女授受不親」與「天下爲公」、「至公無私」都是中國的古訓,何以前者到了十九世紀末還是大多數人的行爲軌範,後者卻呈現公私不分、公物私用的情狀?公私之分,眞是後人忘卻的德行,還是別有文章?以上的問題,都是本文試圖回答的。要達成這個目標,我們必須了解傳統中國的「公」究竟有什麼主要意涵。

(續)————————————

遺書》(四庫全書珍本版),卷九,頁24a;陳熙遠,〈中國夜未眠——明清時期的元宵、夜禁與狂歡〉,《中央研究院歷史語言研究所集刊》,75:2(2004年6月),特別是第五節。關於日本人在晚清中國都市的見聞,見渡邊浩,〈「夫婦有別」與「夫婦相和シ」〉,《中國——社會と文化》,第十五號(2000年6月),頁214。

5　渡邊浩,〈「夫婦有別」與「夫婦相和シ」〉,頁212。
6　黃濬說維多利亞女皇還與賽金花合照,明顯是誤傳。參考李蜀宜,《賽金花年譜》(北京圖書館藏珍本年譜叢刊第196冊;原刊於1935年)。

一、傳統心靈中的「公」

關於傳統中國「公」的觀念，已經存在若干專題研究，特別是在先秦和明清時代的部分。通貫性的分析，則以溝口雄三的論著最為知名而有見解；作者個人也曾在多年前撰寫的一篇文章，泛論傳統中國有關公共場域的價值[7]。在這裡，我將根據學界既有的研究成果以及近年來檢閱資料所得，對此課題作一通盤整理與說明。以下所談的，並不是要取代溝口先生的論點。溝口的研究是以明清思想的所謂近代性發展為主要問題意識，多方析論中國的公私觀念；個人則是希望透過適當而盡量全面的分類，為傳統心靈中的「公」提供整體的理解。由於目的不同，陳述的角度自然有異，彼此間的關係應當是互補的。以下，本文將以「公」的觀念類型為架構，進行討論，在作個別類型的說明時，也設法稍微兼顧思想的歷史發展。

開始進行主題討論前，想先作一點方法論的說明。本文的目的，如前所述，是在為中國的「公」觀念提供一個整體了解。由於這個觀念叢非常複雜，幾乎不可能對其全體作直接的描述與解說，個人想到的一個處理問題的方法是，設法找出使用「公」字

7　溝口的論著見氏著，《中國の公と私》（東京：研文出版，1995），
　　〈中國における公・私概念の展開〉、〈中國の「公・私」〉。另
　　參考他的中文論文：〈中國與日本「公私」觀念之比較〉（賀躍夫
　　譯），《二十一世紀》，第21期(1994年2月)。本人的簡論見本書
　　〈關於華人社會文化現代化的幾點省思：以公德問題為主〉。

的觀念類型，如果主要的類型都能被辨識出來，各個類型拼合，就距離「公」觀念的整體圖象不遠了。至於如何分類，並沒有事先擬想的標準，一種「公」觀念能被稱爲類型，一定要有獨特性，有具體而可與其他「公」觀念區分的內涵，這樣的類型也應該會有特定的起源與歷史。本文類型理論成功的程度如何，則繫之於描述上的有效性：這些類型比照拼合，能否顯示中國傳統「公」觀念的特性？能否勾勒出「公」觀念的大略範圍而無重要遺漏？

作爲一個政治社會概念，「公」最原始的意涵是朝廷、政府或國家。根據學者的研究，甲骨文、金文中的「公」主要有祖先、尊長、國君等義。（周法高《金文詁林》，○○九○）這裡的第三義「國君」，就是作爲抽象概念的「公」的最初源頭。《尚書》中的「公」，幾乎都是專有名詞，如代指周公、召公，但有兩例係泛指諸侯。在《詩經》，「公」的涵義較廣泛，除了指封建諸侯、貴族領主，也及於與這些統治者有關的事物，例如：「雨我公田，遂及我私」（〈小雅‧大田〉），「夙夜在公」（凡三見），「敬爾在公」（〈周頌‧臣工〉）、「退食自公」（〈召南‧羔羊〉）。《詩經》中的「公」，意思都還相當具體，單獨出現時，多指封建主（包括周王）的官署或宗族，不過，在封建主的官署當然要處理政事，「公」於是也略有公務之義，如「敬爾在公」所顯示。至遲到春秋晚期，「公」則已有了明確的政府、一般性政務、公眾事務的意思。《左傳‧昭公三年》有句：「公事有公利」，兩個「公」字，指的都是國家或政府，而不是說封建主的事涉及封建主的利益；同書「昭公二十六年」：「大夫不收

公利」，意思是大夫不侵占官府或公眾的利益，「公利」也不是指封建諸侯的個人或家族利益。《論語》記載子游稱讚澹臺滅明之語：「行不由徑。非公事，未嘗至於偃之室也」（〈雍也〉），意思就更顯豁了。不過，「公」字有明確的非個人性的政府義，也不會早於春秋中晚期太多。封建政治鼎盛的時候，封建主與抽象的政府是很難區分的。《左傳·襄公二十九年》記載，宋國發生飢荒，子罕請宋平公「出公粟以貸；使大夫皆貸」。此處的「公粟」，可以理解成公家的穀物，但從下文同時請大夫捐糧食看來，「公粟」也意指國君個人所能控制的穀糧。襄公二十九年相當於公元前五四四年，已爲春秋中期的後段，在有關那時的文獻，「公」字的指涉還可能是相當模糊的。

簡單地說，作爲一個政治社會概念，「公」最初的涵義是統治者或政府之事，衍伸出來，也有公眾事務的意思。「公」的這個涵義在後世一直繼續存在，所以官府就是「公家」、「公門」，「公服」就是官服，政府發出的證明文件叫「公驗」、「公憑」，打官司則是「對簿公堂」。在現代，政府工作人員稱爲「公務員」。「枵腹從公」、「力疾從公」、「欺公罔法」的「公」，都是指政府或政府事務。在清朝，官方徵用的役夫可稱爲「公夫」[8]；在日治時代的台灣，對於替政府作義務工作，閩南語叫作「做公工」。

8　陳康祺，《郎潛紀聞初筆》卷十二，在《郎潛紀聞初筆·二筆·三筆》（北京：中華書局，1984），頁257；《清實錄》（台北：華文書局景印，1969），第十九冊，卷九二五，乾隆三十八年正月下，頁10。

　　既然「公」的一個主要涵義是政府、朝廷或政府事務，與它相對的「私」，就有民間的意思。這層意義的「公」和「私」合起來，就是政府與民間，此一連詞在傳統文獻屢見不鮮，具體的例子如「公私兩便」、「公私疲困」、「公私交易」。另外，《唐律‧雜律》「無故於城內街巷走車馬」條有云：「諸於城內街巷及人眾中，無故走車馬者，笞五十，……若有公私要速而走者，不坐。」根據「疏」的解釋，這項條文是說，如果有人在街道衢巷驅馳車馬，是犯罪的行為，如果因此傷人或撞死人，要罪加一等。但如果因為政府的重要公事或私人急務──如疾病、死亡、有事追人──驅馳車馬，可以不算違法（如導致傷亡，還是要受懲罰）[9]。《唐律》此處的「公私」，指政府與私人（或個人），和指稱政府與民間的「公私」，意思微有差異。本段所說的「公私」，在行文上都可以用「官私」來替代，只是後一詞的使用不若前者普遍[10]。總而言之，「公」的一個基本涵義是政府或政府事務，這也是作為政治社會概念的「公」的最初涵義，與它相對的「私」，則是指民間或私人。這層意義的「公」，是個描述性的概念。

　9　劉俊文點校，《唐律疏議》（北京：中華書局，1983），卷二十六，頁480-1。

10　David McMullen指出，在《唐律疏議》，「官私」一詞的數量約為「公私」的兩倍。這可能因為《唐律疏議》是法律文書，傾向使用技術性的詞語。見David McMullen, "Public and Private in the Tang Dynasty"（未刊稿）。McMullen教授此文對唐代公私觀念有詳透的研究，關於公私兩字在唐代語文中應用情況的分析尤其有價值，希望能早日發表。

　　政府或政事義的「公」雖然是描述性的詞語，還是有價值判斷上的關聯。前文所引子游的話：「非公事，未嘗至於偃之室也」以及《左傳》的「大夫不收公利」，都意味著，辦理政府事務，應該與私人關係或利益區隔，避免假公濟私。《禮記‧曲禮下》云：「公事不私議」，也是這個意思。看來，「公」的概念初起之時，就有了公私分離的想法。爾後，在歷代法律，擅用官物都被認為是犯法。訂於元明之際的家訓《鄭氏規範》（浦陽鄭氏)有一條文是：「子孫出仕，有以贓墨聞者，生則於譜圖上削去其名，死則不許入祠堂」[11]，對於貪污的行為，表示最嚴厲的鄙棄。王士晉《宗規》則訓示：「仕宦不得以賄敗官，貽辱祖宗。」[12]顯然，在政務的領域，公私分明一直是個價值，但從各種歷史資料看來，似乎不能算是深入人心的行為準則。以下，為了行文與討論的方便，有時會將政府或政府事務義的「公」稱為類型一的「公」。

　　接下來，要談「公」的另一項主要涵義，本文將它訂為類型二。類型二的「公」在歷史上影響極大，下文要繼續介紹的「公」的其他三個類型中，就有兩個是從這個涵義演化而來的。類型二的「公」，內涵相當複雜，但核心意義是「普遍」或「全體」，換言之，它指的不只是朝廷、政府，而及於國家、「天

11　見徐梓編注，《家訓——父祖的叮嚀》（北京：中央民族大學出版社，1996），頁122。

12　見陳宏謀輯，《五種遺規‧訓俗遺規》（乾隆四至八年培遠堂刻匯印本），卷二，頁24b。王士晉為何人雖不詳，大概不脫離晚明清初的範圍。

下」，甚至可以是人間宇宙的總和。這層意義的「公」最突出的特性是，它基本上是規範性的觀念，「公」的範圍如何界定經常不是要點，重要的是人應當具有普遍的關懷。需要具有這種關懷——或許可以稱爲「公心」——的人，主要是天子、統治者、士大夫，但也可以是每個人。《禮記‧禮運》說：「大道之行也，天下爲公。選賢與能，講信修睦。故人不獨親其親，不獨子其子，使老有所終，壯有所用，幼有所長，矜寡孤獨廢疾者，皆有所養。男有分，女有歸。貨惡其棄於地也，不必藏於己；力惡其不出於身也，不必爲己。」這段文字希望人人都有普遍的關懷，能夠照顧他人的家庭，爲他人出財出力，可以說是中國古代「公」的理想最浪漫的表達。

普遍、全體義的「公」觀念，在戰國中晚期崛起於中國思想的舞台，儒家、道家、法家典籍中都有其蹤跡，儒、道、法剛好是當時思想界的主流，可見「公」的這個觀念是夾帶著巨大的力量出現的。「公」脫離政府、朝廷的範疇，取得超越的意涵，意味著普遍、全體以及其他價值，似乎和「天」的觀念的發展有關，在這方面，道家扮演了關鍵的角色。道家思想家否定文明的發展與儒家的價值體系，他們用以拒斥文化主流的一個新觀念是：自然但超越、無分別的天。這個「天」的一個主要性格，就是「無私」或「公」。《老子》第七章說：「天長地久。天地所以能長且久者，以其不自生，故能長生。是以聖人後其身而身先，外其身而身存。非以其無私邪？故能成其私。」第十六章有言：「知常容，容乃公，公乃王，王乃天，天乃道，道乃久，歿身不殆。」綜合這兩章看來，《老子》大概有這樣的想法：天地

沒有偏私地運作著,所以能夠長久不滅,王者應該效法天地的
「德」。《莊子‧大宗師》有言:「天無私覆,地無私載,天地
豈私貧我哉?」同書〈應帝王〉中有人問「無名人」如何治理天
下,無名人回答:「汝遊心於淡,合氣於漠,順物自然而無容私
焉,而天下治矣。」意思與前引《老子》的話相當接近。《莊
子‧天下》又說:「公而不當(按:即黨),易而無私,決然無
主,趣物而不兩,不顧於慮,不謀於知,於物無擇,與之俱往,
古之道術有在於是者。」在這段話裡,物我不分、不事計較的
「公」也是道家聖人的質素。類似道家的無私觀念,也見於《墨
子》,該書〈法儀〉有這樣的話:「天之行廣而無私,其施厚而
不德,其明久而不衰,故聖王法之。」自從1993年郭店竹簡本
《老子》發現以來,《老子》非晚出有了堅實的物證,有學者推
測,公元前五世紀可能已有《老子》的祖本。不過,竹簡本《老
子》並沒有「公」和「無私」的詞語,在天的性格為「無私」的
問題上,《老子》與墨家關係為何,孰先孰後,很難判斷。無論
如何,這個觀念似乎戰國早期就開始出現。

在《荀子》一書,「公」的觀念也充滿著規範意義。該書
〈不苟篇〉有言:「公生明,偏生闇」,這裡的「公」是和
「偏」相對的,意思應該是普遍平等考慮事務的心態。〈榮辱
篇〉云:「政令法,舉措時,聽斷公,上則能順天子之命,下則
能保百姓,是諸侯之所以取國家也。」這段文字裡的「公」,意
思與前引文相近。此外,〈修身篇〉說:「書曰:『無有作好,
遵王之道;無有作惡,遵王之道。』此言君子之能以公義勝私欲
也。」此處以遵守先王之道為公義,那麼,「公」不僅有「普

遍」的涵義，甚至還接近絕對真理了。《荀子》中與「公」相關而具道德色彩的詞語，還有「公道通義」和「公平」。《荀子》中「公」的價值取向，來源也許不純是道家思想中的「天」。在春秋、戰國之交或戰國初期，當「公」的倫理意涵萌芽不久時，除了公事與私務應當有所區別的意念，似乎也出現了普遍、全體的意涵。《論語·堯曰》：「寬則得眾，敏則有功，公則說」；《墨子·尚賢上》：「有能則舉之，無能則下之，舉公義，辟私怨」，都是這方面的例子。「公則說」雖見於《論語》，〈堯曰〉篇應當是晚出，時代或許和《墨子·尚賢》相去不遠。總而言之，經過相當長期的發展，在戰國末年，以「普遍」、「全體」為基本意涵而有強烈規範傾向的「公」，成為極有力量且被廣泛接受的觀念。完成於戰國時期終點的《呂氏春秋》有〈貴公〉、〈去私〉兩篇文字，充分顯示「公」的理想的重要性。〈貴公篇〉對這個觀念的表達是很有代表性的：

> 昔先聖王之治天下也，必先公。公則天下平矣。平得於公。嘗試觀於上志（按：即古籍），有得天下者眾矣。其得之以公，其失之必以偏。故鴻範曰：「無偏無黨，王道蕩蕩；無偏無頗，遵王之義。……」天下，非一人之天下也，天下之天下也。

類型二的「公」為什麼會在戰國晚期大興於中國思想界，原因可能不止一端。一個明顯的動力似乎是，戰國中晚期以後，封建貴族政治崩潰，君主專制國家興起，面對中國古代歷史上的這

個大變局，不同的思想流派都嘗試利用「公」的觀念發展相應的政治理念，或以提供理想、約束君主（儒家），或以建立君主權威、強化國家（法家），或以建議治術、安定民生（如道家《老子》、《文子》）。無論如何，在戰國秦漢之交，普遍、全體義的「公」已經成為這個觀念最主要的規範涵義，橫亙整個傳統時代的中國，這個情況都沒有改變，直到二十世紀，這個涵義還發揮著巨大的力量。

由於類型二的「公」的重要性，以下要再進一步說明這個觀念的若干特色。首先，這個類型的「公」是和「私」處於尖銳對立的位置，由於類型二的「公」具有強烈的道德內涵，與此相對的「私」，基本性格就是負面的了，代表的是妨礙普遍利益實現的私利行為或特殊關心。事實上，普遍、全體義的「公」觀念興起初期，對於這個理想的描述，經常連「公」字都沒有用，而直接以「無私」來定義。除了前文已引的例子，一個最明確的表達出現於《禮記・孔子閒居》。在該篇，孔子說三王（成湯、文王、武王）之德的基本性格是「三無私」，子夏問何謂「三無私」，孔子回答：「天無私覆，地無私載，日月無私照。奉斯三者以勞天下，此之謂三無私。」簡言之，與類型一的「公」不同，類型二的「公」，描述的意義不高，它是以具有強烈規範色彩的普遍、全體義為基本內容，在這個涵義的映照下，「私」無論如何理解，正當性都很低，是應當壓抑、去除的事物。賈誼《新書・道術》：「兼覆無私謂之公」；《偽古文尚書・周官》：「以公滅私，民允其懷」，都是類型二的「公」的這個特性的清楚表達。類型二的「公」的公私對立特色，對中國人的心靈有著鋪天蓋地

式的影響，中文有關「私」的詞語如「曲私」、「偏私」、「姦私」，成語如「大公無私」、「公爾忘私」，都是直接從這個觀念引出的。

為了更準確地說明類型二的「公」的基本內涵，這裡要談一下法家的公私觀念。以上討論類型二的「公」，是以道家、墨家、儒家乃至所謂雜家（後者如《呂氏春秋》）為例，這是因為法家的「公」，涵義與其他諸家頗有差別。法家的「公」，不具有類似普遍人間幸福、普遍人間道義的理想性意涵，它基本上是指君主或國家的規定和利益，粗看之下，好像應該屬於類型一。法家思想的特色，是以國家的法度與利益為官員、人民行為的唯一依歸，國家的法度和利益則與君主的權威不作區分。法家把官員、人民應當效忠的這個目標稱之為「公」，這個「公」已經不是類型一所指涉的特定的政務領域了。這個「公」雖然沒有超越的普遍涵義，但已具有國家全體主義（英文或可稱為state totalism）的意味，只是法家的「全體」是以戰國國家為範圍，以君主為代表，不同於現代國家全體主義經常伴隨著黨組織、領袖崇拜以及披著科學或哲學外衣的統治意識形態。《韓非子・八說》有言：

> 博習辯智如孔、墨，孔、墨不耕耨，則國何得焉？修孝寡欲如曾、史，曾、史不戰攻，則國何利焉？匹夫有私便，人主有公利。不作而養足，不仕而名顯，此私便也。息文學而明法度，塞私便而一功勞，此公利也。

在這段文字，連博學孝行都可能是妨害「公利」的「私便」，法

家的「公」，全體主義色彩之濃，是很明顯的。這樣的「公」，當然與「私」處於對立地位，事實上，法家以爲，爲了「公」，不只官吏，連人民都應該犧牲所有的「私」。《韓非子・五蠹》是如此定義「公」的：「古者蒼頡之作書也，自環者謂之私，背私謂之公，公私之相背也，乃蒼頡固以知之矣。今以爲同利者，不察之患也。」韓非從構字原理的觀點聲稱，「公」的本義就是「背私」，以爲公私可以並行不悖，是頭腦不清楚。該篇下文還說，公私是「不兩立」、「不相容之事」。所以，雖然《韓非子》中也有「公私之別」的說法，它的涵義是不能和類型一等同而觀的。

類型二的「公」所帶有的公私對立、以公爲善以私爲惡的意念，根深蒂固地埋藏在中國人的心靈。舉例而言，許慎《說文解字》是近代以前最具權威的字書，該書對「公」的解釋就採信韓非的說法：「從八厶，八猶背也。韓非曰：背私爲公。」這個解釋在考證學最盛的清代，也還是定論。根據現有的古文字知識，甲骨文、金文中的「公」本義爲何，並沒有確解。「公」字的下半部「厶」，在金文固都寫成類似「口」或「○」的模樣，但在甲骨文則多是ㄩ(即後來的口字)。看來，「厶」是否如韓非所言，爲「自環」，還頗成問題。至於即使算是「自環」，能否代表「私」，又是另一個疑點。事實上，在甲骨文、金文，還沒有可以明確辨識的「私」字，有人認爲ㄛ即私的本字，這也不是「自環」[13]。從以上諸點看來，「背私爲公」之說，附會的可能居

13 張世超等，《金文形義通解》(京都：中文出版社，1996)，1691

多。從思想史的角度看來，這一觀念的後起，更是難以置疑。

公私對立的意涵，是中國「公」觀念的一大特色，這可以從與日本公私觀念的比較中得到若干認識。中國文字傳入日本後，日本把「私」與「わたくし」對訓。在日本思想，「私」或「わたくし」是指相對於各個層次的「公」（おおやけ）的附屬成員或「小我」。在一個社會，最小單位的成員就是個人自己，所以在室町時代(十四至十六世紀)以後的日語，わたくし開始用來指稱「我」，漢字寫成「私」[14]。「我」大概是任何語言都有的第一人稱代名詞，日本人用「わたくし／私」來表示「我」，可以顯露「私」在日本文化並沒有確定的負面意義。相對地，中國近世道德理想的一個很重要部分，則是要把「我」當中的「私」排除，排除到個人的存在幾乎變成道德理念的化身。日本式的公私關係，還可從「奉公」一詞略見端倪。「奉公」可意指為朝廷、國家效命，另外的主要意思則是幫傭、到他人家當學徒。朝廷、大名是「公」，其他種類的主人家也是「公」，這種公私關係是從屬的，而非對立的。

另外值得說明，從以上的討論可以看出，類型二的「公」沒

(續)────────────
　　　號，頁2303。不過，韓非以自環為「私」，站在他的立場，應當也
　　　是有根據的。郭店楚簡《老子》中的「私」，就是一個簡單的自環
　　　模樣。
14　關於日本的公私觀念，研究很多。一個方便入手的整體觀察，可見
　　　田原嗣郎，〈日本の「公・私」〉，《文學》，56: 9(1988年9月)，
　　　56: 10(1988年10月)。後收入溝口雄三《中國の公と私》。わたく
　　　し在古語中的意義，可略見《角川古語大辭典》，第五卷(東京：
　　　角川書店，1999)，頁1000-1；《福武古語辭典》(東京：株式會社
　　　ベネッセコーポレーション，1988)，頁1105。

有特定的範圍。它可以大到指稱天地所負載的一切，或是「天下
為公」、「四海為家」等意念中想像的人類全體，也可以小到戰
國法家所指稱的個別邦國或君主的意志與利益。一般來說，在近
代以前的中國，類型二的「公」最常代表的，是儒者心目中的一
般人民的福祉。另外也要提出，雖然在原則上，類型二意義的
「公」是人人都可有的價值，至少在漢唐之間，這個觀念基本上
只應用於政治的領域，也就是說，只用以要求君主和官員的公務
行為。

關於類型二的「公」，最後要介紹的一個特色是，除了普
遍、全體，這個觀念還帶有一個倫理意念，就是平均、平等。類
型二的「公」所意謂的「普遍」，有時不僅指照顧所有的人，而
且要求用平等的態度或方式來這樣做。在類型二的「公」剛流行
之時，「公」就經常和「平」字連用。《說文解字》對於「公」
的基本定義，就是「平分也」，「背私為公」還只是補充說明。
在《荀子》中，「公」和「平」已頗有同稱並舉的情況，「公
平」這個詞語也已出現（〈王制〉）。《戰國策‧秦策一》有言：
「法令至行，公平無私」；《韓詩外傳》卷七：「正直者，順理
而行，順理而言，公平無私」。這是「公平」觀念的另外兩個早
期例子。通貫整個中國歷史，「公平」這個詞語遍布於各種文
獻，譬如，清代流傳的訓蒙文〈醉筆堂三十六善歌〉有句：「收
入公平，不損人利己」，是指商販對待顧客要和待自己一樣，不
得令他人吃虧。「平」，是與「公」最常連在一起的實質性倫理
觀念。

接下來，要談類型三的「公」，這個「公」的觀念是從類型

二變化來的，特別流行於宋明理學。這個類型的特色是，「公」直接代表「善」或世界的根本原理——如義、正、天理，「公」的內涵不必然是普遍的福祉或普遍平等的心態，只要是正確的道理，就可以是「公」。現在先以宋代理學爲例，作基本的說明。前文已引程頤說：「義與利，只是箇公與私也」，公私的區分，就是義利——道理與利欲——的差別。朱熹把「公」的這個涵義作了廣泛的發揮，以下是幾條最簡明的宣示：「人只有一箇公私，天下只有一箇邪正」（《朱子語類》卷十三）；「將天下正大底道理去處置事便公，以自家私意去處之便私」（同上）；「凡一事，便有兩端。是底即天理之公，非底乃人欲之私」（《語類》卷十三）。這些話明顯把正道（更準確地說，儒家教義）和「公」等同起來。爲什麼「公」可以代表絕對原則呢？朱熹下面的這段文字似乎可以提供解釋：

> 道者，古今共由之理。如父慈子孝，君仁臣忠，是一箇公共底道理。……自天地以先，羲皇以降，都即是這一箇道理，亙古今未嘗有異。只是代代有一箇人出來做主，做主即便是得此道理於己。不是堯自是一箇道理，舜又是一箇道理，文王周公孔子又別是一箇道理。老子說：失道而後德……若離了仁義便無道理了，又更如何是道。（《語類》卷十三）

原來，天理可以被定義爲「公」，是因爲一切眞正的道理都是公共的、普遍的，不會因人而異。但在朱熹和其他理學家的心目

中，只有堯舜禹湯周公孔子以來的儒家教誨才是真正的道理，才是「公」。所以，像父慈子孝這樣的根本人倫，從類型一「公」的觀點看來是家務事、個人事(古語常稱家中喪事為「私忌」)，現代人說是差序格局，對朱熹而言，也是「公」。程頤和朱熹(特別是朱熹)是宋明理學主流的建構者，對近世中國的思想乃至一般心態有著無法估量的影響，類型三的「公」的明確形成，也是中國公私觀念發展上的一件大事。

現在，要對類型三的「公」作些進一步的說明。首先，這個類型的「公」有個特色，就是強調「公」的心理層面，認為「公」的主要精義是在動心處無私欲之雜，心之公私決定了行為事象的正誤。以下是兩項相關的陳述。程頤的哥哥程顥說：「一心可以喪邦，一心可以興邦，只在公私之間爾」[15]；朱熹則云：「人主所以制天下之事者，本乎一心。而心之所主，又有天理人欲之異。二者一分，而公私邪正之路判矣。」[16]相對於類型三的「公」，「私」並不是指錯誤的行為或事物，而是指錯誤的來源——私心、私意、人欲之私。如同類型二的公私關係，這樣的「私」也是和「公」站在對立的位置，是要被去除的。朱熹說：「人心之公，每為私欲所蔽」，「公只是無私，纔無私，這仁便流行」(《語類》卷一一七)；又說：「天命至公，人心便

15　朱熹、呂祖謙編，《近思錄》卷八。此語不見於《二程集》。該集中相近的話為：「一言可以興邦，公也；一言可以喪邦，私也。公則明。」見《河南程氏外書》卷三，《二程集》頁367。惟《程氏外書》未標示這是程顥抑或程頤之語，《近思錄》或別有所據。

16　《晦庵先生朱文公文集》(四部叢刊本)，卷十三，〈延和奏劄二〉。

私。……而今要講學，便要去得與天地不相似處，要與天地相似。」(《語類》卷三六)這些都是類型三公私意識的典型表達。另外值得提出，明代的王陽明雖然宣揚心學，造成對程朱學說的重大挑戰，但在公私觀上仍循舊貫。他以良知為天理，私欲為良知的對反，人之善惡依然決定於心的公私。這個觀點可見於以下兩段話：「心即理也。此心無私欲之雜，即是天理」(《傳習錄》卷一)；「世之君子，惟務致其良知，則自能公是非，同好惡，視人猶己，視國如家。」(《傳習錄》卷二〈答聶文蔚〉)

類型三的「公」還有個值得提出的特點，就是這個觀念是以「公」為天理，為「道」，把「公」規定成儒家道德的一個基本性格，但儒家非常重視親疏差別關係，倫常關係何以是「公」，或應當是「公」，似乎仍然引起了困擾。以下舉一個有些複雜的例子。

東漢時代的第五倫，以峭直無私著稱，有人問他是否也「有私」。他回答：他哥哥的兒子有次生病，他夜間去探望十次，然後就安寢了，自己的兒子染疾，即使不去省視，一夜也不得安眠；看來還是有私的。有人請程頤評論這件事。程頤認為，第五倫的確是有私，還說：「父子之愛本是公，才著些心做，便是私也。」問者對程頤的答覆頗有懷疑，認為就人的天性而言，跟自己的兒子與姪子的關係，應該還是會有差別。程頤回答：「只為今人以私心看了。……己之子與兄之子，所爭幾何？是同出於父者也。只為兄弟異形，故以兄弟為手足。人多異形故，親己之子，異於兄弟之子，甚不是也。」程頤的意思似乎是，從道理上來說，兄子與己子沒有不同，都是自己父親的後代，一個人如果

心思清正，不起偏想，自然會對兩者有同等的愛，從正當的愛必
合於理的角度看來，可以說父子之愛本是公。問者又拿孔子的故
事來反駁，他說孔子認為公冶長不如南容（即南宮括，字子容），
所以把姪女嫁給南容，把自己的女兒婚配給公冶長。言下之意
是，孔子顯然要避嫌，也動了心思。程頤對此質問大不以為然，
回答道：「此亦以己之私心看聖人也。凡人避嫌者，皆內不足
也。聖人自是至公，何更避嫌？」程頤的說法是，孔子為姪女和
女兒安排婚嫁，可能有各種現在不為人知的因素，但聖人一定是
以廓然大公之心行事，避嫌之說，是後人「私心」的度量[17]。從
這一大段問答看來，程頤所謂的「公」是既客觀又主觀的。客
觀，是因為道理、天理都是「公」；主觀，則是天理的應用之
妙，似乎存於聖人一心，是凡人必須揣摩的。

　　理學家講的「公」，經常直接代表天理，涵蓋一切儒家所認
可、鼓勵的德行，但另一方面，在整個中國的價值體系，「公」
最主要的涵義，終究是普遍、全體、平等，這兩個涵義之間，難
免還是有扞格，上段介紹的長篇問答就是個證明。此外，程頤雖
然非常重視「公」，也曾強調「公」只是與「仁」關係密切，不
能說就是「仁」本身。程頤的意思似乎是，「仁」的性格是
「公」，是人心沒有私欲的狀態，「公」卻未必是儒家的
「仁」。朱熹則對「公」何以不等於「仁」提出了明確的辯析。
他說：「某……以『無私心』解『公』字……有人無私心，而好
惡又未必皆當於理。惟仁者既無私心，而好惡又皆當於理也。」

17　《河南程氏遺書》卷十八，在《二程集》，頁234。

（《朱子語類》卷二六）按照這個說法，「公」不能直接代表天理。問題是，理學家很少舉出公而不仁、公而非理的情況，就個人所知，朱熹只給過一個例子：佛家的飼身餵虎。他在一般的言談著文，還是直接把「公」或「無私」跟天理連結起來。除了前文的引證，這裡可以再舉一段文字：「做到私欲淨盡，天理流行，便是仁。」（《朱子語類》卷六）這幾句話讓人感覺，只要私欲一空，天理就來了[18]。

　　類型三的「公」在宋代理學中有強烈的表現，但淵源很早。在戰國末期，類型二的「公」的觀念盛行之初，「公」就經常指稱某些理想的心態，而且多與代表道德原理的字連在一起，如「公義」、「公道」、「公正」，這種連詞用久了，「公」的特定涵義有時會淡化，而直接有道德原理的意味。現在舉兩個唐代的例子，來說明宋代以前類型三的「公」其實已經存在。唐代前期的一位學者韋述(?－757)在一篇討論服喪制度的文字，提及出繼為他人子的兒子為親生父母服喪，要降低服喪的等級，如三年改為一年，女兒出嫁後，為自己的父母服喪，也是如此。韋述解釋這種「降服」的理據時說：「蓋所存者遠，所抑者私也」，又說：「聖人豈薄其骨肉，背其恩愛。情之親者，服制乃輕，蓋本於公者薄於私，存其大者略其細，義有所斷，不得不然。」[19]這

18　朱熹的公私觀念，學界似乎還缺乏仔細研究，本文所論，細部可能有問題，整體應無大謬。關於這個問題，可參考朱瑞熙，〈論朱熹的公私觀〉，《上海師範大學學報》，1995:4，頁94-7。本段所舉朱子文字，皆轉引自該文。

19　《舊唐書》（北京中華書局點校本），卷二七，頁1033-4。

些文字中的「私」，指的是人子的慕親之情，但因爲聖人所制定
的喪服制度的原理是「義」，是「公」，應當壓抑的親情就變成
「私」了。這裡的「公」，並沒有公眾或明顯的普遍福祉的意
義，主要的涵義就是聖人之制，當然之道，應當屬於類型三。另
外，以武則天爲名所撰的《臣軌》，其中〈公正章〉有言：「理
人之道萬端，所以行之者在一。一者何？公而已矣。唯公心可以
奉國，唯公心可以理家。」這裡的「公」代表的也是超越的理想
心態，可以應用在人世間的所有事務[20]。

綜而言之，類型三的「公」意義比類型二還要抽象。它可以
直接等同於天理、道、義、正，可以涵蓋一切儒家德目，指涉的
對象不見得是公眾全體，具體涵義也不必然是普遍、平等。這個
類型的「公」的另外一個特色是強調「公」與人心的連結，
「公」不見得是可以明確指認的原則，存心是最重要的，心無私
欲之雜，就是眞正的「公」。類型三的「公」的流行，更增強了
這個觀念的倫理色彩，對照之下，「私」的負面涵義就更大了。

類型四的「公」與類型二、三有密切的歷史關聯，是對這兩
個類型的反動。類型四的「公」的大致涵義仍然是普遍、全體，
特點在於，它承認「私」的正當性，甚至認爲理想的「公」，就
是全天下的「私」都得到合理實現的境界。這個類型的「公」萌
芽於明代晚期重視「私」、「情」、「人欲」的思潮。此一潮流
的整體特色是，強調人欲是自然而正當的，普天下人生活各方面

20　附帶說明，《臣軌‧公正章》所描述的「公心」有道家色彩，這是
　　與宋明理學中的公心些微不同之處。

的滿足、財貨的經營，是必須肯定的要事。這個思潮似乎有著廣泛的基礎，不但激烈派思想家如李贄(卓吾，1527-1602)有此主張，嚴厲批評他的東林派學者中也有同樣的傾向。至少觀念興起之初，重視人欲的想法並沒有和理學傳統的公私之辨有明顯的衝突。一個可能的原因是，程朱理學雖然崇公抑私，並將「私」定義爲「人欲之私」，對於人的基本需求還是有原則上的肯定，朱熹就曾表示，人欲是指超過基本需求的欲望[21]。以下舉呂坤(1536-1618)爲例，來說明早期重欲思想的情況。

呂坤不是理學家，但對公私的對立，如同宋明的一般儒學家，看得非常嚴重。他曾說：「公、私兩字是宇宙的人鬼關，若自朝堂以至閭里，只把持得『公』字定，便自天清地寧，政清訟息。只一個『私』字，擾攘的不成世界。」(《呻吟語》卷五)另一方面，他又極重視「欲」，宣稱：「世間萬物皆有所欲，其欲亦是天理人情。天下萬世公共之心，每憐萬物有多少不得其欲處，有餘者盈溢於所欲之外而死，不足者奔走於所欲之內而死，二者均，俱生之道也。」(《呻吟語》卷五)我們也許可以說，這兩種見解並沒有眞正的衝突。前段引文中的「私」，指的是損人利己之心，後段的「欲」，則是生活中的正常需求。無論如何，後段引文已經對「公」作了一個微妙的重新定義，「公共之心」是對人間正常之欲得到普遍滿足的祈求。在這樣的論述中，「私」的負面意義似乎已經鬆動了。

---

21 例如，《朱子語類》卷一、三：「飲食者，天理也；要求美味，人欲也。」

　　此外，明代中葉王學大起後，有人崇尚王陽明「無善無惡心之體」之說，在這個說法上，心體或良知與儒家教義的關係變得有些不確定了。如果把任何人無善無惡單純的本心都當作「公」，這個「公」未必就是文化中公認的「道」，可能已經不屬於類型三了。這個「公」如何與「私」區分，也頗成問題。曾長期擔任宰相的徐階(1503-1583)服膺王學，他在一篇文章中表示，人民最大的願望（「欲」）是「養生送死安老而慈幼」，如果有地方官的作爲違反他們的這個願望，人們自然厭惡這些官員，但如果地方官不倒行逆施，人民自然會愛他們。在議論的結束，徐階有個總結：「夫其愛與惡苟皆非有意爲之，則愛，公也，惡，亦公也。」[22]這個「公」如何定位，頗堪玩味。王陽明本人謹守理學的公私觀，但在王門後學中，「公」的觀念有無發生變化，是值得探索的問題。

　　類型四的「公」的明確宣示，是在明清之際，當時的幾位大思想家，都對以類型二、三爲代表的傳統的「公」觀念表示拒斥。其中說法最清楚尖銳的是顧炎武(1613-1682)，以下爲兩段有代表性的文字。《亭林文集·郡縣論五》：

　　天下之人各懷其家，各私其子，其常情也。爲天子爲百姓

22　徐階，《世經堂集》(北京大學圖書館藏明萬曆徐氏刻本，莊嚴文化事業有限公司《四庫全書存目叢書》重印)，卷十一〈送少尹王君董餉還華亭序〉，轉引自岸本美緒，〈明末清初の地方社會と「世論」──松江府を中心とする素描──〉，《歷史學研究》，573期(1987年10月)，頁135。

之心，必不如其自爲，此在三代以上已然矣。聖人者因而
用之，用天下之私，已成一人之公而天下治。……故天下
之私，天子之公也。

《日知錄》卷三〈言私其豵〉條：

自天下爲家，各親其親，各子其子，而人之有私，固情之
所不能免矣。故先王弗爲之禁。非爲弗禁，且從而恤之。
建國親侯，胙土命氏，畫井分田，合天下之私，以成天下
之公。……世之君子必曰有公而無私，此後代之美言，非
先王之至訓矣。

顧炎武公私觀的具體內容，本文無法討論。這裡可以說的是，顧
氏的公私觀有兩個重要特色。首先，是解除公私的對立，確認
「私」的眞誠性與正面意義。其次，「公」的基本涵義雖然還是
普遍，但「公」已經不是一個整體，而是個別的「私」的滿足的
匯合，這種由具有個性的「私」出發來界定「公」，是思想史上
的一大突破。我們如果回憶類型二、三帶有的「無私」、「公
心」觀念，再對照顧炎武的說法與程頤「公則一，私則萬殊」之
語[23]，就能理解類型四與類型二、三的深刻差別。

　　除了顧炎武，明末清初思想家中，黃宗羲(1610-1677)和王夫
之(1619-1692)顯然也懷有新式的公私觀。黃宗羲《明夷待訪錄・

---

23 《河南程氏遺書》卷十五，在《二程集》，頁144。

原君》有言：「有生之初，人各自私也，人各自利也。……後之
爲人君者不然……使天下之人不敢自私，不敢自利，以我之自私
爲天下之大公。」王夫之曾說：「理盡則合人之欲，欲推即合天
之理，於此可見，人欲之各得，即天理之大同」（《讀四書大全
說》卷四）；又說：「以我自愛之心而爲愛人之理，我與人同乎其
情，則又同乎其道也。人欲之大公，即天理之至正矣。」（《四書
訓義》卷三）都是這方面的明證。根據余英時先生的研究，其實早
在十六世紀上半葉，已經有人提出「遂私以成公」的觀念[24]。新
型公私觀的力量，不可忽視。

　　清代統治穩固以後，類型四的「公」似乎歸於消沈，但偶爾
還有流露。舉例來說，程瑤田（1725-1814）《論學小記・述公》就
明確主張遂私以歸公。瑤田沒有從私欲的合理性立論，而是直接
依據儒家的根本理念，表示父子昆弟等倫常本身已肯定「私」，
「公」中一定包含「私」的成就。再者，龔自珍（定盦，1792-
1841）的〈釋私〉是篇名文。此文的主題是「私」，對於「公」爲
何義，沒有正面討論，從文意看來，似乎既有公私分立又有聚私
爲公的觀念。這篇文章最突出之處在於對「私」的原則性肯定，
該文自問：「私者，何所始也？」答案是：「天有閏月，以處贏
縮之度；氣盈朔虛，夏有涼風，冬有燠日。天有私也。地有畸零
華離，爲附庸閒田。地有私也。」[25]原來，天地就是有私的，
「私」是伴隨世界的生成一起出現的。龔自珍的話正是針對「天

24　余英時，〈現代儒學的回顧與展望——從明清思想基調的轉換看儒
　　學的現代發展〉，《中國文化》，第十一期（1995年7月），頁9。
25　〈釋私〉見《龔定庵全集類編》（台北：世界書局，1973），卷五。

無私覆，地無私載」的觀念而發的，明確顯示，十六、七世紀以後的中國，存在著迥異於類型二、類型三「公」觀念的公私觀。年代較晚的俞樾(1821-1906)在《賓萌集‧公私說》竟然宣稱，從古文字「自營為厶，背厶為公」看來，「私」字一定先於「公」存在，如果聖人先造「私」字，「私」怎麼會是壞事？聖人的意旨也許是：「自營為厶也。於是推以及人，使人人得以自營，是即公矣。」這是徹底的合私為公說。俞樾甚至進一步主張「私」的優先性：「公者生于私者也。先私後公，固其理也。」[26]類型四的「公」雖然在清代大多居於伏流的地位，但在十九世紀晚期，中國初受西方思想衝擊之時，又復甦重起。

也許應該指出，重視人欲的思想跟類型四的公觀念並沒有直接的對應關係，戴震(東原，1723-1777)就是明顯的例子。東原不滿宋學，主張通情遂欲為天下最大的道理，是中國近世重欲論的首要代表。戴震雖然重視欲的價值，但沒有對傳統的公私觀作任何調整，他仍然相信公私對立，以公為善，以私為惡。然而，我們如果仔細檢視戴震的言論，可能還會感覺，他的公私觀念的內容至少與類型三已有微妙的差異。東原認為人間有兩大禍患：一是「私」，就是只滿足自己的欲望，不能了解他人的痛苦；一是「蔽」，即不能平心了解事物的道理，結果自己堅持的「理」不過是意見。從戴震對「私」的描述看來，他心目中的「公」，無非是天下人欲望的滿足，所以他說，真正的儒者是：「以無私通

---

26 〈公私說〉寫於何時還待考，《賓萌集》王凱泰序作於同治九年
    (1870)，這是此文寫作年代的下限。

天下之情，遂天下之欲者也。」(《孟子字義疏證》卷下「權」條)這樣看來，他似乎主張合欲以爲公，只是沒有把合理的欲望界定爲「私」。無論如何，戴震的公私觀念還值得深究，但至少在論述的表面，他的重情重欲思想並沒有導向新型的公私觀。

總合而言，類型四的「公」以及相關理念存在於十六世紀以後的思想界，雖然勢力遠不如居於主流的類型二、三，面貌時常模糊，生命力則一直持續。這個觀念類型的基本性質仍然是規範性的，特點在肯定「私」與「人欲」，主張聚私爲公[27]。在類型四的「公」興起以前，似乎還是有在價值層面不否定「私」的言論，只是零星而微弱，不構成大的思想力量[28]。

至於類型五的「公」，基本意涵是「共」，包括共同、共有、眾人等義，這個類型在很大程度上屬於描述的性質，但有時也深具倫理色彩。和前面討論的類型二、三、四不同，類型五的「公」不是思想發展的直接產物，而是從「公」的語義逐漸衍生而來。「公」很早就有「共」的意思，東漢鄭玄注《禮記·禮運》的「天下爲公」，就釋「公」爲「共也」。「公共」一詞也

27　本文關於類型四的「公」的討論，多參考溝口雄三著，陳耀文譯，《中國前近代思想之曲折與展開》(上海人民出版社，1997；日文原本於1980年初版)，序章，下編第一、二章；余英時，〈現代儒學的回顧與展望──從明清思想基調的轉換看儒學的現代發展〉，頁1-25；余英時，《中國近世宗教倫理與商人精神》(台北：聯經出版事業公司，1987)，頁97-104。

28　南宋的陳亮(1143-1194)或可算是這方面的一個例子。見Hoyt Tillman, *Ch'en Liang on Public Interest and the Law* (University of Hawaii Press, 1994)。本文專論「公」的觀念，有關「私」的看法，僅供參考。

出現甚早，《史記‧張釋之馮唐列傳》有言：「法者，天子與天下公共也」，這裡「公共」當動詞用，唐代陸贄〈奉天請罷瓊林大盈二庫狀〉則有「以公共爲心」之句；「公共」還可作副詞，如「公共商議」。另外，「公用」一詞明代《三國演義》、《三遂平妖傳》已有，共同分擔叫「公攤」，「公同」則意等「共同」。由於類型五「公」的來源主要是語言的演變，它不是明確的思想觀念，內部有異質不相連屬的成分，但在近世中國，這個用法普遍出現於生活的各個層面，成爲傳統公私意識中的一個顯著元素。

　　這裡要特別提出一個關於「公」的語言層面與觀念層面的說明。「公」、「私」二字以及相關用法在中國有極長的歷史，遍布於語言。本文的主題是「公」的觀念，企圖透過辨識「公」的基本類型，拼合出此一觀念之網的大體形貌與主要內容。作爲觀念叢的「公」與語言意義上的「公」並不互相吻合，前者小於後者。舉一個最明顯的例子。在中國語言，「公」幾乎一直都有「公開」的意義。《左傳‧襄公三十一年》有「賄賂公行」的話，這個「公」就是公開；《宋書‧袁湛傳》有言「公坐凌湛」，意思是在公開場合凌辱袁湛。事實上，「公然」本身就是極普通的用語。不過，就個人偵測所及，「公」的「公開」義並沒有成爲任何類型的公觀念的主要內涵，也未與任何主要的社會風習或制度發生密切的連結。換言之，「公」的「公開」義似乎沒有成爲作爲政治社會觀念的「公」之中的有力因子。雖然觀念層面的「公」與語言層面的「公」有不少差距，個人以爲，要深入了解中國文化中的「公」，對它進行語言分析還是很重要的，

這項工作很可能幫助我們更細緻深入地掌握中國人的公私感，但這已經遠離本文的範圍了。

類型五的「公」出現的場合，大概可以區分爲三種。第一是政治領域，這也是類型五的「公」最早萌芽的所在。這方面最重要的詞語是「公議」和「公論」，兩者的意思差不多，在字面上，都是指多數人的意見或評價，但倫理色彩也很強，經常同時意謂正確的言論。「公議」與「公論」成爲政治生活中的常用概念，都在魏晉南北朝到隋唐這一段。「公論」一出現，就帶有正面價值的色彩。一份含有「公論」字眼的極早期文獻是三國曹魏蔣濟的《萬機論‧用奇》，其中說西漢元帝時的石顯、弘恭，「便僻危嶮，杜塞公論」，即是一例。「公議」的情況不同，本來主要指朝廷上的政事討論，大體上是描述的用語，譬如，《隋書》卷四一說蘇威，「每至公議，惡人異己，雖或小事，必固爭之，時人以爲無大臣之體」。「公議」之所以深具描述性質，是因爲中國古代朝廷的會議叫作「議」，「公議」的「議」原先多指會議或會議中的言談，評價的「議論」之義是後起的[29]。

「公論」、「公議」的使用，唐代以後愈趨頻繁，大約到唐朝中葉，「公議」的倫理意味加強，兩者的用法已漸呈一致。

29　關於兩漢至隋唐朝廷的「議」，參見廖伯源，〈秦漢朝廷之論議制度〉，在氏著，《秦漢史論叢》（台北：五南出版社，2003），頁157-200；渡邊信一郎，《天空の玉座──中國古代帝國の朝政と儀禮》（東京；柏書房，1996），第一章〈朝政の構造──中國古代國家の會議と朝政〉；窪添慶文，〈北魏の議〉，《中國の歷史世界──統合のシステムと多元的發展──》（第一回中國史學國際會議研究報告集；東京都立大學出版會，2002），頁201-225。

「公論」、「公議」之語，在明代中葉朋黨大起後出現尤多。明中期的呂坤有幾句話，清楚地顯現了「公議」和「公論」在涵義上的雙重性。他說：「公論，非眾口一詞之謂也。滿朝皆非而一人是，則公論在一人。」（《呻吟語》卷五）「公論」的字義是眾人的議論，但有強烈的道德色彩，以至呂坤宣稱，即使只有一個人的意見是正確的，也可以稱之為公論。

　　「公議」或「公論」的觀念引起學者的注意，一個主要的緣由是明末東林黨人與他派官僚以及掌握皇權的宦官展開鬥爭，每每以「公議」、「公論」自居，主張「公議」或「公論」代表正道，超越包括天子在內的一切權威，這可說是「公議」理想發展的極致。譬如，東林黨人繆昌期（1562-1626）說：「公論者，出于人心之自然，……故有天子不能奪之公卿大夫，公卿大夫不能奪之愚夫愚婦者」（〈公論國之元氣〉），又說：「惟夫國之有是，出於群心之自然，而成於群喙之同然。則人主不得操而廷臣操之，廷臣不得操而天下之匹夫匹婦操之」（〈有無輕重解〉）[30]。關於「公議」與最高政治權威的關係，更明確的表達見於東林後裔黃宗羲所撰的《明夷待訪錄‧學校》：「天子之所是未必是，天子之所非未必非，天子亦遂不敢自為是非，而公其是非於學校」。與「公論」、「公議」相關的，還有「公憤」一詞，這個詞語使用時，通常並非中性地指稱眾人的憤怒，而是強烈意味，作為憤怒對象的人或事是錯誤，甚至邪惡的。附帶一提，類型五的

30　見林文孝，〈「日」の喻——明末東林派の一士人‧繆昌期の「公論」論——〉，《中國哲學研究》，8號（1994），頁4。

「公」，通常並不和「私」並舉，兩者也沒有尖銳的對立。不過，由於「公議」和「公論」帶有道德色彩，「私議」一詞有時也有貶義，意思是少數人的或有私心的議論。

類型五的「公」經常出現的第二個領域，是家族或宗族。中國自宋代以後，宗族組織逐漸普及、發達，在宗族生活以及有關宗族問題的論議中，「公」字屢見不鮮。這個「公」，是用來指稱族內的共同事務。譬如，南宋趙鼎所寫的〈家訓筆錄〉中說，對某些沒有明文規定的事，主持族務的人要「公共商量」，再作決定[31]。在宋明時代，凡十世同居垂三百年的浦陽鄭氏，主持族務的機構叫「公堂」[32]，這似乎是相當普遍的名稱。許多家族都有公共財產，依用途不同，稱為祭田、祀田、義田、義學田等，但也可通稱「公田」[33]。在台灣，族中作為祭祖的共同資產或田地，就叫「祭祀公業」；台灣另一種類似的宗族共同資金名為「公嘗」，特別流行於客家社群。在訂於康熙三十五年(1696)的〈毗陵長溝朱氏祠規〉（毗陵即江蘇常州），公共基金則叫「公祠」。「公嘗」、「公祠」的本意，都是祭祀先祖的共同基金，但實際用途不止於此，還包括族內救濟、獎助讀書、對外投資等。另外還有諸如「公銀」、「公穀」的詞語[34]。對一位在宗族

---

31 徐梓編注，《家訓——父祖的叮嚀》，頁32。

32 同上，頁116，120，122。

33 例見唐翼修《人生必讀書》，在陳宏謀，《訓俗遺規》，卷四，頁38。

34 毗陵朱氏公祠的資料，見費成康主編，《中國的家法族規》（上海社會科學院出版社，1998），頁282。對於中國宗族公共財產的綜合介紹，可見常建華，《宗族志》（中華文化通典・第四典・制度文

中生活的平民而言，他或她最熟悉的「公」，大概就是政府（類型
一）和宗族共同事務。如果是孤家單戶的平民，他的「公」可能就
只賸官吏或政府了。

　　類型五的「公」還呈現於一般的社會生活。譬如，工商業同
業公會，可稱爲「公所」、「公會」等，「公團」可以作爲一般
社會團體的通名[35]。中國的行會，歷史雖久，「公所」的名稱約
始於清初，「公」字使用於社會團體，似乎是相當晚近的事。在
近世中國，士紳是大部分地區的地方領袖，他們從事的各種地方
活動，也常與「公」的觀念連結。譬如，地方領袖所訂的協議，
可稱「公約」。林則徐（1785-1850）〈議覆葉紹本條陳捕盜事宜
疏〉有言：「各縣紳衿中，多有攻匪保良之公約，不知起自何
時」，就是一例[36]。另外，地方推舉人領導或從事某事，可以叫
作「公推」、「公舉」，建蓋公共屋宇，稱爲「公建」。士紳、
生員向地方政府表達意見，也有「公議」、「公論」之名[37]。在

（續）────────
　　　化；上海人民出版社，1998），第五章。
35　參考William Rowe, *Hankow: Commerce and Society in a Chinese City,*
　　1796-1889 (Stanford University Press, 1984), pp. 255, 322.
36　葛士濬，《清代經世文續編》（光緒二十七年上海久敬齋版），卷八
　　十一，頁1b。
37　關於明代一般性的「公議」問題，可參考小島毅，〈中國近世的公
　　議〉，《思想》，1998:7，頁118-133。關於中國社會層次的公共行
　　動問題，英文學界研究和討論甚多，但以晚清以後爲主。最著名的
　　著作有William Rowe, *Hankow: Commerce and Society in a Chinese
　　City*；Mary Rankin, *Elite Activism and Political Transformation in
　　China: Zhejiang Province, 1865-1911* (Stanford University Press,
　　1986). *Modern China*第十九卷第二期（1993年4月）爲近代中國公共
　　領域的研究專號。

語意上，若涉及價值判斷，「公議」、「公論」大概都是正面
的，但社會上對「公舉」、「公議」之類的實際活動看法如何，
大概是既有人認爲是禍害的來源，少碰爲妙，也有人持肯定的態
度。後者如大約成於清初的善書熊勉菴《寶善堂不費錢功德
例》。該書勸誡鄉紳：「有利地方事，盡心告白官長；有害地方
事，極力挽回上官」；「民間大冤抑，公行表白」；「保護善
良，公舉節孝」；「扶持風化，主持公論」[38]。在社會層面，還
有一個常見的與「公」相關的價值：「急公好義」。就檢索大量
資料庫所見，這個詞語不見於清代以前的文獻，要到清初才見蹤
影，從道光十二年(1832)起，朝廷建立了旌表「急公好義」的制
度[39]。「公」觀念中有別於政府的社會涵義，似乎出現相當晚，
明代後期才開始興盛，而且整體來說，社會上「公」的意識不算
特別發達。不過，本土「公」觀念的社會涵義結合西方的影響，
導致晚清用語中出現「官」、「公」區別的現象，前者指政府，
後者則代表社會的集體事業或活動[40]。

　　總結而言，類型五的「公」以「共同」爲主要涵義，可以指
涉生活中許多層次的事務和行爲。這個觀念主要是描述性的，但
也有理想的內涵，特別是在政治領域。類型五的「公」，也是傳
統中國「公」的主要觀念類型中，唯一涉及社會生活(姑且定義爲

38　陳宏謀輯，《五種遺規‧訓俗遺規》，卷四，頁56。關於近世中國
　　看待鄉紳集體行動的態度，可參考本書〈近世中國心靈中的社會
　　觀──以童蒙書、家訓、善書爲觀察對象〉。

39　《欽定大清會典事例》(光緒二十五年刻本)，卷四○三，頁6。

40　參見William Rowe, "The Public Sphere in Modern China," *Modern
　　China*, 16:3 (July 1990), pp. 317-8.

國家與家庭或家族之間的場域)的一個。

　　本文已經整理出傳統中國「公」觀念的五大類型，現在要作簡單的摘要。類型一的「公」，基本涵義是朝廷、政府或政府事務，這個涵義淵源於「公」字的「國君」義，到春秋中晚期已有區別於封建主的政府、政務涵義，是五個類型中形成最早的；與它相對的「私」，意思是民間或私人。這基本上是描述性的概念，但涉及公私之分的問題時，也有倫理上的關聯。類型二的「公」，基本涵義是普遍、全體，尤其意指普遍的人間福祉或普遍平等的心態。這個觀念的倫理性強，描述功能少，經常定義為「無私」，與它對照的「私」，無論作何理解，都有負面的意義，是要壓抑、去除的事物。類型二的「公」似乎萌芽於戰國初期，大盛於戰國晚期，是傳統時代最占勢力的「公」觀念。類型三的「公」是從類型二演變而來，特別發達於宋明理學，影響及整個近世中國。這個類型的特色是，「公」可以直接代表天理、道、義，涵括儒家鼓勵的一切德行，但不一定意指整體的福祉或利益。類型三的另外一個特點是，非常強調「公」體現於人無私、合於天理的心，因此，與此類型相對的「私」，意思主要是私欲。類型四的「公」，是對類型二、三的反動，大概出現於十六世紀，明末清初時表現最為明顯，清代盛世後又較沈寂。這個類型的「公」的基本涵義仍然是普遍、整體，但主張「公」的境界是由所有個別的「私」得到滿足所達成的，與這個類型相關的「私」，具有無可置疑的正當性，是「公」的基礎。類型五的「公」發達也較晚，以共同、眾人為基本涵義，指涉政治、宗族、社會生活等場域的集體事務與行動。這個類型的「公」，描

述性強，通常不與「私」並舉，但當帶有倫理意義時(多與政治相關)，與它對映的「私」就涵蘊貶義，意思是少數人的、私心的。

在此需要說明，「公」是中國集體意識中一個非常根本的觀念，使用極頻繁，用法則變化多端，樣態百出，許多實際的例子並不和任何上述的任何單一類型相符，而是不同類型涵義相互滲透的呈現。換個角度，我們也許可以說，本文所抉發的類型，在相當程度上是分析出來的理想型，它們有許多與實際經驗吻合的時候，有時則不妨看作是藉以了解現象的工具。

傳統中國「公」的觀念叢組有哪些重要性格，前文的整理應已提供不少答案。至於這些性格有怎樣的涵義，則依關心問題與思考方向的不同，可以有廣闊的討論空間。本文的基本目的在揭示事象，提供學者參考，這裡只想作一個最起碼的詮釋工作。個人希望以西方的「公」(public)為對照背景，略微探察中國「公」觀念的整體性質。由於西方的公私思想是現代一般「公」觀念的基礎，就了解中國「公」觀念的現代涵義而言，中西比較是條無法避免的路徑。

和中國一樣，西方「公」的觀念與公私之分起源甚早，歷史久遠，近代以來，有關的思想發展更是複雜萬分。以下僅以中西比較的目的為著眼點，列舉四項特色。第一，由於分歧的語文背景使然，在西方，用來指稱「公」的字詞較中國複雜，但很明顯，其中拉丁、法語、英語一系構成主流。純就語言而論，拉丁文的publicus是「公」字的先祖，法語和英語的public都是同個字，德語有關「公」的用語中，也有publikum。在語源上，publicus是從populus(人民)變化而來，也許還受到pubes(成年男

子)的影響,意思爲「屬於人民全體的」、「與人民有關的」。簡言之,在字義上,public一直帶有人民的意味,不同於漢字的「公」以國君爲語源,與「人民」的關係相當稀薄[41]。第二,在很根本的層次,西方的公私代表人世間的兩個基本領域,是描述性的觀念。公私的領域義最早明確出現於羅馬法,或者說,公法與私法的區分是羅馬法的一個特色。羅馬法在這方面的經典表述見於Justinian法典(編纂於530年代):「公法爲有關羅馬國家情狀的法律,私法則爲關係個人利益者。」羅馬法在西方歷史上扮有非常特殊的角色,它在傳布的過程中,取得了典範法律的地位,被認爲具有超越時空的有效性。羅馬法的影響不限於具體法條,它所涵蘊的觀念、假設深刻滲入後來(包括近代)的歐洲政治社會思想。羅馬法中的公私法觀念帶來的一個後果是,歐洲人認定,國家權力行使的範圍與私人或家庭之間的關係,幾乎是兩個自然性的大分野[42]。除此之外,古希臘思想中「城邦」(polis)與「家戶」(oikos)的對照,在西方歷史上也被許多人當作公私的分別。

---

41 參考成瀨治,〈「市民的公共性」の理念〉第一節,收在柴田三千雄等編,《シリーズ世界史への問い・4》(東京:岩波書店,1989)。

42 主要參考Norberto Bobbio, "The Great Dichotomy: Public/Private," in his *Democracy and Dictatorship: The Nature and Limits of State Power*, tr. from Italian by Peter Kennealy (University of Minnesota Press, 1989), pp. 1-3; Daniela Gobetti, "Humankind as a System: Private and Public Agency at the Origins of Modern Liberalism," in Jeff Weintraub and Krisshan Kumar, eds., *Public and Private in Thought and Practice: Perspectives on a Great Dichotomy* (University of Chicago Press, 1997), p.107; Donald Kelly, "Law," in J.H. Burns, ed., *The Cambridge History of Political Thought, 1450-1700* (Cambridge University Press, 1991), pp. 66-70.

這個想法最重要的現代闡釋者就是漢娜‧鄂蘭(Hannah Arendt)。無論公法、私法，城邦、家戶，都屬於領域義的描述性概念。

第三，公私的價值意義不甚固定，既有公重於私的思想，也有私先於公的意念。在語言的使用上，「公」幾乎永遠放在「私」的前面，人們淨說「公私」而少聞「私公」，但在思想上，則不盡然如此。公重於私的觀念，古羅馬時代就有了，公元前一世紀的西塞羅在為res publica(國家，表面字義為「人民的東西」)下定義時，說publica這個字所指並非個人的總和，而是由集體利益所摶成的人民，在此，集體顯然重於個體。在羅馬法，也有公法優先於私法的原則；古希臘思想中城邦生活的價值高於「家戶」，更是世所習知。在近代早期的政治思想，「公」經常代表國家，地位也高於「私」。至於私先於公的傾向，最主要的因素是羅馬法的傳布。羅馬法雖然有公法先於私法的原則，實際內容大多是私法，以處理人民之間的契約、財產繼承、家庭關係等為主。一直到近代，西方一說到法律，主要還是指私法。法律以私法為主的方向是受之於羅馬法，各地私法的內涵、解釋、修訂又多受地方習俗的影響，歐洲法律的這個性質，奠定了私權的穩固地位，即使在絕對王權理論中，個人的財產權也不能以公共利益為理由被任意剝奪。從公私問題的觀點看來，西方私先於公的理念集大成於近代自由主義，在這個思想系統，一切「公」的作為都必須以尊重或保護私權為前提。在以洛克為代表的早期英國自由主義，財產權是個根本人權，這是有深遠的歷史背景的[43]。

43　本段關於羅馬法及其影響的論述，參考Norberto Bobbio, "The Great

　　第四，在近代歐洲，國家而外，「公」又與社會發生緊密結合。這個問題，自從哈柏瑪斯發表他有關「公共領域」的論著後，引起學界的廣泛重視，於是諸如十七、八世紀在歐洲興起的閱讀大眾，在咖啡館、沙龍的公共議論，各類以公共事務為目的的自發性組織，都得到抉發與討論。在中產階級的公眾和公共領域興起以前，另一形態的社會性的「公」可能已經出現，這就是「公共利益」（拉丁文：utilitas publica）。「公共利益」是歷史悠久的羅馬觀念，基本原意為社群的整體利益，實際上多指國家所維持的法律與秩序，但在中古、近代之交，成為指稱農村與城市平民福祉的政治社會價值，不僅統治者以此正當化自己的行為，各種叛亂也無不以「公共利益」為號召[44]。「公」還可以跟民族思想發生聯繫，有人認為，公共論壇的基礎不應限於抽象普遍的理性，更重要的是藏蓄於特定語言的民族文化[45]。

　　在近代西方「公」觀念的對映下，我們可以看出中國傳統公觀念的幾項特點。首先，中國的「公」，倫理、規範的色彩特別強。在中國的公私意識中，公私大多是尖銳對立的，價值傾向很清楚，「私」帶有強烈的負面意義，「公」則經常指稱某種理想

（續）────────────

　　　Dichotomy: Public/Private"，特別是pp. 2-3, 10-13。但須指出，英格
　　　蘭法律不屬於羅馬法的系統。

44　關於近代歐洲市民社會與「公」觀念的關係，可見成瀨治的撰述：
　　　〈「市民的公共性」の理念〉。有關「公共領域」的研究和討論，
　　　則如汗牛充棟，不勝枚舉。

45　Anthony La Vopa, "Herder's *Publikum*: Language, Print, and Sociability
　　　in Eighteenth-Century Germany," *Eighteenth-Century Studies*, 29:1 (Fall
　　　1995), pp. 5-24.

的心態，而少涉及人的實際行為或社會樣態。其次，傳統中國的
「公」，領域的涵義相當淡，只有類型一確指特定的場域：政
府。即使如此，在與政府有關的「公」文化中，公私分際的價值
雖然存在，並不很有力量，貪墨文化的盛行，就是一個明證。再
者，中國「公」的觀念叢很少涉及社會生活，只有類型五的
「公」，部分與社會活動有關。因此，直到現在，一般中國人並
不容易將社會領域或人民與「公」聯想在一起，而多把社會當作
個人可以任意活動的天地。最後，除了道德理想的涵義，中國的
「公」最穩定的一個內涵就是官家、政府。也許是這個歷史因素
的影響，不少現代中國人還習慣地認為，公共事務完全是政府的
責任。

　　在結束本文主體之前，要回到黃濬的問題：中國既有嚴辨公
私的古訓，何以晚近的中國人又公私不分？看了以上關於傳統
「公」觀念的整理，我們或可得到一個認識：在歷史上，中國人
其實一直不太講究公私之分，公私關係大部分的重點在以公滅
私，即使談公私之別，也經常是在心理或動機的層面作要求，而
頗輕忽實際行為的檢察與規範。以下要提出兩條直接證據，再次
確認此事，希望能解答黃濬以及其他許多人的疑惑。有人問朱
熹，什麼是「公私之別」。朱熹說：「今小譬之：譬如一事，若
係公眾，便心下不大段管；若係私己，便只管橫在胸中，念念不
忘。只此便是公私之辨。」（《語類》卷十六〔冊二，頁345〕）這段
文字所謂的公私之別，是指以公眾為心，還是以個人為念。公私
之別，存在心上，不是以行為的形態為劃分標準。清代名吏汪輝
祖(1730-1807)也有類似的說法。他在《佐治藥言》中宣稱，任官

佐幕之人，所爭不過是公私之別：「公，則無心之過終爲輿論所寬；私，則循例之獄亦爲天譴所及。故立心不可不正。」朱熹、汪輝祖所講的公私之別，關鍵在起心動念處，可是男女之別，決不可能如此定義，在行爲上一定要劃清楚。從這裡，我們可以看出，傳統中國思想中的公私之別，很少是領域性的，與現代語境中的公私之別其實不大相同。黃溍心目中的「公私之分」，恐怕已經是受到西方的行爲與價值的影響，再湊泊中國傳統語彙後的產物。

二、現代變形掠影——代結語

「公」觀念的各種類型在中國長期存在，意涵相互滲透，深厚沈澱於人心的各個角落。十九世紀下半以還，中國雖然面臨「三千年未有之變局」，「公」觀念的力量還是不可能迅速消退的。各種跡象顯示，這套觀念仍然頑強地棲身於社會的集體意識，時時發生或大或小的作用。就這個情況而言，前文所論並不純是傳統的觀念，其中許多因子都還是現代意識的一部分。當然，和中國文化的其他成分一樣，百年以來，中國自身的「公」觀念不免受到外來的衝擊，它在現代中國的大體與細部面貌爲何，還有待各種專門研究的抉發。以下只嘗試提出一些零散的觀察，盼能豐富我們對於本文主題的理解。

要提出的第一項觀察是，在晚清，許多人利用原有的「公」觀念來理解新事物或支持新思潮，公觀念成爲對應變局的思想資源。一個最明顯的例子就是民權和民主；無論民主的制度或理

念，都常透過「公」來說明。制度方面，如議會、地方自治的介
紹，主要運用類型五──共同、眾人義──的「公」。選舉稱作
「公舉」，議會經常譯為「公議堂」、「公議廳」，清末的地方
議會的確有叫「公議局」的。至於民主的精神，則常用類型二的
「公」，也就是「公」的普遍、平等義來表達。這方面的議論至
多，本文想舉何啓(1859-1914)與胡禮垣(1847-1916)的《新政眞
詮》為例說明。

　　何啓出身香港，胡禮垣是廣東三水人，與香港淵源亦深，這
兩人是早期改革思想家中西化色彩最濃的。以他們的背景而在闡
釋民主思想時一再以「公」為訴求，可見公觀念在文化中滲透之
深，另外可能也意味，他們認為「公」具有強大的打動人心的力
量。〈曾論書後〉是《新政眞詮》中寫作最早的作品(1887)，其
中就從「公」的觀點，強調人民在政治生活中應有核心地位。該
篇宣稱，「公」與「平」是國家的基址：「公者，無私之謂也；
平者，無偏之謂也」，這是中國公觀念的典型倫理內涵──即類
型二的「公」。至於「公」、「平」是否實現，必須求之於人
民，不能以國君、官吏的認定為準：「夫一政一令，在立之者，
無不自以為公，自以為平，而公否平否，當以民之信否質之，乃
得其至公至平；且一政一令，在行之者多亦自謂無不公，自謂無
不平，而公否平否，亦當以民之信否證之，乃得其眞公眞
平。……然則公平者，還當求之於民而已。」數年後撰寫的〈新
政論議〉(1894)，則直接建議「開議院以布公平」，還是緊扣
「公」。在較晚寫作的〈勸學篇書後〉(1899)，何胡兩人更具體
論說為什麼民主制度能體現「公」的價值：「民，人也；君，亦

人也。人人有好善惡惡之心，則人人有賞善罰惡之權。然就一人
之見而定，則易涉私心；就眾人之見而觀，則每存公道。是故以
好善惡惡之心，行賞善罰惡之權者，莫若求之於眾。民權者，以
眾得權之謂也。」這段文字含帶的則是深具倫理意涵的「公論」
或「公議」觀念[46]。

　　在清末，「聚私為公」的觀念（類型四）也得到闡揚，主要目
的在倡導個人自主、社會自立，期望個人與社會活力的開發，有
助於國家振衰起弊。這方面的一篇名文是1903年刊於《浙江潮》
第一期的〈公私篇〉。此文開宗明義即說，世界上頗有以「不能
公」而致國家傾覆的，唯獨中國以「不能私」而傾覆。此文認
為，中國向來以公私為對反而不相容，「私」只有負面的意義，
飽受壓抑；不敢言私的後果，則是普遍的麻木不仁心理，凡事不
敢爭，無法對於己有關的事物——從鄉邑到國家——產生利害相
關之感。於今之計，是要「人人挾其私智，出其私力，奮其私一
國私一省私一府私一州縣私一鄉區之熱心，……勵獨立之氣，復
自主之權，集競爭之力，鼓愛國之誠」。該文明白採取了顧炎武
「合私為公」的說法，另外也有程瑤田、俞樾公私論述的痕跡，
但藉類型四的「公」來鼓舞民族意識，則已大大超出傳統思想的
範圍。另外一個例子，見於《東方雜誌》1906年第11期的「社
說」〈論國人宜善用其利己之心〉（原載該年9月4日《時報》）。
該文的主題是利己心，立意為「私」翻案，聲稱：「不知自營為

46　參考熊月之，《中國近代民主思想史》（修訂本）（上海社會科學院
　　出版社，2002）。《新政真詮》的討論，見第四章第四節。

私，積私即所以成公」，甚至說，即使是自私自利，弊害也「不
足以禍天下」。這篇文章雖然用了類型四「公」觀念的論述，但
無論就課題或實質內容而言，都有受西方功效主義(utilitarianism)
與市場經濟思想影響的痕跡。《東方雜誌》是月刊，商務印書館
編輯出版，1904年3月在上海創刊，很短時間內就成為中國銷路最
廣的時事性、綜合性雜誌。《東方雜誌》的一個重要特點是，除
了刊登社方自撰的文稿和讀者來文，還選錄許多其他官民報刊的
言論、新聞，閱讀此一刊物，可以廣泛了解國中的輿論，因此被
稱為「雜誌的雜誌」[47]。本節以下還會繼續對該誌有所引錄。

　　再來要提出的一項觀察是，在二十世紀的最初十年，中國興
起熱烈探討公私問題的風潮，其中出現了重要的新型公觀念：公
德和公益。公德觀念起自明治時期(1868-1912)的日本，從表面看
來，只是西方civic virtue或public morality的翻譯，其實有相當特定
的意涵。公德一詞可能最早出現於福澤諭吉(1834-1901)的《文明
論之概略》(明治八年初版)，福澤利用它來顯示，傳統東亞所謂
的道德大多屬於私的性質，「公德」在這本書中是個粗略的反襯
性觀念，幾乎沒有任何具體內涵。不過，在明治十、二十年代隱
晦的社會倫理議論中，「公德」逐漸成為代表社會倫理意識的主
要標誌。到十九、二十世紀之交，日本出現了闡揚公德的熱潮，
在明治三十四年(1901)達於頂峰。當時日本的公德觀念大體包含

47　參考丁守和主編，《辛亥革命時期期刊介紹》第三集(北京：人民
　　出版社，1983)，〈東方雜誌(1904－1911)〉(何炳然撰)，頁178-
　　219；黃良吉，《東方雜誌之刊行及其影響之研究》(台北：台灣商
　　務印書館，1969)。

三項要素：(一)不傷害不確定他人以及公眾的利益；(二)協助他人，並爲公眾創造利益；(三)爲國家效力。前兩個是公德的核心，最後一項則屬邊緣。「公德」基本上是個社會性的觀念。

　　「公德」被介紹入中國，顯然始於梁啓超在1902年3月開始刊載的《新民說》，當時正值日本討論公德議題的高潮。梁啓超是晚清思想界的重要領袖，「公德」也因他的宣說而廣受注目，不過，《新民說》中的「公德」和日本的主流公德思想稍異其趣。梁任公提出或闡發的「公德」含有兩個主要元素。用他自己的話來說，一是「愛國心」，一是「公共心」或「公益心」；一是國家倫理，一是社會倫理，而以前者爲重。簡言之，至少在《新民說》，梁啓超劇論「公德」的基本目的是在主張，中國若要成爲有力量的民族國家，必須先有爲其獻身的人民；培養社會倫理的問題，則是其次的。

　　公德觀念在中國大舉流行，似乎起於1904年，距《新民說》初刊約兩年。公德觀念傳入中國後迅速受到重視的一個極具象徵性的例子，是劉師培(1884-1919)的《倫理學教科書》。這本書共兩冊，第二冊用一半的篇幅(三十六課中的十八課)討論社會倫理，這部分開宗明義，立刻引用公德一詞[48]。《倫理學教科書》出版於1905、1906年，僅僅在二十世紀的開端，「公德」在中國恐怕還少人聽聞，數年後居然一躍成爲某些人心目中倫理學的基本觀念，可見其傳播之成功。至於當時中國人所領受的公德的意

48　參見劉師培，《倫理學教科書》，第十九、二十課，收在《劉申叔遺書》(南京：江蘇古籍出版社景印，1997)，第二冊。

涵，一是貢獻國家、合群重團體的心態和行為，一是個人在社會
生活中所應遵循的規範。這兩個方面並沒有清楚的分野，經常混
在一起，但分析而言，還是可以看到倚輕倚重的情況。先舉前一
方面的例子。一篇登在《中國白話報》1904年第十三期的文章有
言：「個個重公德，日日講合群，所以報答社會的恩賜，是人類
第一等的義務。」[49]這幾句話並未明言公德的意指，但整體看
來，主要是強調個人對大我的義務。《東方雜誌》中也有類似的
表述。1904年第八期〈中國與波蘭之比較〉（原刊同年6月18日
《嶺東日報》），說中國「公德腐敗，群體沙散」（頁165）；1905
年第十二期〈論立憲與教育之關繫〉（社說，署名覺民），則有這
樣的表述：「各國小學，皆有國民教育一門，……提倡社會之公
德，故及其長成，莫不具有國家思想。」（頁247）

　　以上的例子有個特點，就是只指出公德有利於組織國家社
會，有利於人群的集體利益，對公德的內容，則缺略不提。另一
種關於公德的論說，偏重個人與社會生活的關係，對公德有比較
具體的描述。現在仍以《東方雜誌》為例說明。1904年第十二期
〈哀同胞之將亡〉（原刊同年10月3日《警鐘報》）說：「中國自古
以來，未嘗有公共之道德，不過隨天然之進化，自成一種風俗
耳」（頁295），把公德定位於實際生活的層次，認為中國在個人與
社會的關係上，只有自然演進的習慣，缺乏自省的模式。在1906
年第七期的〈論中國必先培養國民之公德〉（原刊同年5月29日

49　林獬，〈國民意見書〉，轉引自鄭師渠，《國粹、國學、國魂──
晚清國粹派文化思想研究》（台北：文津出版社，1992），頁275。

《羊城日報》),公德的意指更爲實際:「歐美各國,公德之心最優。試觀其國民,無一人無公德,如公園、博物院、圖書館等,凡入其中者,皆珍重之、愛惜之,無敢污損其公共物者,雖至幼小之童亦如此。」(頁157)

　　在1900年代中葉,中國討論公德問題的基本趨勢是,把它理解爲個人和社會生活的倫理關係,也就是前文所談的第二個方面,但認爲這種倫理關係的培養,有助於國家社會集體意識的凝成。值得注意的是,中國初期公德觀念的主流方向,與梁啓超的《新民說》略有出入,梁氏強調公德與國家意識的聯結,公德的社會倫理面著墨不多,1904年以降,中國一般的公德思想恰與之相反,較重視社會倫理的問題。換句話說,與日本公德觀念的意旨接近了起來,部分原因,可能是中國在這方面的思考與討論直接受到日本影響。一個例證是馬君武(1882-1939)於1903年初在日本發表的〈論公德〉,該文的公德觀念完全是社會文化性的,與梁啓超前一年所論迥然不同[50]。

　　「公德」之外,清末還流行一個相關的新觀念,就是「公益」。學界對這個課題好像還缺乏研究,這裡所說,只是非常初步的觀察。在中國,「公益」一詞使用似乎非常晚,幾乎不見於

50　馬君武之文署名「君武」,刊載於《政法學報》1903年的第一期。見陳永森,〈清末知識分子對公德與私德的思考〉,在劉澤華等,《公私觀念與中國社會》(北京:中國人民大學出版社,2003),頁209-11。關於近代日本與中國公德觀念的形成、傳布和內容特性,可參看陳氏之文與本書〈公德觀念的初步探討——歷史源流與理論建構〉、〈日本近代思潮與教育中的社會倫理問題——初步的考察〉。此處所述中國部分,有不見於本書其他兩文的資料。

二十世紀以前的文獻，但才一出現就極盛行，頻繁的程度甚至超過「公德」。公益一詞不但常見，而且經常與公德同時出現，有如鳥之雙翼，帶動了晚清新型公共意識的起步。

「公益」的意義結構和「公德」有相似之處，可以指與國家、政府有關的利益，也意謂社會的共同利益。以下要根據《東方雜誌》的資料，簡單介紹這個觀念。首先，「公益」幾乎可以沒有實質內容，只使用「共同利益」的語義。譬如，《東方雜誌》1905年第九期〈論中國民氣之可用〉（原刊同年6月13日《時報》）中有這樣的句子：「合三省（即湖南、湖北、廣東）之群力，以謀三省之公益。」（頁184）「公益」的這個用法，可以看出它跟類型五公觀念的關聯。在二十世紀初，中國人最關心的公益當然是中國這個國家在外強威迫下的利益，於是，公益也有政府所代表的國家利益的涵義。這方面的陳述如：「攷租稅本意，原為分國民箇人之私利，以助國家公益之經費。」（1909年第二期〈論中國宜免釐金創辦營業稅〉頁39，錄自《吉林官報》）不過，「公益」的最主要意思，是泛指公共利益、大眾利益，與國家並沒有特別的連接，而且頗有專門指稱社會自主活動的情況。關於這一點，要舉兩個例證。其一是：「歐美之社會有組織之能力，……崇尚公德，熱心公益。故政府即不為之謀，社會亦能起而自謀之。」（1911年第一期杜亞泉〈減政主義〉頁7）另一個例子則相反，是關於中國社會的描述：「官與民顯然劃為公私兩界，民除其家之私事而外，一切有公益於一鄉一邑者，皆相率退而諉之於官。」（1905年第十二期〈論立憲當以地方自治為基礎〉頁217，原刊同年8月23日《南方報》）

　　「公益」還有一個特色，就是經常和地方事務、地方自治等問題發生關聯，意指地方社群的公共利益，較少直接代表國家的整體利益。在清末文獻，常可見到「公益」與「地方」之語在同一場合出現。在1908年朝廷頒布的「城鄉地方自治章程」，作爲自治經費來源的稅種就稱爲「公益捐」[51]。另外，還有地方基層自治組織叫作「公益社」[52]。

　　「公益」這個詞語的來源爲何，還不清楚，我曾在一份光緒八年(1882)出版的宗譜看到族中「公益事」的字樣，也許是中國本有的表達方式，但在二十世紀以前，顯然相當罕見[53]。反之，在日本則不然，「公益」從明治十年代，即1880年左右，就開始成爲習見詞語。這個觀念最初似乎是作爲法律用語使用，大約即西文utilitas publica、public interest、public benefit的對譯，意指國家的利益與社會的集體利益。譬如，明治十三年(1880)公布的《刑法》分爲四編，第二編的總題就是〈有關公益的輕重罪〉，這是刑法非常核心的部分，內容包括：有關皇室、國事的罪行，破壞社會安寧、貨幣秩序，妨害公眾健康、善良風俗，毀壞屍體、墳墓，妨礙農工商業，官吏瀆職等等。從皇室國政到日常生活，都在「公益」的範圍。另外一份日本近代史上的關鍵文獻，

51　見《清朝續文獻通考》(商務印書館萬有文庫本)，卷三九五，頁11454；心史(孟森)，〈憲政篇〉，《東方雜誌》宣統二年(1910)第二期，頁57。

52　《東方雜誌》光緒三十四年(1908)第四期，〈地方自治彙報〉，頁267。

53　《光緒八年濟陽江氏重修統宗譜》，轉引自陳捷先、盛清沂編，《中國家訓》(台北：行政院文化建設委員會，1987)，頁94。

明治二十三年(1990)發布的〈教育敕語〉，也如此訓誡臣民：
「成就德器，進廣公益，常重國憲，遵國法」[54]。各種跡象顯
示，明治二十年代以後，「公益」就是日本的一個基本政治社會
乃至倫理語彙。至於日本的公益觀念有無特色，是否就是中國公
益一詞的來源，還須再加考索。

「公德」與「公益」觀念在晚清出現乃至流行的歷史意義，
也許可分兩方面來談。首先，兩者都是新生事物，有很深的外國
淵源，與西方文化的衝擊尤其有直接關係。它們基本上都屬於社
會生活的範疇，是中國本土「公」觀念叢組中薄弱的一環，這兩
個觀念的盛行，代表中國「公」觀念的實質變化。其次，「公
德」與「公益」都和傳統意識有所湊泊，可以說是類型五的
「公」的進一步發展，雖然也為鼓動民族主義的潮流所運用。傳
統類型五的「公」在社會生活方面的語彙甚為零碎，缺乏涵括性
的概念，「公德」和「公益」彌補了這個空白。

本土「公」觀念在現代中國的最重要作用，發生於一個關鍵
性的歷史發展，這就是革命政黨與政治集體主義的興起。至遲從
1898年的戊戌變法開始，中國經歷接連不斷的政治大變動，建立
新政治秩序的嘗試不斷失敗，國家的整體力量始終無法凝聚——
君主立憲、士紳政治、民族革命、共和政體、地方自治、政黨政
治、軍閥統治，都歸於無效或化為煙塵。1920年代初期以後，一
個新的方向出現，決定了往後很長時間中國國勢的基本軌道。這

54　引文係依據日本官方的漢譯。見國民精神文化研究所編，《教育敕
　　語渙發關係資料集》(東京，1939)，第三卷，頁594。

個方向是，許多政治菁英決心以列寧式的革命政黨為手段，進行組織、動員，並成立軍隊，奪取全國的政治控制權，藉此建立他們心目中的國家秩序。國民黨和共產黨是這場革命運動的主角，很明顯，中國傳統「公」的規範取向，特別是類型二個人向全體福祉獻身的觀念，成為建設革命組織、開展革命鬥爭的重要武器。這種思想首先要求黨員全心為黨效忠，再而要求國民遵從黨所設定的目標。在這方面，共產黨集體主義的色彩又遠較國民黨濃厚，現在先舉一個國民黨的例子。

在國民黨意識形態的經典文獻，似乎沒有以「公」為主要訴求的(除了孫中山浪漫的「天下為公」)，但統一思想、統一行動之類的論調還是屢見不鮮。胡漢民(1879-1936)就是個強調集體心態的國民黨領導人。他在1929年3月國民黨中央黨部的一場演講，有下面這段話：

> 訓政時期本來是培養一切，訓練一切的時期，這件事如果及今不圖，更待何日！所以趕緊把全體國民的行動統一起來去為公，去對外，正是我們同志應該立刻負起責任去做的工作。至於同志們在本黨以內，在自己的一切行動上，如何還能有一絲一毫的不統一不為公與不對外呢！

「公」，是進行黨與國家建設的重要價值基礎[55]。

55　胡漢民，〈怎樣免除一切糾紛及怎樣進行一切建設〉，《胡漢民先生文集》(台北：中國國民黨中央委員會黨史委員會，1978)，第三冊，頁231-2。另可見同冊〈黨的家庭化與軍隊化〉，頁85-91。

　　有關現代中國政治集體主義與本土「公」觀念的連接，劉少奇的《論共產黨員的修養》無疑是最具代表性的例證。《論共產黨員的修養》(1939年7月)是中國現代政治史乃至思想史上的重要文獻。該文明白地、系統地、鋪陳式地談論共產革命與個人心性、個人自我改造的關係，清楚呈現中國共產主義的這個重大特色。根據該文，共產黨員必備的一個主要價值觀就是「奉公」，個人利益無條件服從黨的利益，第六節尤其專談此點。該節開始不久，就引毛澤東的話，揭示「公」的原則：

　　　　毛澤東同志說：「共產黨員無論何時何地都不應以個人利
　　　　益放在第一位，而應以個人利益服從於民族的和人民群眾
　　　　的利益。因此，自私自利，消極怠工，貪污腐化，風頭主
　　　　義等等，是最可鄙的；而大公無私，積極努力，克己奉
　　　　公，埋頭苦幹的精神，才是可尊敬的。」[56]

「大公無私」、「克己奉公」是傳統語彙，是人人可以產生聯想的本土高層次價值，毛澤東將其引導至極權政治文化的建構，劉少奇則細膩地闡說「無私」的「公」在革命事業中的情態與作用。

　　以下是《論共產黨員的修養》幾段有關的文字：

56　毛澤東的話出於〈中國共產黨在民族戰爭中的地位〉(1938年10
　　月)，《毛澤東選集》(北京：人民出版社，1966)，第二卷，頁
　　488。

一個共產黨員，在任何時候、任何問題上，都應該首先想到黨的整體利益，都要把黨的利益擺在前面，把個人問題、個人利益擺在服從的地位。……根據這個原則，在每個黨員的思想和行動中，都要使自己的個人利益和黨的利益完全一致。在個人利益和黨的利益不一致的時候，能夠毫不躊躇、毫不勉強地服從黨的利益，犧牲個人利益。爲了黨的、無產階級的、民族解放和人類解放的事業，能夠毫不猶豫地犧牲個人利益，甚至犧牲自己的生命……。這就是共產主義道德的最高表現，就是無產階級政黨原則性的最高表現，就是無產階級意識純潔的最高表現。

在一個共產黨員的思想意識中，如果只有黨的共產主義的利益和目的，眞正大公無私，沒有離開黨而獨立的個人目的和私人打算；如果他能夠在革命的實踐中，在馬克思列寧主義的學習中，不斷地提高自己的覺悟，那末：……第四，他也可能最誠懇、坦白和愉快。因爲他無私心，在黨內沒有要隱藏的事情，「事無不可對人言」，除開關心黨和革命的利益以外，沒有個人的得失和憂愁。即使在他個人獨立工作、無人監督、有做各種壞事的可能的時候，他能夠「愼獨」，不做任何壞事。他的工作經得起檢查，絕不害怕別人去檢查。他不畏懼別人的批評，同時他也能夠勇敢地誠懇地批評別人。

總而言之，……黨員個人應該完全服從黨的利益，克己奉公。

在上面，我把引文中的傳統話語用底線標出，以醒讀者之目。劉少奇的文章還有這樣的表示：「共產主義事業中一項極大的艱苦的工作，是要把人類改造成為大公無私的共產主義社會的公民。」[57]崇公滅私不僅是共產黨員應有的道德，最終還是人類整體改造的目的[58]。

　　激烈的、深入心理層面的崇公滅私存在於中共的政治運動與意識形態，世所習知，這個浪潮到中共建國後，尤其在文化大革命，達於顛峰。在一篇寫於1974年的文章，另一位中共領導人張聞天(1900-1976)明白指出中共的這個長期傾向。他說：「我們黨一貫提倡把『大公無私』、『公而忘私』的共產主義精神，作為對個人，首先是對共產黨和一切國家機構、軍隊和群眾團體的工作人員的行動準則。」張氏之文題為〈關於社會主義社會內的公私關係〉，寫在文化大革命末期，當時張聞天被放逐於廣東肇慶，是一篇老革命者檢討中國共產主義運動內公私觀念的文字。該文表示，「大公無私」、「公而忘私」是高遠的理想，但實際上，即使在社會主義社會，公和私也不是完全隔絕對立的，公的、集體的利益當中就包含有合理的私人利益，張氏稱此為「公中有私」。他進一步主張，在這樣的社會，還應該在一定的範圍內，容許「公外有私」，譬如在集體生產之外，還能從事個人的

57　以上引文分見劉少奇，〈論共產黨員的修養〉，在《劉少奇選集》（北京：人民出版社，1981），頁136，160。

58　關於中共自我批評、改造靈魂式政治運動的本土淵源，參見王汎森，〈近代中國私人領域的政治化〉，在氏著，《中國近代思想與學術的系譜》（台北：聯經出版事業公司，2003）。

經濟活動。張聞天的言論代表黨內對於崇公滅私傳統的批判，預示著極端的類型二、類型三「公」觀念在現代中國意識上的終結[59]。

　　本文提出中國本土「公」觀念的五類型說，試圖透過對這些類型的界定與描述，勾勒出這個龐大觀念叢組的整體面貌。另外，本文也設法以最快速的方式，偵測傳統「公」觀念在現代中國意識的身影。近代台灣的歷史進程與中國大陸不同，並沒有遭受過極端奉公滅私思想的肆虐。不過，從生活經驗看來，傳統「公」觀念的許多因子仍然活躍於人們的意識，潛伏於集體行為。這些因子與現代式制度、生活情境的關係是什麼，似乎還多混淆，不確定。如果回到黃濬的問題，我們可以說，男女之別在當代台灣是不大存在了，在這一點上，我們已經完全脫離清末中國的情境。但是公私之別呢？

　　　　原刊於《政治與社會哲學評論》第七期(2003年12月)。
　　2004年8月微幅修訂。

59　這是張氏撰寫的最後一篇文章，見《張聞天文集》第四卷(北京：中共黨史出版社，1995)，頁513-6。

近世中國心靈中的社會觀
——以童蒙書、家訓、善書為觀察對象

　　這篇文稿是個關於集體心態的研究。個人想做的，是透過歷史的方法，去探測現代華人對公共、社會、普遍的人際關係所可能具有的先見——也就是英文的preconception，不明說但埋根極深的意念。這些先見存在於集體意識，附著於人們的行為、言語以及他們所創造的各類物品，不斷被人們所消納、傳遞、再製。可以推測，這些先見不但密切關涉到現代華人對公共生活的態度，也影響及人們對各式各樣由外國(特別是西方)傳入的相關觀念的反應與理解。

　　探測一個社會比較深層的集體意識、不甚明言的想法(unwritten philosophy)，並不一定要用歷史的研究法來進行，但歷史的探索無疑是個方便的取徑。社會中深層的集體意念與觀點，大都是在長久的時間過程中形成的，社會歷經變動，這些意念的面貌或許變得模糊，但生命力依舊堅韌，成為人們視為當然、不言而喻的假定，對大多數人而言，它們就像山石河川一般，是永恆的存在，不需要去反思或懷疑。如果我們溯時間之流而上，卻可能會發現，在古早的時代，由於各種因素，這類意念經常有著較清晰的身影，背景變成了前景，稍易捕捉。基於這樣的認識，

許久以來，個人一直希望用歷史的方法來挖掘華人世界潛藏的社
會感。除了具體的、專家式的實證研究的累積，什麼樣的資料能
幫助我們獲得基本而廣泛的理解，是我經常考慮的問題。經過多
方的探查，個人發現，很難有單類文獻具有這樣的功能，但如果
我們併合幾種資料，廣泛考察，就有可能掌握到傳統中國社會觀
的大體形象。在這篇文稿，我將試圖透過三種文獻：童蒙書、家
訓、善書，揭露傳統中國基本的社會感。不過，現存的這三類文
獻，絕大多數都撰寫於宋代以下的近世中國，我的探照所能投射
到的，事實上限於這段時期的集體心態。

在本論開始之前，需要先對本文考察的三類文獻作簡要介
紹。首先，是童蒙書。所謂「童蒙書」或「蒙書」、「蒙養
書」，是指傳統中國使用的基層教育讀物，這種讀本恐怕自有教
育以來就存在，《漢書・藝文志》即著錄不少，但到宋代以後特
別流行。在清代乃至日治時代的台灣，蒙書的使用也很普遍，至
今尚有遺留。童蒙書的種類很多，以宋代以後的讀本爲例，大概
可分爲以下若干大類：綜合類、識字類、道德訓誨類、歷史知識
類、詩歌韻對類、故事圖畫類，還有其他雜類[1]。

童蒙書雖然是一種非常特定的文類，但卻是傳統文化——至
少是近世中國文化——極佳的樣本。這可以分兩方面來說。首

---

[1] 這裡的分類法參考了徐梓，《蒙學讀物的歷史透視》（武漢：湖北
教育出版社，1996），第四章。童蒙書的基本目錄，見張志公，
〈蒙學書目稿〉，在毛水清、梁揚主編，《中國傳統蒙學大典》
（南寧：廣西人民出版社，1993），頁1228-63，原載張志公，《傳
統語文教育初探》（上海教育出版社，1962）。

先，童蒙書的一個重要特性是，它們的對象是一般的學童，這些
教材既可以是菁英教育的一部分，也在庶民教育中使用。換言
之，童蒙書的作者大都是士人，寫作的對象則經常不區分常民或
讀書人家子弟，這樣的文獻涵蓋面廣，算是處於士人文化與常民
文化的交集點，很可能在其中找到傳統文化中普遍性、超階層的
看法。其次，雖然有許多童蒙書能考知作者，但究其內容，多是
前有所承，非一人獨自創作而成，有很強烈的集體性格。這個現
象顯示，童蒙書中蘊藏的經常是文化中基本的、不輕易變化的因
子，加以讀者是少不更事的小孩，蒙昧背誦，影響力極大，是文
化傳遞的重要媒介。以上兩點是個人立意考察蒙學教材的主要
理由。

至於家訓，顧名思義，是家中長者寫給後輩的訓誨。如果作
最寬鬆的理解，「家訓」的歷史非常悠久，兩漢六朝的誡子書都
可以包括在內，但有規模、有意識供子孫長久誦用的家訓，則也
要到宋代以後才大量出現，其原因可能和唐宋之際中國菁英階層
形態與結構的重大變化有關。在近世中國，有的家訓篇幅長，很
有體系，包含許多具體的規範，幾乎是一本小書了。司馬光
（1019-1086）的《溫公家範》、汪輝祖（1730-1807）的《雙節堂庸
訓》，都是這類的例子。家訓既是爲教訓家中子孫所撰，目的在
保持家業、家聲，內容自然多針對家庭和家族事務。不過，家庭
的榮辱盛衰不能與外界無涉，有些家訓還是透露了作者對社會的
看法。家訓還有一個性格，就是作者幾乎都是上層士人，儒教的
色彩比童蒙書濃重。只是近世中國的家訓多有作爲長久規範的意
圖，後代子孫命運難料，家訓作者一般也不會只是複述儒家基本

教義或理學信念，涉及實務之處並不少，家訓因而也頗能透露廣
泛的文化意識。總而言之，由於家訓的特殊性質，這個文類透露
社會觀的層面與方式有些複雜之處，要留待後文再增作說明。

　　再來是善書。善書一詞的表面意思是勸善之書，就實質而
言，則主要指宋代以後配合宗教教義勸導善行善念的通俗性文
件，一般認為，大約成於南宋的《太上感應篇》是現存的最早善
書。善書數量極大，體製不一，即使在現在的台灣，也還不斷在
生產繁衍。大體來說，這類文獻有兩個值得注意的特色。一是它
們的宗教色彩突出，個別善書宣導道德的重點和方式經常與其宗
教歸屬有關。再者，善書的讀者乃至作者，有許多屬於常民文化
層，但士人階層誦持信奉的也不少，從善書，也頗能看出一般性
的文化傾向[2]。就本文的主題而言，依個人判斷，善書反映文化集
體意識的功能不如童蒙書，可能也不及家訓。原因是，善書基本
上是「一面之詞」，只是教人為善，宣揚林林總總的德目，內容
的性質過於單純，不易顯現文化意念的多面性。不過，即使如
此，善書對本文的考察工作還是有相當的幫助。

　　接下來，要為本文的意旨作幾點相關說明。首先是關於「社
會」這個詞語。在十九世紀末以前，中文並沒有「社會」的概
念，這是從日本引入的對society一詞的譯語，因此，在本文，

2　善書的研究不少，其中的一部經典著作是酒井忠夫的《增補中國善
　　書の研究》，上下冊，《酒井忠夫著作集I・II》（東京：國書刊行
　　會，1999）。關於善書簡單的整體性介紹，可見游子安，《勸化金
　　箴：清代善書研究》（天津人民出版社，1999），第一章第一節。

「社會」是個後溯的用法[3]。本文所稱的「社會」，主要是指在國家與家庭之外的人世活動的各種成分與總體。利用這個概念來作歷史觀察，其實有牽強之處。第一，傳統中國文化與人群結構的某些部分，並不適合國家／社會／家庭的三分法。譬如，中國的道德體系最講究人倫，基本倫常中的朋友一倫在家庭之外，勉強可算社會的範圍，但本文並不打算處理朋友的問題，因為在傳統中國，這層關係的獨立性太高了。又如，敬老、長幼有序是傳統中國的普遍價值，但這個價值不必預設任何社會的觀念，或透過社會的概念來求得了解。其次，中國還有家族或宗族的因素。家族大多不是共同生活的單位，而是以父系親屬關係為原理所摶成的具有信仰、感情、互助、經濟乃至自衛等多重作用的組織。就功能而觀，我們可以說，家族是近世中國最發達的社會組織。但在理念上，家族成員的聯繫是血緣的，這是親密的關係，使得族人不但不同於一般的相識者或陌生人，甚至不同於無親屬關係的近鄰。從傳統中國的心態出發，家族多少還是自家人，放入社會的範疇，似乎也會發生問題。由於本文最想探考的，是傳統心靈對親人以外的世間的一般性看法與感覺，為了避免對這個考察造成干擾，決定不處理有關宗族內部事務的言說，但仍討論宗族和族人在近世社會觀中的地位。總之，本文利用現代的社會概念來樹

3　「社會」是明治中期日本對society的定譯，後傳至中國。中國雖然原無「社會」的概念，這一詞語倒是存在，意思為社日集會、節慶活動或小型團體。不過，現代西方基本政治社會概念的日文和中文翻譯，許多都取自原有的用語，除了「社會」，還有「正義」、「理性」、「自由」等例，但意義的層次或內容則大相逕庭，不應混淆。

立觀察傳統中國文化的指標，兩者難免有扞格難通的地方。對此，個人將隨文略作提示，庶幾減少讀者的誤會。

「社會」或society(法文爲société，與英文同一語源，德文則爲Gesellschaft)是現代世界使用得最普遍的概念之一，不用這個詞語，簡直無法對人文現象進行任何描述或討論。但是，即使在西方，作爲國家之外人群整體義的「社會」，出現也是很晚近的。Society一字源於拉丁文，本來的意思是特定的結社(associations)，或夥伴關係(companionship, fellowship)，在古代與中古西方，並沒有獨立於政體之外的社群整體的概念。現代「社會」觀念的明確化與流行，是十八世紀後期以後的事。作爲人群整體義的「社會」，出現較早，十七世紀後已逐漸普遍。至於「社會」作爲可與「國家」區分的實體，則和市民社會(civil society)觀念的發展有密切關係，是十八世紀末到十九世紀中葉西方政治思想中的一個主題[4]。總之，本文探討近世中國心靈中的社會觀，只是藉用這個詞語的描述意義，來挖掘文化底層的一些特色，並沒有要把一個人類意識中的新生事物強加到古人身上的意思。此外，本文探

4　以上所述，主要參考Raymond Williams, *Keywords: A Vocabulary of Culture and Society* (Revised edition; Oxford University Press, 1985), "society", pp. 291-5；William Outhwaite and Tom Bottomore, eds., *The Blackwell Dictionary of Twentieth-century Social Thought* (Oxford and Cambridge, Mass.: Blackwell Publishers, 1993), pp. 75-77, "civil society" (by Krishan Kumar)；Adam Seligman, *The Idea of Civil Society* (Princeton University Press, 1992)；星野勉、三島輝夫、關根清三編，《倫理思想辭典》(東京：山川出版社，1997)，〈社會〉(細見博志撰)，頁126-8。個人關於這個問題的考索，曾得到陳正國先生的幫助，謹此致謝。

查近世中國有關社會領域的意念，交錯使用社會觀和社會感兩個詞語。前者的意思比較清楚，是指人們對現代世界所稱的「社會」範圍的觀點、看法，後者則還包括對「社會」親密與否的感覺，類於英文中的sociability。

本文還涉及的一個問題是社會觀與社會形態的關係。傳統中國的社會意識當然和社會結構有密切的關係，事實上，也和政治形態有重大牽聯。不過，這些都是中國歷史上非常基本的問題，不容易在短篇幅內說清楚。爲了避免焦點模糊，歧路亡羊，本文的主體將不處理這些問題，只在結語中作簡略的解釋。

在進入本文的主體論述前，還有一點技術上的說明。本文檢視的童蒙書和善書，有很多是社會上普遍流行的通俗讀本，作者的身分與撰作時代都不易得知。本文由於題旨所限，無法對這類問題進行考證，只能根據常識性的資訊，作很有限的交代。

一、童蒙書中的社會觀——從《增廣賢文》談起

前文已經說過，童蒙書數量大，類別很多，因此，不同讀本反映文化價值觀的程度差距很大。舉例而言，童蒙書中有不少幾乎完全以識字、傳授知識、教導作文爲目的，道德教化的意圖很淡，著名的有《百家姓》、《千字文》、《聲律啓蒙》、《龍文鞭影》、《幼學瓊林》等，在這類教材中，很難找到最基本的價值結構以外的信息。至於較具人生教育意味的蒙學書，關心重點以修身、家庭、仕宦爲主，其他方面涉及不多，不過，有一本題爲《增廣賢文》的教材卻比較集中地透露出某些形態的社會感，

本節的討論就以這個讀本爲出發點。

《增廣賢文》又名《昔時賢文》，成書時間尚不得而知，大約是在清代，也許最初的原型出現在明末[5]。此書在清朝後期流布極廣，可說是風行全國，家喻戶曉，在台灣也被普遍使用。這本書基本上是一部格言諺語集，結構不清楚，沒有貫串的理念，書中文字都使用對句的形式，前後句押韻，顯然有讓學童學習聲律造句的目的。書中具有社會觀意涵的話語，可以略分爲以下三類。第一類是顯示世道險惡，要盡量防備躲避的意念。這方面的語句有：「相識滿天下，知心能幾人」；「逢人卻說三分話，未可全拋一片心」；「畫虎畫皮難畫骨，知人知面不知心」；「莫信直中直，須防仁不仁」；「山中有直樹，世上無直人」；「見事莫說，問事不知；閒事莫管，無事早歸」；「路逢險處須當避，不是才人莫獻詩」；「年年防飢，夜夜防盜」[6]。以上的話語有一個共同特色，就是對世界採取了嘲諷、極不信任的態度。除了最後一個對句，所有句子基本上是從身處社會的觀點說出的，「見事莫說，問事不知」的態度雖然也可以應用到家庭和官府，但由此句後緊接「閒事莫管，無事早歸」看來，主要還是針對社會生活而發的。最後一個對句「年年防飢，夜夜防盜」採取了個人和家庭的觀點，要求人們以家爲堡壘，避鎖門戶，隨時準備應

5　毛水清、梁揚主編，《中國傳統蒙學大典》，頁155。

6　本文依據的《增廣賢文》版本見依然、晉才編，《中國古代童蒙讀物大全》(北京：中國廣播電視出版社，1990)，頁38-59。童蒙書與善書都是普遍流行的通俗讀物，有各種各樣正式、非正式的印本，本文註腳僅標示出個人所使用的讀本，讀者可自行以方便尋得的版本檢證。

付外患。這也是傳統中國中非常普遍的意念，下文會再有討論。

第二類社會觀和前一類是直接相關的。《增廣賢文》有些語句表露一種看法，就是，社會是利益與力量的世界，情義道理很難行得通。這方面的例子如：「有錢道眞語，無錢語不眞；不信但看筵中酒，杯杯先勸有錢人」；「先到爲君，後到爲臣」；「有茶有酒多兄弟，急難何曾見一人」；「人情似紙張張薄，世事如棋局局新」；「人善被人欺，馬善被人騎」。這類的句子，是對世道何以險惡的一個說明，其實意涵和前一類相同。第三類只有一個對句，「遠水難救近火，遠親不如近鄰」，表達對鄰里關係的重視。這是傳統社會觀中很明顯的一個重點，後文再配合其他資料一起討論。

爲了更清楚地揭露上引文句的文化意義，這裡要對《增廣賢文》的性質再作兩點說明。首先，要再強調，《增廣賢文》不是有系統的文獻，其內容含有不少互相矛盾的成分。譬如，「錢財如糞土，仁義值千金」，「積金千兩，不如明解經書」，「見善如不及，見惡如探湯」，「人惡人怕天不怕，人善人欺天不欺」，都流露與上引文句歧異的價值觀。不過，這類意味不同的語句似乎並沒有構成另一種明顯的社會觀。其次，《增廣賢文》有相當濃厚的功利思想色彩，不時強調趨吉避凶的人生態度，除了上引的若干文句，還可見到其他一些粗直的話語，譬如：「人無橫財不富，馬無夜草不肥」，「人情莫道春光好，只怕秋來有冷時」，「三十不豪，四十不富，五十將來尋死路」。《增廣賢文》的這個傾向，恐怕頗有些關心兒童教育的人無法接受。清朝有一位名叫周希陶的人，編寫了一本題爲《重訂增廣》的蒙學

書，是《增廣賢文》的改訂本。這本書在結構上，改由依文句的韻腳分成「平上去入」四部；在內容上，理學的色彩很濃，一個重要的變化是，大舉去除對世道人心持嘲諷、懷疑態度的話語。本文用來說明《增廣賢文》之社會觀的例句，大都不見於這個本子[7]。簡單地說，以上兩點是要表明，《增廣賢文》所反映的基本社會觀雖然有相當高的代表性，在這方面，近世中國還是存在著不同的態度，特別是在士人與宗教社群之中。以下，要根據其他童蒙書，繼續探索這類文獻所透露的社會觀。

總合來看，在童蒙書有關倫理價值的訊息與訓誨中，涉及社會領域的占比例很低，有關社會生活的言論，又多重視人際關係而鮮少場域和團體的概念。這兩個情況都屬於中國文化研究方面的常識，而且成因複雜，此處不必深論，以下只舉幾個例子，以為證明。《廣三字經》有言：

> 不違理，君出令；不二心，臣共命。父慈教，子孝箴，兄
> 愛友，弟敬順，夫和義，妻柔正，姑慈從，婦婉聽，此十
> 善[8]。

《六言雜字》有句：

7　此書可見於喻岳衡主編，《傳統蒙學書集成》（長沙：岳麓書社，1996），頁25-42。

8　志成、文信校注，《蒙養書集成》（西安：三秦出版社，1989），頁52。

> 大小尊卑長幼，不可廢滅人倫。禮義廉恥要曉，父母伯叔
> 當尊，兄友弟恭和睦，夫唱婦隨莫輕，更要交朋處友，還
> 當睦舍和鄰。謙讓恭遜爲上，不可鬥毆欺凌，不可以大壓
> 小，不可恃富欺貧……若要人來敬我，除非我先敬人[9]。

以上界定道德行爲的基本陳述，除了後段中的和睦鄰里，大體是
儒家三綱六紀古訓之引伸。在範圍上，以家庭爲主，又及君臣與
朋友；在行爲方法上，則涵括於人倫二字。再舉一個比較晚近的
例子。胡適的父親胡鐵花曾爲胡適寫了一部四言韻文，題爲〈學
爲人詩〉，作爲他三歲時啓蒙的教材[10]。詩中的大部分內容都是
關於五倫，五倫之外的道德原理則是：「因親及親，九族克敦；
因愛推愛，萬物同仁」，由基本人倫之親愛推到宗族、人類萬
物，對於社會生活完全不見具體的說法。清代李日景的《醉筆堂
三十六善歌》有句：「孝友二倫立腳跟」[11]，清楚點出了中國倫
理體系的主軸。直到今天，行爲以此爲依據的，還大有人在。

　　說明了社會意識與社會倫理在童蒙書言論中的整體地位後，
現在要進一步探討蒙學書中流露的社會感。首先，在《增廣賢
文》表現很明顯的世道險惡、以世間爲勢利場的看法，也存在於
其他不少文獻，事實上，《增廣賢文》中的一些相關文句，也重

9　《中國古代童蒙讀物大全》，頁26-7。

10　中央研究院胡適紀念館印製。

11　《中國古代童蒙讀物大全》，頁275。此書未說《醉筆堂三十六善
　　歌》作者爲誰。李日景之名見袁嘯波編，《民間勸善書》（上海古
　　籍出版社，1995），頁154；檀几叢書二集第二帙。

複出現在其他讀本[12]，只是這種社會觀的流露，一般讀本表達得
不如《增廣賢文》集中。由於這個課題前文論述已多，這裡只舉
兩個特別的例子。一是《教兒經》中的文句：「少年子弟江湖
老，手裡無錢難爲人。有錢年大三十歲，無錢不值半毫分；不信
單看筵中酒，杯杯先勸有錢人」[13]。這幾句話把「一切向錢看」
的人間相寫得活靈活現。不過，想到這些文字是「教兒」之用，
也令我不得不對中國文化的「現實主義」面略感震驚。

　　啓蒙書中，有一本對人世間的險惡描寫特別具體，這就是
《營生集》。《營生集》不是一般的教本，它的寫作對象是習業
工商的學徒、小伙計。這樣的書多談現實社會中的景況，不但不
足爲奇，而且是有必要的。不過，這本書要求人們對社會的防
備，實在到了非常嚴重的程度，還是值得提出來談。《營生集》
有不少篇幅教授小讀者在社會上的「防身術」，要求他們對一切
人都不能輕信，對陌生人如此，對相識者、親戚也須如此，大概
只有「至親兄弟」例外。以下舉出書中的一段話，以見其態度之
一斑：

> 　　至適船説當仔細，近來船戶多有謀害人命者。又或有人來
> 説某叔某伯叫汝有緊事，現在某處等候，雖日間只往叔伯
> 鋪中，不可往別處去尋。又或叔伯不是在本處做生意者，
> 向來人回話，煩請我叔伯來我此處，我有事不能去得。至

12　例見《中國古代童蒙讀物大全》，頁70(《教兒經》「人情似紙張
　　張薄，世事如棋局局新」)。
13　同上，頁66。

於三更半夜説道至親在某處有病不測，可請同伴一二位同
行，若不是至親或離得甚遠，切不可往，恐妨人托言，來
引我出門捉去要銀贖也。

> 忽聞急事太匆匆　　　　勿以人言便適從
> 有等棍徒藏騙局　　　　若隨他去入牢籠[14]

這段話的起首或許有誤字，但意思很清楚，就是搭船要小心船家
謀財害命[15]；若有人說親戚招往，必須非常謹慎，以防被綁票勒
贖。《營生集》中的這段以及其他類似文字是否有特定的時空背
景，我們不得而知，不過，就意識層面而言，這本書顯然把世間
視同陷阱危機處處的黑森林。這是一種疏離的社會觀，也是童蒙
書透露出的一個主要的傳統社會觀。

《增廣賢文》有一對句強調鄰里的重要，前引《六言雜字》
文句也提及此事，就整體而言，這個價值在童蒙書表現很多，顯
然也是傳統社會感的一個主要成分。以下再舉幾個例子。《教兒
經》有言：

莫把鄰居看輕了，許多好處說你聽。夜來盜賊憑誰趕，必
須喊叫左右鄰。萬一不幸遭災火，左右鄰居求紛紛；或是
走腳或報信，左右鄰居亦可行；或是種田并作地，左右鄰

14　同上，頁241。
15　在《中國傳統蒙學大典》所載的《營生集》，此處引文首句作「至
　　話船亦當仔細」，見頁216。

居好請人；或是家中不和順，左右鄰居善調停[16]。

宮南莊《醒世要言》：「善待鄉鄰親族，一團和氣爲嘉。無端橫逆且由他，久久凶人自化。口角與人解釋，莫教送入官衙。孤貧鰥寡更堪嗟，周助葬埋婚嫁。」[17]《四言雜字》：「和睦鄉里，不准藏奸」[18]；《醉筆堂三十六善歌》：「鄰里有疾病，周恤扶持。」[19]有關鄰里的言論的特點是，重視彼此互助的功能，關係則是要求和睦，勿起爭端。

童蒙書中顯現的另一種主要社會觀與扶貧濟困的意識有關，這一點不見於《增廣賢文》，但其他蒙學書頗有涉及。明代呂得勝（近溪）的《小兒語》及其子呂坤的《續小兒語》（坤字新吾，1536-1618，思想家，《呻吟語》作者），對救濟施捨的觀念非常強調。《小兒語》云：「世間第一好事，莫如救難憐貧。人若不遭天禍，捨施能費幾文？」[20]《續小兒語》則曰：「天公不要房住，神道不要衣穿，與其將佛塑畫，不如救些貧難。」[21]呂氏父子似乎把救貧濟難當作所有有能力的人的職責。《醒世要言》對此說得更具體：

　　瘟疫勤施湯藥，兇荒普救飢寒，心頭造隻救生船，渡盡人

16　《中國古代童蒙讀物大全》，頁69。
17　《蒙養書集成》，頁42-3。
18　《中國傳統蒙學大典》，頁1161。
19　《中國古代童蒙讀物大全》，頁282。
20　《蒙養書集成》，頁82。
21　同上，頁90。

間苦難。力壯便勞筋骨，財多莫吝銀錢。若還財力兩艱難，也用苦力募勸[22]。

這是說，對於救難，要有錢出錢、有力出力，無財無力的人，則多行勸募之勞。此外，《醉筆堂三十六善歌》分別撰有〈居官三十六善〉、〈紳宦三十六善〉、〈士行三十六善〉、〈商賈三十六善〉、〈農家三十六善〉。其中，紳宦、商賈、農家的部分都有施捨救濟的德目，紳宦部分尤其強調，可見此文作者也認爲，慈善施捨是普遍性的責任，社會領導者更須力行其事[23]。綜而言之，童蒙書透露出一種社會觀，認爲人們對世間貧窮受苦有危難的人，具有普遍的責任，應當量力施捨。出現這種價值觀的蒙學書大概都是士人所撰，但這恐怕不能說是士人階層獨有的信念。這個問題下文討論善書時會涉及，此處先作一點提示。

童蒙書宣揚慈善救濟的觀念時，有時連帶提及宗教活動。譬如，前引《續小兒語》說：「與其將佛塑畫，不如救些貧難。」《醉筆堂三十六善歌》則勸農人：「喜作善事，非獨布施僧道。」[24]這些是從儒家本位與實用主義的立場發出的言論，意思是，宗教捐獻須有節制，餘錢應多分些出來，幫助有困難的人。不過，這樣的陳述事實上透露出一個歷史問題：慈善布施觀

22　同上，頁44。
23　《中國古代童蒙讀物大全》，頁273，274，275，279，281。《四言雜字》與宋代汪洙的〈神童詩〉也表現明顯的濟貧救難意識，見《中國傳統蒙學大典》，頁26，1160，1161。
24　《中國古代童蒙讀物大全》，頁81。

念在中國的生根與普及，受宗教——特別是佛教和受佛教影響的民間宗教——影響很大。

童蒙書中還有一種與社會活動有關的教訓，大體上屬於商業倫理的範圍。這方面最重要的觀念就是從事交易時要公道，特別是不得在量器上動手腳，欺瞞他人。以下舉幾個例子。《醉筆堂三十六善歌·商賈三十六善》：「收入公平，不損人利己」，「等秤平色，勿昧本心」[25]；同書〈紳宦三十六善〉：「平斗秤，不得重入輕出」[26]，則是要士紳不得恃勢，以改易斗秤的方式，占人便宜。此外，最初約編於明代的《改良女兒經》有言：「升斗上，要公平；賣物件，莫虧人」[27]；《四言雜字》云：「明斤明兩，不哄不瞞」[28]。「斗秤公平」雖然談不上是蒙學書所揭舉的一個主要社會價值，但的確是個有明顯表現的看法。這個看法和前文所說的世道險惡觀剛好成為對照，後者是把社會當作人吃人、人害人的場所，前者則要求至少在交易行為上明來明往，誠實公道。

童蒙書在有關商業活動的文字中，還有兩種說法。一是教人要忠於雇主，一是要商人不漏稅[29]。就個人寓目所及，這兩個說法都還只有孤例，這裡無法討論它們的可能涵義。

最後，要談一個童蒙書中時而出現的具有社會涵義的看法，

25　同上，頁278。

26　同上，頁275。

27　同上，頁169。

28　《中國傳統蒙學大典》，頁1156。

29　《中國古代童蒙讀物大全》，頁225-6（《營生集》）；頁279（《醉筆堂三十六善歌》）。

這就是普遍主義的人類觀。這種信念以為，對所有的人，不論其身分，都要關愛。清代編纂的《弟子規》說，「凡是人，皆須愛；天同覆，地所載」[30]；《改良女兒經》有言：「奴婢們，也是人。飲食類，一般平；不是處，且寬忍」[31]，都是這種觀念的表現。簡單地說，凡人皆須愛的理念大概有兩個來源。一是儒家相信人的普遍尊嚴的傳統，有蒙學書就直接引《論語》中的「汎愛眾，而親仁」，「君子敬而無失，與人恭而有禮」[32]。另外一個傳統則是佛教眾生平等、慈悲普敬的觀念，這個觀念不但關注人的苦難，更及於一切的有情生命。至於儒佛的普遍主義人類觀與傳統的社會意識有怎樣的關聯，有一點能判斷的是，它直接支持了慈善施捨的價值。前引《小兒語》有言：「世間第一好事，莫如救難憐貧。人若不遭天禍，捨施能費幾文」，後面就緊接著：「蜂蛾也害飢寒，螻蟻都知疼痛。誰不怕死求活，休要殺害生命。」由這樣的連接可知，《小兒語》的慈善觀念背後存在著源於佛教的萬物同體觀念。

總結來說，經過考察多種童蒙書，我從中析離出幾個與社會生活有關的觀點。首先是世間險惡、亟須防備躲避的態度，與此相聯的，則是認為世人唯勢利是視的想法。這是某些童蒙書表現極明顯的一個社會觀。另一個主要的觀念，則是鄰里互助和睦。

30　同上，頁102。

31　同上，頁170。

32　依序見於《蒙養書集成》，頁50(《廣三字經》)；頁4(《名賢集》)。關於中國古來對人的尊嚴的信念，可見余英時，《從價值系統看中國文化的現代意義》(台北：時報文化出版公司，1984)，頁42-5。

這是一個小範圍社會的觀念，重點在鄰近個人、家庭間的互動，似乎不涉及地緣組織、集體事務的問題。第三個主要的相關態度是救濟布施的理念。除此之外，有些童蒙書也透露出明顯的「斗秤公平」商業倫理觀以及普遍愛人的信念。以上呈現的，是一些個別的觀念，有的彼此關係密切，有的矛盾相反，這些觀念提供了探討近世中國社會感的重要基礎。以下要透過家訓，進一步考察本文的主題。

二、從家訓看近世中國的社會感（訓俗書附）

中國自宋元以後，尤其在南方，宗族組織逐漸發達，有關經理家務、訓誨子孫的文字大量湧現，這類文字一般可算作「家訓」，其中條文化甚至有法律形式的，通常被稱為家法或族規。本節將兩者統稱家訓，透過它們考察近世中國的社會觀。由於本文的通論性質，個人沒有大量檢閱文獻，現在以七十種左右較常見的家訓為資料基礎，進行分析討論。此外，本節也使用少量「訓俗書」——或稱「俗訓」。所謂「訓俗書」，是指以訓誨一般世俗為目的的作品，但由於家庭與家族生活在近世中國的絕對重要性，訓俗書經常含有大量這方面的見解。就內容而言，「家訓」與「俗訓」事實上很難作明顯區分。舉例而言，清人陳宏謀（1696-1771）編輯的《訓俗遺規》就同時包含兩者，混而不分[33]。

---

33 陳宏謀輯，《五種遺規·訓俗遺規》（乾隆四至八年培遠堂刻匯印本）。作者陳宏謀之名，不少版本印為陳弘謀。

在上節，個人依據童蒙書，抉發出近世社會觀的幾個要點，這裡就以這些發現爲架構，揭示家訓中的相關意念。首先，世道險惡的想法出現在不少家訓，雖然表達得不如某些蒙學書強烈，還是透露出，它是近世中國對社會的一個基本看法。茲先舉一例。清初石成金的《天基遺言》云：

> 人只勤儉謹愼，安分過活，就是極大的快樂。但凡燈頭會首、公呈公舉、作媒作保、代人干證、斂分出頭做事等類，每遭禍害無已，都是自尋苦吃[34]。

石成金警告子孫，少參與公共事務，少介入他人的財務關係。「公呈公舉」的意思大概是地方領導者集體就地方事務向官府提出建議，有當代學者認爲，明末以後出現的這類活動，代表了哈伯瑪斯所謂的「公共領域」（public sphere）在中國的某種程度的出現[35]。對這種就現代人而言深具意義的事務，石成金認爲是禍端。他說的也許有不少是實情，但值得注意的是，成金並不是個人孤立主義者，他相當關注慈善活動，像這樣熱心的菁英分子對

---

34 《天基遺言》，見石成金撰集，《傳家寶》（天津社會科學院出版社，1992），二集卷四，頁570。石成金字天基，揚州人，寫了很多有關社會倫理的通俗文字。他的著作見《傳家寶》。另有《石天基全集》雍正四年刊本，內容似乎差不多。

35 參考R. Bin Wong, "Great Expectations: The 'Public Sphere' and the Search for Modern Times in Chinese History," 《中國史學》第三卷（日本出版；1993年10月），頁7-50；岸本美緒，〈比較國制史研究と中國社會像〉，《人民の歷史學》，116(1993年7月)，頁1-14。

世態深懷疑慮，反映了近世中國廣泛的社會疏離感，而給予雞鳴
狗盜的邊緣人不少活動空間。

　　由於家訓的特殊性質，這個文類有關世道險惡意念的表達，
集中在強調「家」與社會的疆界，要求「家」建立堅固的防護，
阻止社會上罪惡的入侵。南宋袁采(1178年進士)的《世範》是本
有名的訓俗書，包含大量關於家庭生活的內容。該書非常強調家
庭防盜，有數節專論此事，其中有云：

> 人之居家，須令垣牆高厚，藩籬周密，窗壁門關堅牢。隨
> 損隨修，如有水竇之類，亦須常設格子，務令新固，不可
> 輕忽。雖竊盜之巧者，穴牆剪籬，穿壁決關，俄頃可辦，
> 比之頹牆敗籬、腐壁敞門以啓盜者有間矣。且免奴婢奔竄
> 及不肖子弟夜出之患。

一段題爲〈防盜宜巡邏〉的文字說：

> 屋之周圍須令有路，可以往來，夜間遣人十數遍巡之。善
> 慮事者，居於城郭，無甚隙地，亦爲夾牆，使邏者往來其
> 間。若屋之內，則子弟及奴婢更迭相警[36]。

這些文字對家的防護要求非常驚人，除了牆壁要高厚堅固，連下

36　這兩段文字，分見袁采著，賀恆禎、楊柳註，《袁氏家範》（天津
　　古籍出版社，1995），頁118，120。

水道(水竇)也要設格欄阻隔，時時維修，夜間更要不斷有人內外巡視。即使住在城內，也要另設夾道，方便巡視。袁采對於家庭防護注意的細密程度，有時讓我產生錯覺，覺得他講的好像是歐洲或日本封建領主的城堡，而非普通的士人家庭。

　　袁采的防盜心理，顯然不是例外，家訓中還有類似的論說，現在舉一個明顯的例子。明代名臣龐尚鵬(1553年進士，曾任福建巡撫)在〈龐氏家訓〉中說：「遇昏暮即閉門，不許夜出。世情難測，宜備非常」；又云：「海邦多盜。凡衣物戒慢藏，門庭慎封守，先事籌畫，居安思危」；「城中房屋池塘，歲時典守，切須得人，仍要戒備不虞，嚴加防察」[37]。龐尚鵬是廣東南海人，故有「海邦」之言，但他對社會的疑慮，是否真可歸咎於該地靠海，流動人口多，仍可懷疑。「世情難測，宜備非常」，其實是個一般性的陳述，加以城中財產也要嚴加守備，似乎跟「海邦」關係不大。廣東五華繆氏宗譜中有〈蘭陵家訓〉，號稱明萬曆三十八年(1610)繆元蚊撰，實則幾乎完全抄自〈龐氏家訓〉。上引「海邦多盜」，在〈蘭陵家訓〉改成「鄉邦多盜」，原因可能是五華在內陸山區，「海邦」一詞不宜。不過，如果海邦、山邦的人都認為本鄉多盜，那就是個普遍心理的問題了[38]。

　　再來要回到石成金。成金寫有《人事通》，這是有關日常生活的心得札記。《人事通》只是一本四卷(自敘為一卷)的小書，

37　徐梓編注，《家訓──父祖的叮嚀》(北京：中央民族大學出版社，1996)，頁146-7。

38　多賀秋五郎，《宗譜の研究──資料篇》(東京：東洋文庫，1960)，頁608。

關於家庭防盜備賊的言論卻洋洋灑灑，共占二十多條。石成金教
人每天晚上都要詳查門戶，沒有月光的夜晚，尤其要注意。他還
提出很多防賊要訣。譬如，〈沿牆裝板〉條說：「城中居住，每
有賊人挖壁洞之害，須以厚板二尺多高，上下粗枋，沿牆安釘堅
固，賊雖挖洞，亦不能入矣。」此外，牆頭要加上破缸片破瓦
片。如果住房的地基較高，為了防人利用坡面鑽地洞，房子的地
面須鋪以木板，其上加磚，屋頂也有特別的構築法，以免盜賊從
天而降。門上則是長栓短栓，木栓鐵栓，一應俱全。最奇妙的
是，石成金認為，床邊應該放有大響鑼，以便發現盜賊時起身敲
擊，睡覺也不能蒙頭，以免聲息不聞[39]。這些言論，可說是家庭
堡壘觀最淋漓盡致的呈現。值得指出，這種觀念不只停留於文
字，還具體地體現在許多傳統宅院的高牆堅門。結合以上資料看
來，現在流行於華人世界的鐵窗鐵門文化淵遠流長，實在跟文化
的集體心態有密切的關係。

　　家訓中也經常強調鄰里關係，這個意念表達得比童蒙書更為
清楚、頻繁，其中原因很簡單，就是傳統的鄰里觀念，最重視鄰
里的互助功能，家訓的一個主題是希望子孫善保家業，自然時常
涉及這個課題。跟童蒙書裡的鄰里觀相比，家訓中的論說固然注
重和睦、互助，但有以下幾個不同的特點。第一，鄰里經常是和
宗族一起連著講的，類似「親鄰」、「鄰族」、「宗族鄉黨」的
詞語，不時出現於家訓[40]。家訓習用這類詞語，當然有現實的因

---

39 《傳家寶》，二集，頁437-441。
40 例見(元)鄭太和等，〈鄭氏規範〉，在徐梓編注，《家訓——父祖
　　的叮嚀》，頁119；(清)朱用純，〈治家格言〉，同上，頁278；

素。傳統中國大抵是安土重遷的農耕社會,有血緣關係的人群經
常居住相近,鄰里多親戚,宗族鄉黨連稱,是相當自然的。此
外,近世中國的家訓,非常重視宗族、收族(收束有血緣關係的人
不使離散)[41],希望子孫後代能以祖先祭祀爲中心,凝成互助合作
乃至共同生活的組織,因此特別強調社群中的血緣因素。關於宗
族與鄰里在近世士人社會意識中的核心地位,南宋眞德秀(1178-
1235)的〈潭州諭俗文〉表達特別清楚:

> 古人于宗族之恩,百世不絕,蓋服屬雖遠,本同祖宗,血
> 脈相通,豈容閒隔?至于鄰里鄉黨,雖比宗族爲疏,然其
> 有無相資,緩急相倚,患難相救,疾病相扶,情義所關,
> 亦爲甚重[42]。

其次,家訓中時常出現周濟鄰里的觀念,這顯然與家訓的性
質有關。蒙學書進行兒童教育,通常傳授一般性的價值,提到慈
善救濟,不太觸及對象的問題。家訓從家長、家族的觀點出發,
考慮家族的實際發展與可能行動,因而出現明顯的周濟鄰里觀

  《曾國藩家訓》,收在《曾國家書‧家訓‧日記》(北京古籍出版
  社景印,1996),頁437,咸豐八年十二月三十日曾國藩致曾紀澤
  信。朱用純〈治家格言〉也被用爲蒙學教材,流傳極廣。
41 「收族」是近世中國宗族論說中常見的概念。古典文獻中,此語見於
  《禮記‧大傳》:「尊祖故敬宗,敬宗故收族,收族故宗廟嚴」;
  《儀禮‧喪服》:「大宗也,收族者也,不可以絕。」不過,古代
  的「收族」是立足於宗法制度的觀念,不盡同於近世的意涵。
42 眞德秀,《諭俗文》(商務印書館1939年叢書集成初編本),頁2。

念。現在再舉這方面的兩個例子。元代鄭太和等〈鄭氏規範〉有
如下的規條：「里黨或有缺食，裁量出穀借之，後催元穀歸還，
勿收其息。其產子之家，給助粥穀二斗五升。」[43]清朝蔣伊(1631-
1687)〈蔣氏家訓〉有言：「宜多蓄救火器具，里中有急，遣人助
之。」[44]在以上的兩段文字，家訓的作者都是以社會領袖自居，
這也反映了家訓文類的階層根源。

再者，家訓中還有勿恃勢欺壓鄰里的教誨。〈鄭氏規範〉
云：「田租既有定額，子孫不得別增數目。所有逋租，亦不可起
息，以重困里黨之人。但務及時勤索，以免虧折。」[45]〈蔣氏家
訓〉則說：「家人不許生事，擾害鄉里，輕則家法責治，重則送
官究懲。」[46]與此相關的，則是要求積極負起在鄉里排難解紛的
領導責任。譬如，汪輝祖《雙節堂庸訓》有言：「鄉民不堪多
事，治百姓當以息事寧人為主。如鄉居，則排難解紛為睦鄰要
義。」[47]曾國藩也有這樣的話：

43　見徐梓編注，《家訓──父祖的叮嚀》，頁123。鄭太和為浦江鄭
　　氏(浦江即今浙江浦江)的第六代。浦江鄭氏自南宋建炎初開始同
　　居，到明英宗天順三年(1459)因火災分居，合族同居共十三代，歷
　　時三百餘年，是中國宗族史上有名的家族。

44　同上，頁327。

45　同上，頁119。

46　同上，頁328。另參〈湘陰狄氏家規〉，原載《湘陰狄氏家譜》，
　　轉引自費成康主編，《中國的家法族規》(上海社會科學院出版
　　社，1998)，頁296。

47　汪輝祖著，王宗志、夏春田註，《雙節堂庸訓》(天津古籍出版
　　社，1995)，頁123。

善待親族鄰里。凡親族鄰里，來家無不恭敬款接，有急必
周濟之，有訟必排解之[48]。

總之，家訓由於寫作者的地位與觀點使然，關於鄰里關係的看
法，比童蒙書中表現的爲具體、細緻。

接下來，是關於施捨救濟的價值。家訓中這方面的訓誨也不
少，和童蒙書不同的是，家訓頗重視行善的差序或次第。前文已
經討論周濟鄰里的問題，以下兩段文字更明示了家訓中經常隱涵
的觀點。明代宋詡〈宋氏家要部〉有言：

窮困匱乏者，視吾親疏，皆當周恤，但有輕重之差耳。若
一概而施生，則是博施濟眾之聖，非吾分力所任也[49]。

清代高拱京的〈高氏塾鐸〉說得更具體：

嘗見水西黃氏家訓，歲計子息之入，抽十分之一以賑困
乏，用之如其數而止，來歲復然，歷世不倦，……此最可
法。余效其意而潤色之，爲之次序：先宗族，次知識，次
鄉里，次鰥寡，若夫沙門游僧，則其最後也[50]。

---

48 《曾國藩家訓》，收在《曾國家書‧家訓‧日記》，頁447-8，咸豐
   十年閏三月四日曾國藩致曾紀澤信。
49 徐梓編注，《家訓──父祖的叮嚀》，頁222。
50 同上，頁282。

高拱京見到水西黃氏家訓(按:所指不明)要求將家中每年利息收入的十分之一作爲慈善捐款,也要效法,但是排出了先後次序,以宗族爲首,朋友次之,鄰里又其次,再及其他。救濟捐財以族人鄉里爲優先,是家訓中常有的觀念。譬如,朱用純(柏廬)〈治家格言〉說:「與肩挑貿易,勿占便宜;見貧苦親鄰,須多溫恤」[51];袁采《世範》有「親舊貧者隨力周濟」一節,汪輝祖《雙節堂庸訓》則有「宜量力贍族」的條目。社會感中的「差序格局」還透露於如下的家訓文字:「睦族之次,即在睦鄰」(明代姚舜政〈藥言〉)[52]。必須說明,關於慈善施捨的問題,家訓中仍有持普遍主義思想的,或是不標明救濟的次第。例如,題爲五代吳越王錢鏐撰的〈武肅王遺訓〉,其中有條:「多設養濟院,收養無告四民。添設育嬰堂,稽察乳媼,勿致陽奉陰違,凌虐幼孩。」[53]這些文字顯然不是錢鏐所寫,應該是明清時錢氏後人的僞作,但透露出的普濟意識值得注意。清初名臣張廷玉(1672-1755)也說:「余性不愛觀劇,……不若以其費濟困賑急,爲人我利溥也。」[54]不過,整體來看,家訓有關慈善救濟的言論,差序意識還是相當明顯的。

在我閱覽過的家訓裡,也有「斗秤公平」、普遍主義人類觀之類的言論,但爲數很少,這裡只談兩個特別的問題。在顯現普

51　同上,頁278。

52　同上,頁158。「差序格局」係借用費孝通語(《鄉土中國》)。

53　〈武肅王錢鏐遺訓〉,原載《吳越錢氏宗譜》,轉引自費成康主編,《中國的家法族規》,頁229。

54　張廷玉,《澄懷園語》(光緒二年重刊本),2:15。

遍主義人類觀的文字中，有一處涉及仕宦的問題。元代鄭太和等
〈鄭氏規範〉有言：「子孫倘有出仕者，當夙夜切切，以報國為
務。撫卹下民，實如慈母之保赤子。有申理者，哀矜懇惻，務得
其情，毋行苛虐。又不可一毫妄取於民……。」[55]這段文字諄諄
勸告子孫，如果仕宦，務必勤政愛民。出仕濟民，以天下為己
任，是中國士人文化的基本價值，也可以算是傳統中國社會意識
的一部分，但因這不是普遍的意識，而且為世人所習知，本文不
討論。其次，在家訓中，也有少數文字提到，慈善的意義應該不
止於施捨錢財，而是要對所有的人好，時時行對人有益的事[56]。
這類的話很罕見，應該不能算是重要的觀念，但卻反映出，傳統
中國行善的最主要形式是捐助錢財，實際助人的行為似乎就比較
少了。訓俗書中，特別值得一提的是，纂輯於宋明間的《琴堂諭
俗編》載有故事，一位媳婦以離婚為要脅，向婆婆要求家中改用
正確的斗秤[57]。

　　家訓中流露的社會意識，有一點是不見於童蒙書的，就是從
事公益活動。這裡所謂的公益活動，與慈善救濟的不同處在，後
者的對象主要是貧窮有困難的人，另外也包括災害救助，公益活
動的對象則是公共設施或不特定的人。以下舉兩個例子。南宋袁
采《世範》云：「鄉人有糾率錢物以造橋、修路及打造渡船者，

55　徐梓編注，《家訓——父祖的叮嚀》，頁122。
56　例見同上，頁272（清代張習孔〈家訓〉），282（高拱京〈高氏塾
　　鐸〉）。
57　鄭玉道等，《琴堂諭俗編》（文淵閣四庫全書本），卷下，頁16。

宜隨力助之，不可謂捨財不見獲福而不爲。」[58]〈鄭氏規範〉
說：「橋圮路淖，子孫倘有餘資，當助修治，以便行客。或遇隆
暑，又當於通衢設湯茗一二處，以濟渴者，自六月朔至八月朔
止。」[59]家訓中言及公益活動，當然是因爲撰作者是士紳，自覺
他們的家族負有社會責任。在近世中國，修橋鋪路也的確是地方
領導階層較常從事的公益行爲，但家訓中這方面的訓誨其實很
少，看來這種意識並不很強烈，至少遠不如慈善施捨的觀念。

在本節結束前，要再作一點提醒。家訓的寫作對象大多不是
作者及身能見到的後人，而是歷代繁衍的子孫，因此，家訓發言
的目標基本上是家族，而非家庭，有的家訓、家規根本是在宗族
已經形成後，才撰寫或修改的。由於家訓的這個性質，這個文類
有很大部分涉及家族或宗族事務。前文已經說明，由於本文意在
探測傳統中國對於親人以外的人間的一般性看法，並不處理家訓
中有關宗族內部事務的言論。

根據本節的討論，可以對上一節所得到的近世社會觀的圖象
作若干調整。以下是目前可歸納出的圖象。近世中國的人們，在
很大程度上對社會抱持著疏離、疑懼的態度。世道險惡是人們對
社會的一個基本看法，進入社會活動的人，要隨時小心，避免受
害，在家中，要注意自我保護，嚴防家庭受到外間惡的侵襲。當
代的社會研究中，有以「信任」（trust）爲重要社會資本（social
capital）的說法，從這個觀點看來，近世中國大體上是個低信任、

58　《袁氏家範》，頁168。
59　徐梓編注，《家訓——父祖的叮嚀》，頁123。

社會資本寡少的所在[60]。此外，近世的社會觀注重宗族與鄰里，講究慈善施捨，救濟貧難。重視鄰里關係反映的是一個小範圍的社會觀，至於宗族意識，更代表近世中國特殊的欲以血緣紐帶建構社會組織的努力。慈善施捨延伸的範圍可以很廣。不過，家訓透露出，關於這種行爲，不少人主張要有先後次序，助人應當先從親近者開始，特別是宗族和鄰里；行善的手段則主要是錢財施捨。此外，「斗秤公平」的商業倫理、普遍平等待人的價值、公益活動的主張，也都顯現在家訓，但似乎相當微弱。需要指出，比起童蒙書，家訓的菁英性格強烈許多，代表性或許也較低。

三、善書與社會倫理

接下來要討論善書。善書的數量很大，尤以明清爲然，種類又多，以一本簡要的善書選本袁嘯波編《民間勸善書》爲例，就分爲勸善文、格言/箴銘、勸善歌、善相/功德例、功過格/勸戒單式、紀事/寶卷等六類。其實這只是大略的分法，很難求其周全。至於善書數量的龐大，可以從善書叢書的存在看出。清乾隆年間編印的《信心應驗錄》匯輯善書約一百五十種，光緒二十年代出版的《有福讀書堂叢刻》則收有善書二十五種，都是明顯的例子[61]。本節的論述，資料以《民間勸善書》所收爲主，輔以中央研究院和台灣大學藏有的其他若干明清善書。個人所見雖然不廣，但核

---

60 Franscis Fukuyama, *Trust: The Social Virtues and the Creation of Prosperity* (The Free Press, 1995), Part II.

61 見游子安，《勸化金箴：清代善書研究》，頁5。

心善書大都包括在內，應該還是可以探得善書中社會倫理的大
概。

　　本文起始已經提過，利用善書研究近世中國的社會觀，效力
可能不如童蒙書與家訓。主要原因是，善書的目的在勸人為善，
文中所列都是撰者意欲宣揚的德目，利用善書探查有關社會的意
念，其實所見者無非倫理觀念，而無從觸及其他類型的態度。不
過，就社會倫理的課題而言，善書中的確藏有許多訊息，值得仔
細爬梳，再與本文其他的考察結果比對。

　　在介紹善書中的社會倫理意念之前，要提出一項觀察，這就
是：善書在這方面的內容相當多，遠多於童蒙書和家訓。箇中主
因可能有以下幾點。一是善書撰作的對象經常包含所有的、超階
層超地域的民眾，而非如童蒙書、家訓針對特定的人群，善書自
然極多涉及社會上的事象與普遍性的人際關係。此外，善書勸人
行善，談起德目，有時真可謂多多益善，除了五倫等基本德行，
也廣涉其他。再者，善書大都有宗教色彩，南北朝以下，中國的
宗教觀念多受大乘佛教的影響，具有普救世人的價值，這也強化
了善書中的社會倫理成分。

　　關於善書中的社會倫理觀本身，第一個重要的特點是，有大
量關於慈善救濟的論說，這可說是善書最主要的特色之一。現在
先以在十八世紀後被稱為「三聖經」的《太上感應篇》、《文昌
帝君陰騭文》、《關聖帝君覺世真經》為例說明。從「三聖經」
的稱號可以得知，這三份文獻在善書中占有核心的地位，代表性
極高。《太上感應篇》要求讀者「矜孤恤寡，敬老懷幼；……宜
憫人之凶，樂人之善，濟人之急，救人之危」。《陰騭文》篇幅

較《感應篇》短，但關於慈善救濟的內容則多而具體：「濟急如濟涸轍之魚，救危如救密羅之雀」；「矜孤恤寡，敬老憐貧」；「措衣食周道路之飢寒，施棺槨免尸骸之暴露」；「家富提攜親戚，歲飢賑濟鄰朋」。《覺世眞經》則教人「時行方便，廣積陰功，救難濟急，恤孤憐貧」。（本文的善書引文，除另有說明，均出自袁嘯波編《民間勸善書》。）「三聖經」要人慈悲憐憫、濟貧救難的教誨，不斷出現在其他善書，成爲善書所勸之「善」的重要部分。

慈善救濟在善書中的重要性，還在功過格的體例得到表現。功過格大都有分類，有些類別就是以濟危救難爲主要內容。譬如，現存最早的功過格，金朝又玄子撰《太微仙君功過格》中，功格分爲「救濟門」、「教典門」、「用事門」三種，其中「救濟門」就特重慈善的行爲。又如，明末袾宏的《自知錄》，善門分爲「忠孝類」、「仁慈類」、「三寶功德類」、「雜善類」，「仁慈類」中的德行很多就與慈善救濟有關。康熙四十九年(1710)劉世昌據好德堂本重刊的《匯纂功過格》是一部大型功過格。該書將功過分爲「盡倫格」、「修身格」、「與人格」、「愛物格」、「伎術行功格」、「費錢行功格」、「閨門格」、「居官格」等八大類，慈善濟人方面的德目主要出現在「與人格」的「救濟」小類與「費錢行功格」，「修身格」的「貨財」小類也有一些[62]。另外，出現於清雍正二年(1724)的《文昌帝君功過格》，也是一部大型、複雜的功過格，該文將功過分列八

62　在台灣，此書似乎只有台灣大學圖書館藏有。

章：倫常、敬慎、節忍、仁愛、勸化、文學、居官、閨門，與慈
善有關的行爲大都在「仁愛」這一章。

關於善書中的慈善救濟觀念，這裡還要作若干闡發。首先，
善書中慈悲救濟的價值經常帶有宗教色彩，或者說，有宗教理念
的支持。這個理念主要就是萬物同體，不應殺生。在善書流行的
近世中國，這個觀念是佛教、道教和許多民間教派所共有的，追
根溯始，最初來源當然是佛教不殺生、布施、慈悲普度的教義。
不過，這些信念在東晉南北朝時已開始影響教外，舉例而言，道
教的靈寶經典就是以強調普濟眾生而聞名[63]。對於善書中慈善救
濟理念的宗教關聯，還是可以「三聖經」爲例說明。《太上感應
篇》在要求拯人苦難的語句間，穿插有如下的句子：「昆蟲草
木，猶不可傷。」《陰騭文》乾脆直接說：「濟急如濟涸轍之
魚，救危如救密羅之雀」，似乎救人只是濟物的衍申，又教人：
「或買物而放生，或持齋而戒殺；舉步常看蟲蟻，禁火莫燒山
林。」《覺世真經》則是「捨藥施茶，戒殺放生」合併而言。在
善書裡，慈善救濟不但被認爲是與「持齋戒殺」同類的行爲，還
經常和特定的宗教信仰連結在一起。《灶君寶卷》就這樣說：
「修橋砌路裝佛像，拜經念佛廣修行；開井施茶積陰德，憐貧愛
老恤孀人。」[64]這裡想指出的是，宋明以下，慈善救濟雖然已經
是中國倫理體系中的基本價值，宗教還一直是支撐這個價值的動
力，除了慈愛戒殺，報應、功德思想當然也是善書勸善的有力武

63　參考小林正美著，李慶譯，《六朝道教史研究》（成都：四川人民
　　出版社，2001），第一編第二、三章。
64　袁嘯波編，《民間勸善書》，頁297。

器。在童蒙書和家訓，有時會看到要人濟窮救難但少（或不）作宗教供養的言論[65]。這種觀點，善書中大概很難發現。

另外要補充說明，善書的宗教色彩雖然重，儒家傾向的普遍主義人類觀也含藏其中，《匯纂功過格》就是最明顯的例子。該書〈與人格‧交接〉可計一功的行爲有：「見殘疾者及喪服者，惻然悲憫」；「不異視孱弱愚騃之人，謙和一體」；「見尊貴人，接洽有體，無容悅諂媚之情」；「見種田人，即軫念其艱苦」。此外，「輕忽一貧弱人」，「故意戲弄人，以爲笑謔」，「嘲笑人體相」，「待人適意，忽略儀文」，「入人戶，意欲窺見人閨室」，可計一過；「見尊貴人，恭不中禮」，「率意苟同，以附和人」，則爲三過。這些條目涉及的行爲，有的可與人間苦難牽聯在一起，大多數並不如此。透露較多的，反而是對所有人──包括自己──的尊嚴的重視。這種「敬人」的思想，和大多數善書所突顯的「仁愛」觀，性質並不太相同。《匯纂功過格》內容與寫法有濃厚的菁英色彩，顯然是以士人爲主要對象，該書對人的普遍尊嚴的強調，可能與此背景有關。以儒家爲根底的士人文化對人的尊嚴的原則性肯定，應當可有社會思想的涵義，但就本文所考察的文獻而言，並沒有看到顯著的發展[66]。

再者，在善書裡，慈善救濟雖然大體是普遍性的價值，先親族後外人的差別意識還是存在的。陶在庵〈十福歌〉云：「和鄉

---

65 童蒙書的情況，前文已論。家訓的例子，可見高拱京，《高氏塾鐸》，在徐梓編注，《家訓──父祖的叮嚀》，頁282。

66 《匯纂功過格》而外，也有善書透露出類似的觀點。見《民間勸善書》，頁25（《了凡四訓》），194（《自知錄》）。

鄰，睦宗族，敬老憐貧恤孤獨」，似乎流露了一種關懷他人有遠近之分的觀點，但並不明確[67]。《不費錢功德例・大眾不費錢功德》有言：「扶貧濟困，必先本宗，而後外族。一切事情，俱推己度人及物」[68]，則清楚揭示了由親及疏的原則。《匯纂功過格》也說：「鄰佑間，亞於親友，重於平人。……于睦鄰之道有虧，則比平人又加記過焉」，區分了親友、鄰居、一般人（平人）三層差異的關係[69]。關於慈善救濟應爲普遍抑或差別價值的問題，《文昌帝君功過格》透露了更多的訊息。該書凡例有一條說：「他本以義田贍族之類必費一兩始爲一功，則移賑外人且十功矣，不將誘人樂濟外人而薄親族乎？今皆改作百錢一功，庶知當務之急。」[70]《文昌帝君功過格》批評別本功過格對於救助外人反較救濟親族授功爲多，可能誘使人重外人輕本宗。《文昌帝君功過格》的立場似乎是，濟人的義行即使不必強調宗族優先，也不能以外人爲重。從這條資料看來，有的善書並不在乎親族外人之別。總之，善書與家訓不同，一般對於慈善救濟的德行，不強調內外差序，但還是有善書注意及此。

現在要介紹善書中關於社會倫理的第二個特點：有不少勤人從事公益活動的言論。就我閱目所及，善書不見「公益」一詞，

---

67 出自《人生必讀書》，見《民間勸善書》，頁121。
68 《民間勸善書》，頁169。《不費錢功德例》出自《身世準繩》，除了多出〈官長不費錢功德〉，內容略同於熊勉菴《寶善堂不費錢功德例》（收於陳宏謀輯《五種遺規・訓俗遺規》）。
69 《匯纂功過格》，卷六〈與人格・交接〉，二十過「待鄰佑情意不周啓其怨惡」條增註。
70 《民間勸善書》，頁205。

這似乎是晚清才開始通用的詞語，可能受到西方和日本的影響，也未可知。善書中勸導的公益行爲可分爲兩類，一是建立或整修公共設施，一是幫助陌生人或不特定的人。《文昌帝君陰騭文》有言：「捨藥材以拯疾苦，施茶水以解渴煩」；「點夜燈以照人行，造河船以濟人渡」。前一對句說的就是幫助不特定人，後一對句則爲建立公共設施。以下再舉善書中鼓勵公益行爲的三個例子。袁黃（明萬曆十四年[1586]進士）《了凡四訓》說：「小而一鄉之內，大而一邑之中，凡有利益，最宜興建。或開渠導水，或築堤防患，或修橋樑以便行旅，或施茶飯以濟飢渴。隨緣勸導，協力興修，勿避嫌疑，勿辭勞怨。」[71]《不費錢功德例·僧道不費錢功德》則包括「募修壞橋洼路」、「募施冬夏茶湯」這兩條[72]。大概成於清初的熊勉菴《寶善堂不費錢功德例》，含有強烈的社會意識，還特別強調所有的人——不只地方領袖——都應盡力幫助他人，改善公共環境。這份文獻中的〈大眾〉部分，有以下要求：「指引迷路行人；扶瞽目殘疾人過危橋險路。指引涉水深淺。剪道旁荊棘免刺人衣，除當路瓦石免蹶人足；泥濘中安石塊，斷絕處架木板。」[73]

必須說明，整建公共設施與幫助陌生人的區分，完全是我個人爲了分析的目的所建立的，善書中全然沒有這個想法。尤有進者，善書一般似乎也將本文所謂的「公益行爲」和慈善救濟等同

71　同上，頁26。

72　同上，頁166-7。

73　陳宏謀輯，《五種遺規·訓俗遺規》，卷四，頁64。熊勉菴名弘備，淮安人。

而觀。譬如，《關聖帝君覺世眞經》有言：「捨藥施茶，戒殺放生，造橋修路，矜寡撥困」，救難、布施、公益、放生並列，混而不分。在「功過格」中，公益和慈善行爲也都歸於同類。在《太微仙君功過格》，兩者都屬「救濟門」；在《自知錄》，則並列於「仁慈類」[74]。把整建公共設施（推而廣之，參與公共事務）與救助困苦的個人等同而觀，似乎是個饒富文化意義的現象，值得再加考索。

　　還要補充一點，有若干善書，不但勸人從事公益，還鼓勵人爲地方公共事務建言、領導地方社群。在《文昌帝君功過格》，「地方大小事，出言造福，出力任勞」，可算一百功[75]。在《匯纂功過格》，「爲地方大事，作一公詞」，計十功；「爲公眾出力，不憚勞苦，不避仇怨，事賴以濟，不取酬」，則爲百功[76]。《寶善堂不費錢功德例》與《身世準繩》中的《不費錢功德例》，態度更是鮮明。在前者的〈鄉紳〉部分，有如下的語句：「有利地方事，盡心告白官長；有害地方事，極力挽回上官」；「民間大冤抑，公行表白」；「保護善良，公舉節孝」；「扶持風化，主持公論」[77]。後者〈鄉紳不費錢功德〉則有言：「代達民隱，公舉利弊」[78]。本文前節曾引石成金《天基遺言》說，人以安分守己爲宜，「公呈公舉」是禍害的一個來源，這幾本善書

74　《民間勸善書》，頁175，186。
75　同上，頁231。
76　《匯纂功過格》（康熙四十九年劉世昌據好德堂重刊本），卷七。
77　陳宏謀輯，《五種遺規·訓俗遺規》，卷四，頁56。
78　《民間勸善書》，頁161。

則流露迥異的態度。

關於慈善救濟與助成公益，還有一個問題，就是從事這些活動需要資財，後者尤其如此。在善書中，有〈富貴家費錢功德〉、〈費錢行功格〉這樣的篇章[79]，內容多屬於這兩方面，可以看出社會倫理的這兩項核心德目多少帶有階層屬性。不過，在善書中，關於施捨救濟的勸導實在太繁多了，在理念上，是個普遍性的要求，只是有的善書特別標示富人的責任。

除了慈善救濟、公益活動，善書中還帶有一種與社會倫理有關的價值，或可稱爲「公德」。「公德」也是現代詞語，它在明治中晚期，即十九世紀末到二十世紀初，出現、流行於日本，然後流傳到中國。「公德」的核心涵義不同於「公益」，它主要的意涵不是幫助他人，服務公眾，而是指不去作破壞公共或不特定人利益的事，基本上是一種因不作爲而產生的德行[80]。在善書中，「公德」類的勸誡不多。比較明顯地，是出現於《不費錢功德例》。譬如，〈農家不費錢功德〉有：「不阻斷走路」，「不攛唆主人故意阻塞水道」。還有一些職業倫理方面的條目，也可算作廣義的公德，如「丸藥依法炮製」（〈百工不費錢功德〉），「污穢肴饌，不可欺人不見，仍賣人用」（〈商賈不費錢功德〉），「不賣蒸霉種糧」（〈大眾不費錢功德〉）[81]。另外，功過

79　《民間勸善書》，頁169-170，附於《不費錢功德例》；《匯纂功過格》，卷八。

80　關於近代東亞公德觀念的形成及其涵義，參考本書〈公德觀念的初步探討——歷史源流與理論建構〉；〈日本近代思潮與教育中的社會倫理問題——初步的考察〉。

81　《民間勸善書》，頁162，163，168。

格當中，《自知錄》有如下的規定：「損壞道路，使人畜艱於行
履，一日爲五過。損壞義井、涼亭、渡船等俱同論」[82]，其他若
干功過格也有類似但較簡單的條目。

善書中的社會倫理還有一項主要內容，就是在童蒙書、家訓
都曾出現的「斗秤公平」、「買賣公平」觀念。這個觀念在善書
中的表現比童蒙書和家訓強烈，在善書裡，與其他社會倫理意念
相比，分量也相當高，可能僅次於施捨救濟，略同於公益行爲，
顯然是近世中國一項主要的社會倫理價值。「三聖經」中，《陰
騭文》和《覺世眞經》都有這項德目，許多功過格也有；《陰騭
文》即云：「斗秤出入公平，不可輕出重入」。這不僅是商人需
要遵循的規範，所有人都應注意。《不費錢功德例・大眾不費錢
功德》即說：「用等出入公平，用秤不捺分量」[83]。另外，有善
書強調，富有人家和小生意人交易，也不能恃勢欺壓對方[84]。

現在，要爲善書中的社會倫理作一個總體勾勒。很明顯地，
施捨救濟是善書中出現最頻繁的德目之一，也是這個文類中社會
倫理意識的核心。如果人們只看善書，很可能會認爲近世華夏是
個慈善大國，充滿善心人士與各式各樣的救濟活動。事實上，就
傳統社會的標準而言，明清時代的慈善活動與組織也相當興盛，
有的還甚爲細緻，南方的經濟發達地區尤其如此[85]。慈善救濟的

82　同上，頁194。

83　同上，頁167。另參同書頁163(〈商賈不費錢功德〉)；《匯纂功過
格》，卷五〈修身格・貨財〉。「用等」意思不詳，待查。

84　《匯纂功過格》，卷五〈修身格・貨財〉。

85　參考梁其姿，《施善與教化：明清的慈善組織》(台北：聯經出版
事業公司，1997)。

意義，主要是關心他人的苦難，在近世中國，這是得到許多宗教
與倫理觀念支持的根深蒂固的價值。善書中的慈善救濟，基本上
是一種普遍的價值，雖然也有文獻強調先親友後外人的次第。公
益活動和買賣公平是善書中另外兩個較常見的社會倫理意念。兩
者的不同是，前者大體是地方領導階層從事的，後者則屬於日常
生活的範圍。善書中也有鼓勵鄉紳爲公共事務建言的表示，以及
可視爲「公德」的教誨，但相對較少。

四、結語

經過檢視童蒙書、家訓、訓俗書、善書，本文已經析離出近
世中國文化意識中若干有關社會生活的要素，現在要確認、評估
這些要素，看能否構築出當時社會觀的一些基本圖象。這裡要再
強調，本文探討社會觀，並不意味宋元以下的中國已經有實質的
社會觀念，個人所嘗試抉發的，只是當時一些有關現代所謂「社
會」這個界域的流行意念。

從童蒙書、家訓可以明顯見出，近世中國的人們，在很大程
度上對社會抱持疏離、疑懼的態度。世道險惡是人們對社會的一
個基本看法，進入社會活動時，要隨時小心，避免受害，在家
中，要嚴防外界的侵襲。另外一個清楚的觀點是注重鄉里關係，
講求鄰人之間的互助、和睦，這是一個小範圍的社會觀，家訓還
特別強調對族人的幫助。但是，近世中國對家庭、宗族、鄉鄰以
外的領域，並不是只有疏離和迴避。善書、家訓、童蒙書都清楚
呈現，宗教社群和不少士人都強力鼓勵慈善的心理與救貧濟危的

行為，對於人間苦難的同情和救援，是近世中國社會倫理意識的核心。此外，士紳也有公益行為的價值，買賣公平則是最常被提出的有關日常社會生活的德目。以上，是個人所察覺的近世中國社會觀的基本要素。不過，個別要素的力量大小如何？彼此的關係是什麼？

對於了解近世中國的社會感，關鍵的問題是：在疏離的社會觀與慈善救濟的價值之間，哪個力量大？哪個構成了社會感的根本基礎？必須先認識的是，兩者都存在，都是社會感中的有力因素。但如果要根據本文的考察作判斷，我會說，整體而言，疏離的社會觀可能比較普遍，力量也可能比較大。這個判斷雖然多少基於直覺，也有兩個可以提出的根據。首先，疏離的社會觀與慈善救濟是不同性質的觀點。前者是普遍存在的心理習慣，但不能說是價值，它不能說是被提倡的。即使在清楚認可這種觀點的文獻，也只能宣說它的必要性，而不可能將其界定成道德上的善。慈善救濟則不然，它是一個被宣揚的價值，這個價值是否深植人心，構成巨大的文化動力，可以從宣揚機制的強度稍作判斷。在近世中國，宣揚慈善價值的機制，主要是通俗宗教文件和士人社群的若干成分，這個機制是鬆散的，也缺乏社會組織上的配合，滲入人心的程度如何，頗可懷疑。再者，在家訓和少數善書，也出現濟貧救難須注意親疏之別的觀念。在近世中國有些地域，宗族組織發達，許多人慈善意識的主要對象，恐怕是家族內部的援助救濟，而少著眼於一般人群。

從近世中國社會倫理以施捨救濟為主，還可以發覺當時社會觀的另一特色，就是社會參與以危機處理為主，關心的對象主要

是個人的苦難,而非例行集體事務。與集體事務有關的公益行為在某種程度上受到鼓勵,但也有聲音說,這是惹禍上身的源頭。公益顯然是個價值,但力量遠不如慈善的觀念。社會參與意識以危機處理為主,還有一個表徵,就是在本文檢視的文獻,極少提及日常社會生活的規範,斗秤公平是唯一的例外。

如果要我根據童蒙書、家訓、善書中的訊息描繪近世中國主流的社會感,我的圖象如下。大社會就像尚未開墾的山林原野,充滿不可知的危險與虎視眈眈的貪婪生靈。人們要注意保護自己,要把家築得像堡壘,時時維護巡防,出外的時候,要左顧右盼,以防侵襲,「無事早歸」。除了自己的堡壘,人們也應關心家居附近的堡壘,彼此和睦相處,有難互助;至於血脈相連的堡壘,更要保持聯繫。可是人們不要忘記,我們和山林荒原中的蟲蟻人畜其實是一體的,我們要時時以他們的苦難為念,森林發生大火時,大家一定要去救火,保護生靈。有錢人可以成立保育園,收留無處可去的受災者。大社會既然是荒野,很難說什麼有用的規矩──但還是有一點,作買賣要誠實;欺斤瞞兩的人可能不少,但他們要受到譴責。

英國是近代「市民社會」(civil society)觀念的祖鄉。當地在五、六世紀,羅馬帝國建立的秩序已經崩潰,安格魯、撒克遜等日耳曼部落入侵,控制今天英格蘭的大部分,原住的不列顛人撤至英國本島的西部和北部山區。那是一個荒亂的時代,個人無從自保,必須依附軍團首領,在有武士軍團保護的聚落之外,是危險不可測的世界──有的只是荒野、大海、飢饉、野獸,以及敵對的部落。換言之,幾無社會可言,接近霍布斯所說的自然狀態

(state of nature)。在歐亞大陸的另一端，中國很早以來，就是由定居的農民聚落所構成，除了少數時代和地區，殊少馬匹、武士，近世中國更是滿布村落、集鎮、城市，人口眾多密集，是個與五、六世紀英國絕不類同的境地。然而，在人們心中，這個充滿人群、田地、店鋪、官府的世界似乎還是很像早期英國的荒原，處處暗藏野性，是少碰爲妙的。何以如此呢？

人們關於社會的基本意念，涉及文化的深層傾向，形成的原因一定很多，不容易索解。近世中國疑懼、疏離的社會觀也非例外。這裡想用最簡略的方式擬測這種態度與社會形態的關係，以爲本文的結束。人們對社會的看法受到社會形態的巨大影響，從常理來想，應該是很自然，甚至必然的。傳統中國社會有哪些特質可能導向疏離社會觀的產生呢？也許有一點，就是和許多歷史文明相比，中國社會的縫隙是比較大的，這個狀況又跟政治結構有不可分的關係。中國自秦漢以下，就是個在低技術的條件下透過官僚系統控制廣土眾民的政治體制，用傳統的說法，是實施「郡縣」制，而非「封建」制。中國國家規模之大，大規模的國家維持之久，人類歷史上無有其匹，即使在所謂的分裂時代，中國的土地上存在著兩三個政權，國家的規模仍然非常大，眞正零散割據的時代並不多。

傳統中國這樣的大國家或帝國有一種傾向，就是儘量抑制各種社群──特別是非血緣團體──的成長，使國家的力量得以穩固、擴張，更何況，相對於中國國家的規模，任何地方社群的力量本來就是比較微弱的。在國家力量小的時代或地區（如邊疆），國家承認地方、族群勢力，以社群領袖爲政府官長，但國家力量

愈大，官僚制愈發達，除了少數例外，地方或其他類型社群的成
長，就愈受限制。在近世中國，社會狀況是，有些地方，宗族發
達，但一般來說，社會組織的力量相當單薄，甚至沒有社群的觀
念。在正常情況下，國家是最有力的權威，但因受制於技術、財
力、觀念、組織方式，社會控制的能力並不強。簡言之，在龐大
但穿透力有限的國家與零散的家族、聚落、個別家庭、人際網絡
之間，遍布著縫隙──三不管地帶。日本學者宮崎市定（1901-
1995）曾經說，中國有一些別的國家很難見到的特殊社會集團，如
宦官、流民、土匪、胥吏，給中國帶來嚴重的災難[86]。這幾種集
團都和中國獨特的政治形態有關，宦官不論，流民、土匪、胥吏都
是中國社會縫隙的表徵，「無賴」或流氓也可算是同類的群體
[87]。中國社會的縫隙大，還反映在歷史的另一個方面，就是動亂
多，小事件常釀成嚴重動亂。在這種一再出現的場景背後，有一
項重要因素，就是社會缺乏組織和獨立的力量，結構鬆散，面對
亂事，至少在初期，自衛能力很低。這樣的社會形態，應當和疑
懼陌生人與外在世界的心理習慣有所關聯。孫中山說中國人是一
盤散沙；羅馬固然不是一天造成的，中國這麼大的一盤散沙也是

---

86 宮崎市定，〈王安石的吏士合一政策〉，收在劉俊文主編，索介然
　　譯，《日本學者研究中國史論著選譯·第五卷五代宋元》（北京：
　　中華書局，1993），頁451。

87 「無賴」或流氓也是中國社會的顯著現象。最近學者注意這個問題
　　的逐漸增多，主要的通論著作有陳寶良，《中國流氓史》（北京：
　　中國社會科學出版社，1993）；王學泰，《游民文化與中國社會》
　　（北京：學苑出版社，1999）。另見相田洋，〈唐宋時代の無賴につ
　　いて〉，《青山學院大學文學部紀要》，第44號（2003年1月），頁
　　37-54。

在長久的歷史過程中形成的。

　　附識：本文原係參加殷海光基金會「公共領域在台灣」研究計畫的成果，以〈傳統心靈中的社會觀——以童蒙書、家訓、善書為觀察對象〉之題，收入李丁讚編，《公共領域在台灣：困境與契機》（台北：桂冠圖書公司，2004）。由於該計畫所稱的「公共領域」意指哈伯瑪斯提出的公共意見形成圈，與本書主題關係較小，為避免混淆，現刪除該文與台灣公共領域問題有關的少數段落，並稍修改題目和若干文字，編入本書。謹此向研究計畫主持人李丁讚教授以及殷海光基金會致謝。

説「義」三則

　　「義」是中國歷史上流傳長久的一個基本道德用語，在「仁義」、「仁義禮智信」這樣的儒家倫理信條，或《管子》的「禮義廉恥」四維，都排居次席，地位顯著。「義」不但在古代思想有重要性，它在日常生活與常民文化被廣泛應用的程度，儒家基本德目中更是少有其匹。不過，就思想文化研究而言，「義」不能算是熱門的課題，比起五常之中的「仁」和「禮」，或心、性、理、氣等觀念，受到注意的程度，可說是瞠乎其後。最常見到的，是作爲「仁義」或「義利之辨」問題的連帶部分，有所討論，成爲主題的機會不多。在傳統中國的基本倫理觀念裡，「義」其實很有特色，譬如說，社會涵義顯著，如果深入考察，一定能開展我們對中國心靈的認識。「義」的觀念牽涉很廣，本文只能處理少數問題，但希望建立一些大體準確的觀察，並由此彰顯其重要意義。文章伊始，要先對「義」作個概要介紹。

　　作爲一個字和觀念，「義」有著不尋常的起源。「義」是個混血字，是由「儀」和「宜」匯合而成的。就字形而言，「義」承襲自「儀」；也就是說，「禮儀」、「威儀」的「儀」，古體作「義」，後來這個字體被「義」取去，原義則多寄託於後起的

「儀」。「義」的字形雖然來自「儀」，有些重要意味卻得於
「宜」；在這個觀念的早期歷史，「義」也經常寫作「宜」。
「儀」與「宜」是在什麼時候匯合爲「義」的？龐樸根據思想發
展的軌跡推測，大概完成於孟子及其弟子手中，也就是戰國中晚
期，公元前四世紀後期到三世紀之間[1]。近年戰國楚簡大出，爲這
個問題提供了新線索。舉例而言，在1993年出土的郭店竹簡，
《性自命出》、《六德》中的「義」寫作「宜」，在《尊德義》
和《唐虞之道》，則是「義」[2]。這兩篇文字的撰作年代應大約與
孟子同時或更早，顯示「義」、「宜」融合的過程可能相當長，
也不僅是孟子學派的門內事。而且，儀／義、宜相互假借，傳世
西周文獻和西周金文已有所見，這說不定也是兩者之間字義滲透
的途徑[3]。獨立的「義」字與「義」觀念的形成是個複雜的問題，

1　龐樸《儒家辯證法研究》（北京：中華書局，1984）〈仁義〉一文，
　　對「義」觀念的起源有精湛的討論，字源的部分，特見頁21-4。另
　　參楊樹達，〈釋義〉，《積微居小學金石論叢》（上海：商務印書
　　館，1937），卷一，頁22b-23a。

2　郭店竹簡的圖版原發表於荊門博物館編，《郭店楚墓竹簡》（北
　　京：文物出版社，1998）。《唐虞之道》的「義」有一例寫成
　　「我」，這是取「義」的聲符。

3　關於作爲助詞的「宜」、「義」、「儀」互用，見王引之，《經傳
　　釋詞》（北京中華書局1956版），卷五〈宜、儀、義〉，頁108-9。
　　不過，這裡所謂的「義」、「儀」，應該只是根據後世的隸定，原
　　來只有「義」的字形。西周金文中的「義」借爲「宜」，例見〈作
　　冊益卣〉（《殷周金文集成》10.5427），〈史牆盤〉（《殷周金文集
　　成》16.10175）。俱參考中國社會科學院考古研究所編，《殷周金
　　文集成釋文》（香港中文大學中國文化研究所，2001）。至於「宜」
　　字用爲「義」，要到戰國晚期中山國彝器才有所見。從金文證據看
　　來，「儀／義」、「宜」的實體融合也是發生頗晚的。

要得到更清楚的了解，還必須對新出簡帛文書進行全面檢證，甚至有待可遇不可求的新資料。譬如說，將來如果有《論語》先秦寫本出土，我一定想趕快知道：「義」是怎麼寫的？（〈八佾〉篇「儀封人請見曰」的「儀」大概是作「義」，各種跡象顯示，「儀」的字形要到——或接近——秦漢才流行。）[4]「義」雖然是由「儀」和「宜」湊泊而成，這個觀念還是有超出其字源的內容，甚至可以說，獨立的「義」觀念的產生促成了「義」字的成立。不過另一方面，「義」的特性與曖昧處多少與其字源有關，這在下文將有所呈現。

　　整體來說，在中國歷史上，作為倫理觀念的「義」有兩大方面的涵義。首先，代表一般性的善、正確或恰當，因此目前「義」的通用英譯就是rightness，在中文傳統，「義者宜也」或類似的話則經常被用來表達「義」的這層意義。由於「義」觀念的概括性質，它可以跟各種各樣的倫理價值連結在一起。譬如，中國正史列傳的名稱裡，有「孝義」、「節義」、「忠義」等詞（如《晉書·忠義傳》、《宋書·孝義傳》），其中透露的意念就是，「孝」、「忠」、「節」都是「義」。然而可能更值得注意的是，「義」還有獨特的、屬於自身的涵義。在儒家五常的「仁義禮智信」和《管子》的「禮義廉恥」，「義」就是與其他德目分立並列的概念。口語常用的「義氣」，也主要是來自「義」的獨特意涵，無論跟「宜也」或rightness，干係都不大。本文的討論，「義」觀念的兩個方面都會觸及，但將以其特殊面為主。

4　《殷周金文集成》不見「儀」字。

一、作爲虛位的「義」

　　唐代韓愈〈原道〉有言：「仁與義爲定名，道與德爲虛位。」這是說，「仁」和「義」有固定的意思，「道」與「德」則儒家之外，道家、佛教也講，意義是不確定的，需要釐清，因此而有〈原道〉撥亂反正之撰作。其實，「仁」的意義固然確定，「義」卻也有「虛」的一面。「義」可以代表一般性的善，內容好像並不實在。戰國末年秦漢之間，許多典籍都拿「宜」來定義「義」，後世就此衍申，把「義」的基本意義說成「事之宜」，有時講得頗爲寬鬆。《河南程氏遺書》卷九記程顥或程頤說：「義者宜也，權量輕重之極」；清代方東樹（1772-1851）〈原義〉云：「義者宜也；宜，時中也」。在這兩段表述，「義」成爲一個綜合考慮各種因素後下最適判斷的概念[5]。這樣的理解，到現在仍然流行。問題是，至少在古代思想的範圍，作爲一般性的善的「義」，內涵是不是眞的那麼「虛」？假定「義」確有「適宜」的意味，是否對於適宜的標準沒有任何表示？簡而言之，現在想對概括性的「義」觀念稍作幾點檢討。

　　首先要表明，戰國秦漢諸子用「宜」來界定「義」的言論的確不少。譬如，郭店竹簡《語叢三》第三十五簡有句：「義，宜也」[6]。《呂氏春秋‧孝行》宣稱「孝」是一切德行的根本，並有

5　方文在《考槃集文錄》（清光緒二十年[1894]刻本），卷一。
6　《語叢》拼合各家版本不同，本文僅標出竹簡編號。

這樣的議論:「仁者仁此者也,禮者履此者也,義者宜此者也,……」(「此」指「孝」)。《大戴禮記·曾子大孝》也有相同的說法。賈誼《新書·道術》曰:「行充其宜謂之義,反義爲慝」;《鹽鐵論·刑德》則言:「義者,事之宜也」。東漢劉熙的辭書《釋名·釋言語》說:「義,宜也。裁制事物,使合宜也」,可說是以「宜」釋「義」趨勢的總結論,更成爲後世對「義」字的標準界定。不過應當指出,「義」的概括性涵義形成很早,至遲西周已有,以「宜」解「義」則到戰國中晚期才出現,前此並未見。這個情況透露,以「宜」訓「義」其實是個特殊的發展,反映了戰國晚期以來進行的「儀/義」、「宜」結合,以及漢儒以音解字的習慣(「義」、「宜」音近,都屬於疑母歌部)。日儒伊藤仁齋(1627-1705)對以「宜」訓「義」已有批評,今引之,以助吾說:

> 義訓宜,漢儒以來,因襲其說,而不知意有所不通。中庸謂義宜也者,猶言仁人也,禮履也,德得也,誠成也,但取其音同者,發明其義耳,非直訓也。學者當照孟子「羞惡之心,義之端也」暨「人皆有所不爲,達之於其所爲,義也」等語,求其意義,自可分明。設專以宜字解之,則處處窒礙,失聖賢之意者甚多矣[7]。

---

7   伊藤仁齋,《語孟字義》,〈仁義禮智〉第九條,在吉川幸次郎、清水茂校注,《伊藤仁齋·伊藤東涯》(日本思想大系33;東京:岩波書店,1971),頁131。

仁齋所謂孟子「羞惡之心」云云，涉及一個具體問題，下節會有討論。這裡想表達的基本看法是，要貼切掌握古典「義」觀念的一般涵義，必須超越戰國秦漢之際的特定歷史環境，多作其他探尋。

除了「宜」，先秦到西漢其實還有個對於「義」的訓解，意思清楚，出現比「宜」早，這就是「正」——正當。《墨子‧天志下》曰：「義者正也」，又說，「兼（即兼愛）之為道也，義正」。墨子對「義」的內涵，與儒家看法不同，但他把「義」的形式意義界定為「正」，表達的顯然是文化中的共同理解，亦見於其他文獻。《管子‧法法》有言：「勇而不義，傷兵；仁而不正，傷法。故軍之敗也，生於不義；法之侵也，生於不正。」連同上下文看來，「義」與「正」是可以互訓的。同書〈宙合〉的確也有「義正」一詞。道家的《文子‧道德》也說：「正者義也」；劉向《新序‧雜事》中，春秋時代的楚共王則說，宦者筦蘇（筦蘇他書多作管蘇）經常「正我以義」。從以「正」釋「義」的例子看來，假若要從「宜」的角度去理解「義」，它應當是個具有明顯道德意味的應然，而非寬鬆的「合宜」、「恰當」。

以下我們從《論語》出發，再選些實例來揣摩「義」的意思。《論語》言及「義」，至少有兩種情況，可以相當清晰地顯示其涵義。第一種是「義」、「利」對舉。孔子對此有明確的宣示：「君子喻於義，小人喻於利」（〈里仁〉），又說：「見利思義，見危授命，久要不忘平生之言，亦可以為成人矣。」（〈憲問〉）孔子的弟子子張亦曰：「士見危致命，見得思義。」（〈子張〉）「利」只有在符合「義」的條件下，才可去取，「利」本身

沒有獨立的價值。孔子以下，儒家基本採取「義」、「利」相反的立場，「利」即使不可盡去，也須受「義」的制約[8]，在這樣的觀念中，「義」顯然應該理解成「應爲」或「正當」的事，如果想作「合宜」，「義」跟「利」的區別就模糊了。需要指出，在孔子以下的儒家義利觀之外，先秦還普遍存在以眾人之利爲義以及義能生利的思想。前者以墨家爲代表，在《墨子・天志中》，「義」被界定爲能使天下安治的「善政」；同書〈經上〉、〈經說下〉更直說：「義，利也」（另參〈大取〉）。這個觀念恐怕有更早的源頭。《左傳》「襄公九年」（前564）引穆姜曰：「利物足以和義」，便是一證。此外，《呂氏春秋・尊師》也宣稱：「義之大者，莫大於利人。」以眾人之利爲義，已經涉及了「義」的實質內容，這樣的「義」也不只是「事之宜」。至於義能生利，除了是個人的信念，「利」也多指公眾利益[9]。

　　《論語》論「義」另外值得注意的一點是有關「勇」的表述。孔子說：「見義不爲，無勇也」（〈爲政〉），子路曰：「君子有勇而無義爲亂，小人有勇而無義爲盜。」（〈陽貨〉）這兩段話，前者以合義之行或依義而行來界定「勇」；後者則說，勇武的行爲必須合乎「義」，否則就是悖亂了。類似的觀念，在先秦頗爲常見。譬如，《左傳・文公二年春》引狼瞫曰：「死而不義，非勇也。」同書「哀公十六年六月」葉公說：「率義之謂

8　參《荀子・大略》。

9　義能生利的思想，亦多見《左傳》，如「成公十六年夏四月」申叔時曰：「義以建利」，「昭公十年夏」載晏嬰之言：「義，利之本也」。後句又出現在《大戴禮記・四代》。

勇」，「率」在這裡是「依循」的意思。另外，《春秋公羊傳・
僖公二十一年》宋公子目夷云：「楚夷國也，彊而無義。」《韓
非子・存韓》則有句「夫韓不服秦之義，而服於強也」（李斯之
語），是說，韓國所臣服的不是秦國在道德上的正確，而是秦的力
量。以上引文，或者將「強」（即「力」）與「義」作連結，或者
兩相對照。很明顯，無論在哪種情況，「義」只能意謂「當爲之
事」或「道德上的標準」，而非考慮多方因素的「合宜」。

本節一直在推敲「義」作爲一般性的善的意指。然而，關於
「義」可爲德行之總稱一事，文獻中有沒有具體明確的表現？答
案是有的。《禮記・禮運》：

> 何謂人義？父慈，子孝，兄良，弟弟，夫義，婦聽，長
> 惠，幼順，君仁，臣忠。十者謂之人義。

在這段話，「義」一方面代表人間的所有基本倫理價值，另方面
又用以指稱丈夫特須具備的德行[10]。再者，《管子・五輔》宣稱
「義」有七體，它們是：「孝悌慈惠，以養親戚；恭敬忠信，以
事君上；中正比宜，以行禮節；整齊撙詘，以辟刑僇；纖嗇省
用，以備飢饉；敦懞純固，以備禍亂；和協輯睦，以備寇戎。」
《管子》此文是從戰國國家爲政方略的角度論說人民應有的

10　「夫義」或可理解爲「依理而行」，何以如此，見下節關於獨立的
　　「義」觀念的討論。先秦文獻中另有與此處引文相似的陳述，參考
　　《國語・周語中》「五義紀宜」之語以及韋昭注。

「義」，功能的色彩很強，但「義」仍不失爲德行的總體標誌[11]。在先秦文字中，我所看到的對「義」之概括意義的最鮮明表達，是郭店竹簡〈性自命出〉的句子：「義也者，群善之蕝也。」蕝，是表徵的意思。

前文曾稍提及，「義」的一般性倫理意涵起源甚早，在其特殊意涵成形之前。以「事之宜」或「合宜」來界定「義」，不僅有欠準確，還可能引起誤解，以爲「義」的通義是因與「宜」字合併而起的，其實情況剛好相反。「義」在與「儀」的字形未分化前，已經有代表「善」的概括義，「義」與「宜」的結合，則多緣於獨立「義」觀念的成立。關於「義」之一般意涵的早期呈現，可以《尚書》爲證。在〈周書·康誥〉「用其義刑義殺」，「義」是正當的意思；〈周書·立政〉「不敢替厥義德」，是說武王不敢改易文王之善行。〈虞書·皋陶謨〉可能寫定較晚，已出現像「強而義」這樣流行於春秋戰國時代的觀念。《詩經》中的「義」，道德意味似乎較淡，如〈大雅·文王〉「宣昭義問」，「義問」指好名聲，「義」似乎只是一般性的「美好」。這個差別，大概來自文本的性質，《詩經》是文學作品，《尚書》所收則大多是具有訓誨目的的政治文件。

現在要再表達一個看法。戰國中晚期以前的「義」，大體汎

11　同篇有「德有六興」的說法，主要指可以給人民帶來利益的作爲，反而德行的色彩很淡。以「德」爲「能力」、「功效」，接近「德」的舊義——指人、物的内在特質或力量。見杜正勝，〈古代物怪之研究——一種心態史和文化史的探索〉（二）、（三），《大陸雜誌》，104:2（2002年2月），頁1-15；104:3（2002年3月），頁1-10。

指道德上的善，但也微帶有特殊的意涵，這就是，有時和「道理」或「規範」是相關聯的。先談「道理」，《尚書‧高宗肜日》有言：「惟天監下民，典厥義」，同書〈洪範〉「無偏無頗，遵王之義；無有作好，遵王之道」，這兩處的「義」，一指「天」之義，一指先王之「義」，意思是「天」和先王所秉持的「善」，其實也就是他們所規定的道理。《左傳‧僖公二十七年冬》趙衰曰：「《詩》、《書》，義之府也」，這裡的「義」也有強烈的「道理」意味。又，《墨子‧尚同上》說，遠古之時，賢君未出，天下「一人則一義，二人則二義，十人則十義，其人茲眾，其所謂義者亦茲眾」，「義」在此，已經接近非道德性的「主張」，推究來源，恐怕也是出自「道理」的語義。

至於「義」的「規範」意涵，在傳世文獻，顯現於《左傳》中「淫」與「義」的對比。譬如，「隱公三年冬」有言：「賤妨貴，少陵長，……淫破義，所謂六逆也」，「文公六年八月」記載晉襄公去世，大臣爭論立新君事，趙孟的話中有「母淫子辟」和「母義子愛」的相對語。以「淫」為「義」的反面，就表示「義」是節制、守規矩了。「義」的道理、規範意涵，應該和「儀」的字義(禮之節文、準則)有關，在早期的概括性「義」觀念中，似乎分量並不重。但是到獨立的「義」觀念成形時，這層意思就扮演了核心的角色。

本節的討論從「義者宜也」出發，也要結束於這個命題。這裡要進一步指出，在戰國晚期以下「義者宜也」的表述，「義」不一定代表一般性的善，有時其實具有特定的意涵。一個明確的例證就是《禮記‧中庸》的名句：「仁者人也，親親為大；義者

宜也，尊賢爲大。親親之殺，尊賢之等，禮所生也」。這是一般
介紹「義」時最常引用的文字之一；此處的「宜」並不是簡單
的、全體的應然，而有著特定的內容：「尊賢」、「尊賢之
等」。《管子・心術》也有類似的情況，該篇云：「義者，謂各
處其宜也」，把「宜」講成「各處其宜」，表現了一個具體想
法，不是普通的善了。以上的兩個例子再次顯示，「義者宜也」
不宜無批判地被當成「義」的基本定義，也透露出，要對「義」
觀念有適切了解，必須掌握其獨特意涵。

　　以上的零星按語，試圖指出，以「義」爲「宜」雖然是歷來
最流行的對「義」的基本定義，這個界定多少成於特定的歷史事
件——「義」、「宜」二字在戰國晚期的結合。至少在古代，作
爲倫理觀念，概括義的「義」大概可以說成「正當」或「應爲之
事」，理解爲「合宜」或「事之宜」，就不甚妥當。這裡的區別
是，「義」是個具有相當強烈道德意味的斷語，而且似乎和「道
理」的概念有連結，「合宜」或「事之宜」有以情境爲主要考慮
下判斷的意味，和「義」的核心原義甚至有些背道而馳。接下
來，要考察作爲獨立觀念的「義」。

二、「義」的古典要旨與具體內涵

　　從戰國中期到秦漢之交，「義」不僅繼續代表一般性的善，
一個重大的發展是，它同時成爲具有獨立性的道德價值。現在要
比較詳盡地闡述「義」的這個面貌。首先須聲明，本節的目的在
勾勒獨立的「義」觀念的共相——在戰國西漢思想界被共同接受

的大體意義，如非必要，不會處理特殊的觀點或個別人物的看法。簡單地說，現在試圖為「義」作定性的工作，觀念歷史的實際過程不是主要關懷。

在戰國思想史上，有關「義」的最著名議題大概就是「仁義內外」。雖然此事學界評析已多，但因與本節的主題關聯深切，還是要把它當作討論的起點。「仁義內外」的問題之引人注意，來源當然是《孟子》。孟子主張性善，又以「仁」、「義」為人類道德的兩大支柱，因而有仁義內在的說法。《孟子·離婁下》第十九條形容舜是「由仁義行，非行仁義也」，戲劇性地凸顯了這個看法的要點。孟子之說主要是針對告子而發。告子以為仁內義外，《孟子》略載告、孟辯論的要旨，都以孟子的批駁作結，告子的論據已不得而詳。從《孟子》引句看來，他大概認為，「仁」是產生於內心的情感，「義」則係由外在事物或關係所決定的行為，性質與「仁」相反。（〈公孫丑上〉2；〈告子〉1-5）在傳世先秦典籍，《孟子》之外，「仁義內外」問題的訊息只出現於《墨子》〈經下〉、〈經說下〉和《管子·戒》。《墨子》強烈主張仁義皆內，甚至抨擊仁內義外之說為「狂舉」；《管子》則相信「仁從中出，義由外作」。論爭的兩方，各有兩家支持者。雖然舊籍中有關「仁義內外」的資料很零星，如果我們仔細考察「義」觀念的種種，應該還是可以對這個議題得出許多認識。結論恐怕會是，「仁內義外」是主流觀點；孟子儘管指斥墨家為「無父」的「禽獸」，兩方卻共持「仁義內在」的立場，都屬於少數派。

近來郭店竹簡出土，其中也有涉及「仁義內外」的文字，值

得與傳統文獻比照。首先，《語叢一》第二十二、三簡分別曰：
「仁生於人，義生於道」；「或出於內，或出於外」。這是非常
明顯的「仁內義外」觀，而且把「義」之所以從外而來的根本原
因講出來，認爲「義」產生於客觀的「道」，而不像「仁」，是
由人的具體生命發出的。這是比《孟子》中的告子言論層次更高
的說法。又，《語叢一》第十八至二十一簡依序讀爲：「天生百
物，人爲貴。人之道也，或由中出，或由外入。由中出者，仁、
忠、信；由」，後文殘佚，不見於各簡，廖名春補爲「[由]外入
者，智、義、聖」，李零補作「[由]外入者，禮、樂、刑」[12]。
由於這段文字上下文不清楚，很難斷定兩種補文的是非，不過既
然二十一簡說「由中出者，仁、忠、信」，無論接後的原文是什
麼，在作者心中，「義」一定屬於「外」。在傳統典籍，「仁義
內外」的意思都是「仁義」的來源在生命的內在還是外界，以上
語句也含有同樣的意識。特殊的是，在郭店竹簡，「仁義內外」
還有其他說法。《六德》有言：「仁，內也；義，外也；禮樂，
共也。內立父、子、夫也，外立君、臣、婦也」，仍然主張仁內
義外，但與一般的意指不同。這裡的「內外」是以人間關係作劃
分，區別內外的界線則爲血緣，所以夫妻雖在閨內共處，仍是
「外」的關係。而且，根據《六德》，「仁」的原則絕對高於
「義」：「爲父絕君，不爲君絕父；爲昆弟絕妻，不爲妻絕昆

12　廖名春，〈荊門郭店竹簡與先秦儒學〉，《郭店竹簡研究》（《中
　　國哲學》第二十輯；瀋陽：遼寧教育出版社，1999），頁65-6；李
　　零，《郭店竹簡校讀記》（北京大學出版社，2002），頁158。廖氏
　　補文的根據是《孔子家語・六本》，李零則依自己重排的上下文。

弟；爲宗族疾朋友，不爲朋友疾宗族。」[13]郭店竹簡佚書中的
「仁義內外」雖然有別解，這些資料更進一步透露，在戰國思想
界，「仁內義外」是通行的看法。1973年出土，而於1992年公布
的馬王堆帛書《繆和》有言：「夫古之君子，其思慮舉錯（措）
也，內得於心，外度於義」，也是一項佐證。

　　附帶一提，古代思想中，有一種「義」可養心或調理生命的
看法。譬如，《荀子・彊國》說：「夫義者，內節於人，而外節
於萬物者也；上安於主，而下調於民者也。內外上下節者，義之
情也。」《春秋繁露・身之養重於義》所言更顯豁：「天之生人
也，使人生義與利。利以養其體，義以養其心。心不得義，不能
樂；體不得利，不能安。」[14]這種說法恐怕和「仁義內在」還是
頗有差別。「義」能在人的內在生命發生作用，與「義」的根源
在人心，是性質不同的情況。至少依照孟子的觀點，上引諸說大
概只能算是「義襲而取之」，而不是「集義而生」。（〈公孫丑
上〉2）

　　在結束有關「仁義內外」的討論前，要稍談墨家與此問題的
關聯。根據一般的認識，孔子以「仁」爲最高的道德理想，對
「義」沒有特別闡發，孟子則仁、義並舉，進一步奠定儒家道德
思想的基盤。其實，中國思想史上，最早並舉仁義的是墨子。

13　《六德》引文均依丁原植，《郭店竹簡儒家佚籍四種釋析》（台北：
　　台灣古籍出版公司，2000），頁198。

14　另參考帛書《五行篇・經一》，在龐樸，《帛書五行篇研究》（濟
　　南：齊魯書社，1980），頁23；《荀子・王霸》：「誠義乎志意，
　　加義乎身行」。

《墨子》書中「仁義」連詞出現達二十六次（《孟子》中十三次），不用連詞而同時標示這兩個價值的情況可能更多。墨子的仁義思想很有特色，他以「兼愛」爲「仁」，「利人」爲「義」，並且仁、義不分，認爲愛人的心思跟利益他人的行動是一事之兩面。墨子的「義」觀念雖然有具體內容，在他的思想中，也還不是可與其他價值分立的獨立觀念，他只是對最高的善作了明確的界定。墨子後學謹守墨子兼愛利人、仁義一體的教旨，在「仁義內外」的論爭發生後，堅持仁義沒有內外之別，〈經下〉之所以斷言「仁」、「義」皆屬「內」，大概是因爲「愛」是墨家價值的最終源頭。

綜合而言，「仁內義外」是戰國中晚期以下思想界的流行見解，墨、孟學派雖然興盛一時，他們的「仁義內在」觀反而屬於特殊的立場。「仁義內外」問題的重要性，在於它涉及了「義」觀念的根本屬性：「義」的特色在哪裡？與「仁」如何區分？這樣的問題是「義」演變爲獨立價值的表徵，以下就直接討論此一價值的要素。

爲了方便說明，這裡姑且把「義」的內涵分爲形式意義與實質意義。所謂形式意義，大概是指涉及「義」所代表的價值之性質的看法，實質意義則指「義」所含攝的具體主張。先談前者。首先，「義」是一種「理」。在中國古代思想，「義」似乎是唯一與「理」密切相連的基本道德觀念。在先秦西漢文獻，「理義」、「義理」之詞屢見不鮮，尤其以《管子》和《呂氏春秋》爲多，特別值得注意的是一個早期的例子。《孟子·告子上》第十七條孟子曰：「心之所同然者何也？謂理也，義也。聖人先得

我心之所同然耳。故理義之悅我心,猶芻豢之悅口。」孟子主張
「義」生於人心,是罕見的看法,但他視「義」爲「理」,似乎
並無遲疑。

　　以下介紹一些其他關於「義」即「理」的議論。《呂氏春
秋・孟秋紀・懷寵》有言:「士之議也,非苟語也,必中理然後
說,必當義然後議。故說義而王公大人益好理矣,士民黔首益行
義矣。」這段文字,以「義」爲道德的「理」,是可以透過言說
讓統治者明瞭喜好的。同書〈有始覽・聽言〉曰:「善不善本於
義,不於愛」,把「義」訂爲道德的根本原理,而且表示這種原
理和「愛」——即「仁」——是不同的。賈誼《新書・道德說》
更對「義」的原理性質作了直接的宣示:「德有六美,何謂六
美?……道者,德之本也;仁者,德之出也;義者,德之理
也……。」再舉個例子,《春秋繁露・爲人者天》表達一個觀
點,認爲人非自生,而是「天」所造,人的生命由天的性格轉化
而成,天、人因此具有對應的關係:「人之形體,化天數而成;
人之血氣,化天志而仁;人之德行,化天理而義……。」在此,
人間的「義」不僅是有指導性的條理,最終還是天理。

　　上述幾段引文,多數在提及「義」爲「理」時,與「仁」作
了對照。其實,這是戰國西漢文獻描述「義」觀念時極常見的情
況,現在再以兩例爲證。《荀子・議兵》記載,陳囂問荀子:
「先生議兵,常以仁義爲本;仁者愛人,義者循理,然則又何以
兵爲?」《禮記・喪服四制》曰:「恩者,仁也;理者,義也;
節者,禮也;權者,知也。仁義禮知,人道具矣。」很明顯,在
古代一般思想者的心目中,「義」和「仁」的一個關鍵區別是,

「仁」出於自然的感情，「義」爲具有客觀性的道理，兩者都是道德意識與行動的重要基礎。

相對於「義」和「仁」常被視爲相異而可作對比的概念，「義」與「禮」基本上是同質的。「義」和「禮」的大概關係是，兩者都代表外於個人生命的規則，「義」的原理性強，有人強調它是「禮」的根據，但有時也被直接看作是行爲的規範，與「禮」有著相同的地位。關於「義」、「禮」關係，《禮記》中頗有闡釋，該書〈禮運〉篇云：

> 聖王脩義之柄，禮之序，以治人情。故人情者，聖王之田也。脩禮以耕之，陳義以種之，講學以耨之，本仁以聚之，播樂以安之。故禮也者，義之實也。協諸義而協，則禮雖先王未之有，可以義起也。

這段文字說「禮」是「義之實」，意思大概是，「禮」可以表現出「義」，有如「義」的果實。所以「禮」的根本是「義」，古代未有的禮，可以按照義的原理來製作。同書〈郊特牲〉更明白說：「禮之所尊，尊其義也」，「義生，然後禮作」；〈樂記〉則言：「仁近於樂，義近於禮。」類似的意思，《韓非子·解老》也有：「禮者，所以貌情也，群義之文章也。」至於「義」直接代表行爲規範的問題，古代文獻表現的方式很多，後文會陸續有所揭示，這裡只提出一個一般性的陳述。《古列女傳·陳寡孝婦》中，孝婦有言：「妾聞之：『信者人之幹也，義者行之節也』」，這句成語清楚顯示，在古代中國的倫理意識，「義」不

僅是高層次的原理，也有具體行爲規範的意味。

「義」與行爲規範的密切連結，還可從有關「義」和「法」的論議中看出。戰國以下的思想界，對於法律的正當性問題，一般不甚重視。不過，正當的法律（「義法」）以及「義」爲「法」之基礎的觀念，還是存在的，《荀子》中表現尤其明顯。該書的「仁義法正」、「禮義法度」等詞，往往有這種涵義。關於「義」爲「法」之基礎的想法，《荀子·王霸》有段文字可爲代表：

> 行一不義，殺一無罪，而得天下，仁者不爲也……。之所與爲之者，之人則舉義士也；之所以爲布陳於國家刑法者，則舉義法也……。仲尼無置錐之地，誠義乎志意，加義乎身行，箸之言語，濟之日，不隱乎天下，名垂乎後世。今亦以天下之顯諸侯，誠義乎志意，加義乎法則度量，箸之以政事……。如是，則夫名聲之部發於天地之間也，豈不如日月雷霆然矣哉！

「加義乎法則度量」可說是「義法」觀念的明確詮解。《文子·上義》「法生於義，義生於眾適，眾適合乎人心，此治之要也」，也是這種觀念的表達[15]。

---

15 參考本書〈立法之道：荀墨韓三家法律思想要論〉。需要指出，法家以爲法令是臣子人民的最終行事準則，不承認法律應該和其他原則有連繫。見筆者前引文以及朱伯崑，《先秦倫理學概論》（北京大學出版社，1984），頁233-6有關《商君書》的討論。

作為一個基本道德價值，「義」還有個特性，就是與「行」——行動——的概念關聯特別密切。更明白地說，「義」主要展現於道理或規範的實踐；與「仁」乃至「孝」不同，這個德目強調的是行為，而非心態。孟子的性善論雖然使他說出「由仁義行，非行仁義」的斷語，也許受到文化大環境的影響，他的語言還是流露出濃厚的「行義」觀念。譬如，〈離婁上〉第十條：「吾身不能居仁由義，謂之自棄也。仁，人之安宅也；義，人之正路也。曠安宅而弗居，舍正路而不由。哀哉！」這段話中的「仁」與「義」顯示出不同的性格，「仁」的形象是住宅，生命安頓的處所，「義」則是道路，行動應當遵循的準繩。〈萬章下〉第七條也記孟子之言：「夫義，路也；禮，門也。惟君子能由是路，出入是門也。」從以上兩段文字看來，「義」好像還是客觀存在的既成道路，而不只是主體生命中的羅盤[16]。

連主張「仁義內在」的孟子都似乎不自覺地把「義」比擬成道路，在其他諸子的言論，「義」的行動或實踐特性更是鮮明。關於這個問題，就個人所見，最精要的理論說明在《荀子·大略》：「仁，愛也，故親；義，理也，故行；禮，節也，故成。仁有里，義有門。仁非其里而處之，非仁也；義非其門而由之，非義也。」「義」之所以和「行動」有特殊的關係，是因為「義」的根本性質是「理」，「理」要落實為道德價值，必須依靠人們遵循道理的行為。相對地，「仁」的內涵是對他人的愛

---

16 又可見〈盡心上〉第三十三條：「居惡在？仁是也。路惡在？義是也。居仁由義，大人之事備矣。」

意；這種情感要放置在正當的地方，才能具有道德意義。荀子以
「仁」為「里」，以「義」為「門」，和孟子的「宅」、「路」
比喻，有異曲同工之妙。《荀子》而外，顯露「義」之行動性格
的陳述所在多有，為了避免繁瑣，只再舉幾個仁義對照的例子，
以概其餘。《帛書五行篇・經十九》：「見而知之，智也；智而
[安之，仁也；安而行]之，義也；行而敬之，禮[也]」[17]；《管
子・幼官》：「身仁行義，服忠用信，則王。」（〈幼官圖〉同）
《戰國策》卷五〈蔡澤見逐於趙〉引蔡澤曰：「質仁秉義，行道
施德於天下」，也有類似的意味[18]。

在這裡，也許我們可以暫時停下來，整理一下到目前為止有
關獨立的「義」觀念的認識。我們的認識是，從戰國中晚期到西
漢，「仁內義外」是一般對於這兩個基本道德價值的關係的見
解。「義」有明顯的「理」的意涵，和社會的既成規範——如
「禮」、「法」——有相同的性質，都代表從個人生命之外所可
建立的準則，「義」的道德意義，在於遵循或實踐合理規範的要
求，「義」的價值和「行為」是不可分割的。「義」的這幾個特
色的發掘，對於「義」何以為「外」，在何種意義上屬於

---

17 龐樸，《帛書五行篇研究》，頁52-3。又參同書頁49-51（經・説十
   八）。

18 亦見《史記・范睢蔡澤列傳》。先秦西漢諸子當然不是以為「仁」
   沒有實踐的問題，但仁愛思想的重點不在行動，則無可懷疑。除了
   孟子的「行仁政」，一個異例的「行仁」表述見於《國語・周語
   上》第十四條「內史興論晉文公必霸」：「禮所以觀忠、信、仁、
   義也；忠所以分也，仁所以行也，信所以守也，義所以節也。」
   《國語》係根據上海師範大學古籍整理研究所校點，上海古籍出版社
   1988年本。

「外」，有了進一步的解明。中國古代思想中仁義關係以及
「義」的性質的問題，讓我有一種熟悉感，覺得跟當代西方哲學
界正盛行的「德性倫理」學說（virtue ethics）有可牽聯的地方。
「德性倫理」代表一種對正統的挑戰。近代西方主流道德思想
——無論是義務論、功利主義或其他理論——基本上都把「道
德」看成是向普遍性的律則或規範盡義務的行為，近二、三十年
來有學者強烈認為，這種倫理思維存在嚴重的缺陷，逐漸形成以
亞理斯多德倫理學為典範的新思潮，主張恰當人格（character）的形
成、德性（virtues）的培養，才是比較合理有益的道德觀[19]。直到現
在，中國社會的情況跟近代西方剛好相反，重心態，輕行為，思
想主流強調道德意識的優先性，對於行為律則以及人與這些律則
的關係，很少有深度的思考。換句話說，長久以來——也許可以
從南宋（1127-1279）算起，仁愛思想一直是中國道德觀的絕對骨
幹。本文到目前為止的考察揭示，先秦西漢存在著一個特別重視
外在律則和規範的觀點，「義」就是這種觀點中的核心概念。以
下要繼續探討「義」的其他特色。

在戰國西漢思想，作為規範的「義」還有一個突出的特點，
就是帶有明顯的禁制色彩，遵循規範的首要意義是不違反規範，
而非根據某些準則從事積極、創造的發揮。這一點在《孟子》關
於「義」的闡釋，已頗有顯露。〈公孫丑上〉有名的「四端」之
論曰：「惻隱之心，仁之端也；羞惡之心，義之端也；辭讓之

---

19 Stephen Darwall, "Introduction," in Stephen Darwall, ed., *Virtue Ethics*
（Oxford: Blackwell Publishing, 2003）, pp. 1-4.

心，禮之端也；是非之心，智之端也。」這段話把「義」德的源頭說成是人對做錯事的羞愧感覺，暗示了「義」的要旨就在不行不義，不違背道理或規範。「義」的禁制(prohibitive)、消極性(negative)意涵，還在其他篇章的孟子言論有所流露。譬如，「君子犯義，小人犯刑，國之所存者，幸也」(〈離婁上〉1)；「殺一無罪，非仁也；非其有而取之，非義也。」(〈盡心上〉33)在以上文字，「義」都是指不應被違犯的規矩。《孟子》在這個問題上的最明確闡述見於〈盡心下〉第三十一條：「人皆有所不忍，達之於其所忍，仁也；人皆有所不爲，達之於其所爲，義也。人能充無欲害人之心，而仁不可勝用也；人能充無穿窬之心，而義不可勝用也。」「義」的基礎是禁制性的規條，譬如不拿不屬於自己的東西，不穿牆踰屋闖進別人家。唯有從服膺合理的禁制性命令出發，才可能開展「有所爲」層面的「義」。從〈盡心下〉此章看來，〈離婁下〉第八條記孟子之言：「人有不爲也，而後可以有爲」，講的也正是「義」[20]！

《孟子》而外，古代還有不少強調「義」的禁制意義的言論，以下舉兩個明確的例子。《荀子‧彊國》說：「夫義者，所以限禁人之爲惡與姦者也。」《鹽鐵論‧詔聖》則引「文學」(來自社會的知識分子)之言：「古者，明其仁義之誓，使民不踰。不教而殺，是虐民也；與其刑不可踰，不若義之不可踰也。」這段

20　此處對孟子「義」觀念的討論，很受伊藤仁齋之說的啓發。見伊藤仁齋，《語孟字義》，〈仁義禮智〉第一、二、九條。《孟子》趙岐注、朱熹《四書章句》都未指出〈離婁下〉第八條所言爲「義」。

話起首雖然說「仁義」的功能在使民不違背事理，但從末句可以看出，講的其實只是「義」。「義」既然有強烈的禁制色彩，人對「義」的態度就應當是畏懼遵從的，古代典籍中也的確頗有這類表述。譬如，《禮記‧表記》說，舜之時，「其君子尊仁畏義」；《韓詩外傳》卷四云：「君子大心則敬天而道，小心則畏義而節」；《文子‧道德》則曰：「義者，民之所畏也。」總之，種種跡象顯示，獨立的「義」觀念不但代表規範或道理，而是意指強烈要求人們遵守的律則；作為實踐性價值的「義」，鼓勵的也不是替天行道般的大有為作風，而是避免違規的習慣。

和「義」的禁制色彩相關的，則是「義」經常被指具有「剛」、「簡」、「直」等性格。由於現在「義」的形式意義已經相當清楚了，對於這些特性，這裡只引最有代表性的文字，以資證明。《帛書五行篇‧經二十》宣示：「簡，義之方也；匿，仁之方也。剛，義之方也；柔，仁之方也。」[21]《荀子‧法行》則說：「夫玉者，君子比德焉。溫潤而澤，仁也；栗而理，知也；堅剛而不屈，義也……。」[22]這些文字進一步表明，「義」強調直接明快以律則為依據的行為，和從情意出發、考慮情境的「仁」不斷構成對照。「義」的上述種種特色，造就了郭店竹簡《性自命出》中一個對「義者」的極端描繪：「惡之而不可非者，達於義者也」，這是說，實現「義」德的，是那種即使別人

21　釋文據龐樸，《帛書五行篇研究》，頁55。「匿」在此是小而繁多的意思。又可參同書〈說二十〉、〈經‧說二八〉。
22　幾乎相同的文字見《管子‧水地》。

不喜歡也無法對他有所非議的人[23]。整體而言，戰國西漢思想中，「義」和「仁」被視爲兩個根本的道德原則，應該相輔相成。但兩者之間的歧異有時還是相當尖銳，至少在強調「義」的場合，經常意味「仁」的考慮應當去除或降低，就此而言，《韓詩外傳》卷四有句話可能是對「義」的最適切界定：「節愛理宜謂之義」。

在開始討論「義」觀念的實質主張前，要再提出一點說明。「義」的剛硬、禁制乃至反主觀性格，顯然主要是「宜」字帶來的。或者也可以說，戰國中晚期逐漸形成的獨立「義」觀念，同時涵括了「儀」和「宜」的字義，「宜」所代表的，是「義」作爲「鐵則」或「硬道理」的這個方面。有學者的研究指出，「宜」的本義是「殺」或殺俘、殺牲以祭之禮，「宜」與「俎」（承載牲肉之器）、「肴」（牲肉）出於同源，本爲一字。無論「殺」是不是「宜」的最終原義，其與殺牲、以牲作祭有關，是沒有問題的。「宜」後來發展出「應該」、「合宜」、「所安」（《說文》之解釋）等引伸義，「殺」的意涵漸被遺忘[24]。但即使在「義」觀念穩固成型後，偶爾還是流露「宜」的原始色彩。譬如，《春秋繁露・五行五事》曰：「王者能治則義立，義立則秋氣得，故義者主秋。秋氣始殺，王者行小刑罰，民不犯則禮義

23　丁原植，《郭店竹簡儒家佚籍四種釋析》，頁12，105。

24　龐樸，《儒家辯證法研究》，〈仁義〉，頁21-3。龐文引用了容庚與唐蘭的研究成果。周法高主編《金文詁林》（香港中文大學出版社，1974）「宜」字條所引諸說，也大多認爲「宜」與「俎」、「肴」同源。見該書第九冊頁4658-74（卷七，編號976）。

成。」現在，我們要回到辭書與學者常引的劉熙《釋名·釋言語》：「義，宜也。裁制事物，使合宜也。」過去一般看此語，多只注意「合宜」，本文應已揭示，「義」的「合宜」義其實並不明顯，倒是「裁制事物」這句話跟「宜」有深刻的血緣關係。

既然「義」的一個基本意義是道理或合理的規範，「義」的道德價值在於實踐這些律則，「義理」的內容又是什麼呢？關於這個問題，戰國中晚期以下有一套明顯的主流思想。首先，一個大概的基本觀念是：「義」是社會生活中的規範。在中文世界，「社會生活」是個現代詞語，並不完全切合兩千餘年前有關「義」的思考。這裡先列舉一份關鍵材料，再作比較細緻的梳理。關於「義」是社會生活的律則的看法，最詳細的闡述見於《荀子·王制》。這段文字很長，此處略作刪節，希望還能呈現它的整體理路：

> 水火有氣而無生，草木有生而無知，禽獸有知而無義。人有氣、有生、有知，亦且有義，故最為天下貴也。力不若牛，走不若馬，而牛馬為用，何也？曰：人能群，彼不能群也。人何以能群？曰：分。分何以能行？曰：義。故義以分則和，和則一，一則多力，多力則彊，彊則勝物；故宮室可得而居也。故序四時，裁萬物，兼利天下，無它故焉，得之分義也。故人生不能無群，群而無分則爭，爭則亂，亂則離，離則弱，弱則不能勝物；故宮室不可得而居也，不可少頃舍禮義之謂也。……君者，善群也。群道當，則萬物皆得其宜，六畜皆得其長，群生皆得其命。

荀子的基本論點是，人類之所以能成爲萬物的主宰，是因爲有社
會區分，使人得以依照不同的身分與角色組織起來，建立秩序，
克制環境。社會區分要能順暢運作，必須以「義」爲基礎，反過
來說，「義」的精義就是社會區分的原理。因此，《荀子》書中
頗有「分義」一詞(凡六見)[25]。「分義」雖然是荀子的特殊用
語，這個概念的確反映了戰國西漢時代對於「義」的內容的基本
看法。在上段引文，荀子並未明說「分義」在人類生活中是否有
特殊的應用範圍，但在當時的思想界，這也是個重要問題。

關於「義」的應用領域，最清楚的表達出現在前文已引的郭
店竹簡《六德》之語：「仁，內也；義，外也；禮樂，共也。內
立父、子、夫也，外立君、臣、婦也。」另一個類似的說法見
《禮記‧喪服四制》：「門內之治，恩揜義；門外之治，義斷
恩。」郭店竹簡《性自命出》「門內之治，欲其逸也；門外之
治，欲其制也」[26]，意思也是一樣的，家門內的治理，以恩情爲
主，家門外的生活，「義」的原則須凌駕於感情。這幾段文字含
有一個疑點，《六德》以血緣爲劃分「仁」、「義」行爲的界
線，夫、婦分屬內外，〈喪服四制〉和《性自命出》則以家門爲
區分點，好像夫妻同在恩或仁的範圍。按，在古代乃至後世文
獻，「夫妻之義」或「夫妻以義合」是對夫婦關係的普遍界定，
在「義」的應用場域問題上，以血緣爲區分點決然是比較精確的
說法。古代典籍中，這樣的區分還清楚顯現在陸賈的《新語‧道

25　此詞亦見《韓詩外傳》卷六。《荀子‧禮論》雖未直言「分義」，
　　但也表達了這個觀念。
26　丁原植，《郭店竹簡儒家佚籍四種釋析》，頁12。

基》：「百姓以德附，骨肉以仁親，夫婦以義合，朋友以義信，君臣以義序，百官以義承」，仁、義的界線在「骨肉」與「夫婦」之間。仁義場域的劃分雖然一般以夫家為出發點，但對女性也可能適用，《古列女傳》卷五代趙夫人之言可為確證：「以弟慢夫，非義也；以夫怨弟，非仁也。」已婚婦女與娘家親人的關係也是「仁」，和丈夫之間則屬「義」。

在中國文化史上，夫妻關係的性質涉及不同方向的考慮，並不是完全單純的問題。然而，為什麼碰到情義場域的分野時，就強調夫妻關係屬於「義」呢？至少就古代儒家而言，目的是在保護血緣親情所引發的感覺與價值作為文明生活之基礎的地位。在所有的人際關係中，最有可能弱化或破壞血緣親情的就是夫妻這一環，所以夫妻雖然親密，儒家要強調他們之間的區隔。《孟子·滕文公下》第四條已經以「夫婦有別」為基本的人倫道理，《禮記》把這層意思說得更清楚。〈昏義〉曰：「男女有別，而后夫婦有義；夫婦有義，而后父子有親；父子有親，而后君臣有正。」〈郊特牲〉則說：「男女有別，然後父子親；父子親，然後義生；義生，然後禮作。」後段中的「義」，指的應該是作為社會秩序之基石的尊卑之「義」，接近前文的「君臣有正」[27]。

總結而言，「義」的一個基本特徵在於，它是社會生活中的

27　這兩段引文的意思也出現在郭店竹簡《六德》：「男女不別，父子不親；父子不親，君臣無義。」在儒家思想中，「父子有親，而后君臣有正」的理路是，父子與君臣關係雖然性質不同，君臣關係是模仿父子關係而成立的。照《禮記·喪服四制》的話來說，就是：「資於事父以事君，而敬同。……故為君亦斬衰三年，以義制者也。」

行為原理。精確地說,社會與親族的劃分點是血緣,但在不考慮
家內關係的複雜性時,以家庭內外作區分也無妨。關於「義」的
性格,在以格言方式撰寫的郭店竹簡《語叢三》有醒目的勾勒:
「義,友之端也;義,德之盡也;義,善之方也。」(第二十三至
二十五簡)「友」具有強烈的非血緣色彩,可說是社會關係的總象
徵;「義」既是朋友一倫的基點,又代表道德理想的完成,可見
作者對社會倫理的重視[28]。

「義」不但意指社會(或家庭之外、血緣關係之外)生活的律
則,而且包含了對社會生活的一個實質看法,這就是正當的社會
生活表現於階層化的秩序。「義」要求各人善盡自己角色的責
任,服從長上權威,維護此一秩序,因此「尊」是社會生活中的
首要價值。不過,古代中國思想中的社會身分不是世襲不變的,
權威的構成受到尚賢原則的約制,禮敬賢人、任用賢人是另一個
基本義理,對統治者尤其如此。有關社會生活的種種要求,總合
而言,就是荀子所說的「分義」。

關於「義」代表社會階層秩序的原則,戰國西漢文籍中表現
很多,彰彰甚明。最精簡的宣示如《大戴禮記・盛德》:「義
者,所以等貴賤、明尊卑;貴賤有序,民尊上敬長矣」;《春秋
繁露・精華》:「大小不踰等,貴賤如其倫,義之正也。」比較
詳細的說明,可以《管子・乘馬》為例:

---

28 《尚書・君陳》有「友于兄弟」之語,「友」在此是動詞,可用以
　表達同輩血親之間的情誼。這種用法雖然後世還存在,但不是
　「友」的主要意義。

朝者，義之理也。是故爵位正而民不怨，……一國之人，
不可以皆貴；皆貴，則事不成而國不利也。爲事之不成，
國之不利也。使無貴者，則民不能自理也。是故辨於爵列
之尊卑，則知先後之序，貴賤之義矣。

這段話從政治的角度說明「義」的秩序觀念：人民沒有自我治理
的能力，要能辦理事情，創造國家的利益，必須有貴賤上下之
分，但如果秩序不合理——爵位不正，人民懷抱怨恨，治世仍不
可得。所以，社會生活中階層秩序與合理性的結合，就是「義」
的精義。

　　至於哪些價值有助於創造合乎「義」的社會秩序，《荀子‧
大略》提供了最簡潔的清單：「貴貴、尊尊、賢賢、老老、長
長，義之倫也。」這五個價值可歸併爲三類，「貴貴」、「尊
尊」一類，「老老」、「長長」一類，「賢賢」自成一類。三者
當中，「尊尊」——尊重地位高的人或既有權威——是最重要
的，經常被當成「義」德的本質。以下舉幾個例子。陸賈《新
語‧道基》引《春秋穀梁傳》之言：「仁者以治親，義者以利
尊。」（不見今本《穀梁傳》）《禮記‧喪服四制》說：「貴貴尊
尊，義之大者也。」《管子‧牧民》闡述著名的「禮、義、廉、
恥」四維時，對「義」的定義是「不自進」，不自己求升高位，
也是尊重權威的意思。其實，除了貴者，「義」所意指的「尊」
還可同時包括老者與賢人。就此而言，「尊」是「義」的行爲或
態度的一個整體特質。郭店竹簡《語叢一》第七七、八二、七九
簡拼合成爲：「[厚於仁，薄]於義，親而不尊；厚於義，薄於

仁，尊而不親。」²⁹這幾句話就是利用親、尊的概念來標明仁、義的差別。

崇敬老人、年齒較高者，是中國古代的普遍價值，「老老」、「長長」在思想上似乎不構成什麼問題，「義」觀念的論述中，觸及較少。不過，一則有趣的相關故事倒值得一提。《春秋繁露・五行相勝》敘述周初太公封於齊，問一位名叫營蕩的人治國的道理。營蕩回答，就是行仁義。太公問，怎麼行仁義，營蕩的回應是：「仁者愛人，義者尊老。」太公再追問，如何愛人尊老，營蕩說，「愛人」是指愛小孩不靠他吃飯，「尊老」則是，如果妻子比自己年長就敬拜她。太公氣得說，這不是以仁義治國，而是以仁義亂國，就叫人把他殺了。營蕩之名，傳世文獻似別無所見，不知這個故事從何而來，故事的意圖則看來是在壓抑不合儒家倫理原則——但可能很普遍——的觀念與行為。無論如何，此段文字顯示，「尊老」的確是屬於「義」範疇的價值。

「義」和「長長」或「老老」的關係，還牽涉到孟子思想的一個問題。《孟子・離婁上》第二十七條說：「仁之實，事親是也；義之實，從兄是也」；〈盡心上〉第十五條：「孩提之童，無不知愛其親者，及其長也，無不知敬其兄也。親親仁也，敬長義也。無他，達之天下也。」兩段文字，都以敬事兄長為「義」的本質或基礎。這是很特別的說法。如本文所示，戰國中晚期以後，一般把血親之間的關係劃出「義」的領域，「長長」的對象

29　李零，《郭店竹簡校讀記》，頁160。同一拼合，涂宗流、劉祖信《郭店楚簡先秦儒書校釋》（台北：萬卷樓圖書有限公司，2001）之釋文有闕，亦不指出何處為補字，體例不善。見頁263，265。

應當不包含兄長。譬如，《管子・戒》就說：「孝弟者，仁之祖
也」，明示敬事兄長（「弟」）是仁的行爲。另外，郭店竹簡《語
叢三》六、七簡以及《語叢一》八十、八一簡可拼成：「友，君
臣之道也；長弟，孝之方也」，「長弟，親道也；友，君臣無親
也」[30]，也是把「悌」和社會範疇的「友」道截然分開。從上引
孟子言論看來，他不但否定仁、義有內心、外在之分，也不認爲
兩者有特定的適用領域。孟子很明確地相信，血親關係中引發的
態度與價值可以擴展到人類生活的全體。另一方面，孟子的說法
再次透露，「敬長」（儘管對象是兄長）普遍被看作是有關「義」
的基本價值[31]。

　　「尊賢」是「義」的社會秩序的另一基本運作原則，《文
子・上仁》曾以此界定「義」：「知賢之謂智，愛賢之謂仁，尊
仁（賢）之謂義，敬賢之謂禮，樂賢之謂樂。」《禮記・中庸》則
曰：「仁者人也，親親爲大；義者宜也，尊賢爲大。」不同於
「敬長」以自然形成的位階爲准，「賢賢」肯定能力與人爲的努
力，兩者共同構成尊貴地位的來源。由於任用官員的最終權力在
君主，有人特別強調「尊賢」是君德。郭店竹簡《六德》對
「義」的這個面相有清楚的闡述：「大材藝者大官，小材藝者小
官，因而施祿焉，使之足以生，足以死，謂之君。以義使人多。
義者，君之德也。」[32]在古代思想中，尚賢的終極表現是君主之
位傳賢不傳子。郭店竹簡《唐虞之道》宣揚禪讓理想，就以「禪

30　參考原簡影本及李零，《郭店竹簡校讀記》，頁147，160。
31　《孟子》中有關「敬長」與「義」的議論，又可見〈告子上〉4，5。
32　丁原植，《郭店竹簡儒家佚籍四種釋析》，頁197。

讓」爲「義」的極致:「堯舜之行,愛親尊賢;愛親故孝,尊賢
故禪。……孝,仁之冕也;禪,義之至也。六帝興於古,咸由此
也。」[33]

　　「義」的實質內涵既然是合理的階層化社會秩序,很自然
地,除了上述的基本原則,「義」德也包括個別社會成員所應盡
的角色責任。這樣的表述非常普遍,如「君臣之義」、「君之
義」、「臣之義」、「長少之義」、「貴賤之義」「夫婦之
義」、「夫婦有義」等語,都或多或少地出現在古代典籍。《荀
子・非十二子》曾這樣描述理想人格(「仁人」)的行爲:「遇君
則修臣下之義,遇鄉則修長幼之義,遇長則修子弟之義,遇友則
修禮節辭讓之義,遇賤而少者,則修告導寬容之義」,幾乎完全
相同的文字,還見於《韓詩外傳》卷六。這段文字,可以說最生
動地展現了「義」的角色責任的涵義。以「義」爲階層化社會秩
序之原理與規範的思想,顯然成形於戰國中晚期以後,但這種思
想似乎也有較早的淵源。《論語・微子》記子路之言:「不仕無
義。長幼之節,不可廢也;君臣之義,如之何其廢之?」此處的
「義」,應已有高下秩序之理的意味。古史渺茫,簡篇散逸,觀
念價值之舊影廢踪,實難盡尋。以上所考,只求無大差謬罷了。

　　本文至此勾勒出的圖象是,在戰國西漢,作爲一種有獨特性
質的道德價值,「義」的基本形式意涵是「道理」和「規範」。
「義」所代表的思想則主張,「義」主要適用於血親關係以外的

33　李零,《郭店竹簡校讀記》,頁95(6,7簡)。又見同頁8,9簡:
　　「愛親忘賢,仁而未義也;尊賢遺親,義而未仁也。」亦分見涂宗
　　流、劉祖信,《郭店楚簡先秦儒書校釋》,頁45,47。

生活，在這個領域，依照道理——而非主觀愛意——行事，是根本原則；更進一步說，這樣的「義」特別表現於階層井然、以尊重高位者和賢能之人為首要價值的社會秩序。需要強調，本節所說，是關於獨立的「義」觀念最有共識、最有體系的看法，不少其他的個別論點，並沒有包含在內。這些論點，由於影響或規模有限，不擬深入介紹，只略舉兩例，以見戰國秦漢之際「義」論述幅度之一斑。首先，《呂氏春秋‧孟春紀‧去私》中，秦惠王（即秦惠文王，公元前337-311在位）時代的墨家鉅子腹䵍聲稱，「墨者之法曰：『殺人者死，傷人者刑』，此所以禁殺傷人也；夫禁殺傷人者，天下之大義也。」墨家不但主張利人，還以不傷害他人為根本的「義」，腹䵍為此，甚至將自己殺了人的兒子給處死，可說已經是宗教性的信持。不過如前文所述，墨家基本上仁義不分，他們的「義」觀念似乎沒有獨立的發展。其次，董仲舒《春秋繁露‧仁義法》把「義」界定為「正我」、「自正」——約束自己，與目標在「安人」的「仁」適成對照，是個著名的特殊論調。表面看來，《春秋繁露》只是抓住「義」的聲符「我」任意發揮，絕無思想與字義的根據，其實，此說強調「義」禁制、有所不為的意義，跟主流的「義」觀念多少還是有關聯的[34]。

34　董說的大致介紹，見周桂鈿，《秦漢思想史》（石家莊：河北人民出版社，2000），頁137-44。《春秋繁露‧仁義法》的根本論點是，在上位者最忌諱寬以待己、嚴以律人，還是很有特色的。此外，柏拉圖對「正義」的界說是「做自己的事」（doing one's own thing, *to ta heautou prattein*），在古希臘是個特殊的說法，卻和董生之論相近，也是個有趣的巧合。

　　「義」目前的標準h英譯是rigtness，但就作為一個獨立德目而言，在西洋思想史上，與中國古典的「義」最可比照的大概是古希臘的「正義」(*dikē, justice*)觀念。這裡並不要作任何學術意義上的比較，而是想指出「義」與古希臘*dikē*之間的一同一異，更進一步彰顯「義」觀念的特點，以為本節的結語。*Dikē*是古希臘文化中的重要觀念，在神話、文學、哲學中都頗有表現。*Dikē*與「義」相近的一個地方是，它在很大的程度上意謂對於律則的遵守，可說本來也是外在、禁制性的價值，到柏拉圖(c. 427-c. 347 B.C.E.)才正式賦予*dikē*內心的意義，成為一種「德」(virtue, *aretē*)。羅素在他的《西洋哲學史》(*History of Western Philosophy*)，就把古希臘的正義觀念界定為「不逾越永恆的固定界線」(not overstepping eternal fixed bounds)。有學者批評羅素的說法，但問題是出在「永恆」，也就是，古希臘的「正義」可能並沒有「永恆」所涵蘊的宇宙論意味，如果我們去掉這個字眼，還是可以感覺*dikē*和中國古典的「義」的相似。在希臘，就傳世文獻所見，史詩《伊里亞德》(約西元前八世紀)中的*dikē*主要指處理爭端的協商程序，古希臘把這種協商當作文明的要素，認為不懂得開會的是野蠻人。處理爭端的目的在糾正已發生的不當情境，*dikē*因此成為糾正體制的總象徵。後來，*dikē*主要發展出「正當程序」、進行此程序應有的行為、協商程序所決定的處罰等義，又引伸出法律程序、報復性懲罰、行為適宜、守規矩不施暴等意涵。總之，*dikē*是在肯定協商與法律程序之價值的前提下所發展出的意義之網。這就是柏拉圖以及比他前一代的辯者(sophists)，開

始把「正義」當作哲學課題來討論的背景[35]。

　　與中國古代的「義」明顯不同的是，*dikē*所代表的核心價值是平等。這方面的意涵，亞理士多德(384-322 B.C.E.)表達得最明確。亞氏將「正義」區分爲兩個基本類型：糾正或報復的正義（corrective or retributive justice）與分配的正義（distributive justice）。糾正的正義指改正傷害或損失狀態的原則，在自願和非自願的人際交涉中受到損害的一方，應該得到補救，恢復受害以前的狀態；分配的正義則涉及公共資源的分配。這兩種正義都代表某種平等的意念。譬如，分配的正義主張，具有相同條件的人，應該獲得同等價值的資源。至於糾正的正義，目的在防止人獲得不該得的利益，並協助受害者回復應有的利益。人不該以不法、不正的方式取得過多的東西，也不該忍受得到過少（除非自願），這也可算是一種平等的概念。以「平等」爲*dikē*內涵的思想，在*dikē*正式成爲哲學議題前就已出現，到亞里士多德將其作了清楚而有系統的發揮，這個取向，往後成爲西方正義觀念的基石[36]。中國古典的「義」，重點在維護既有的階層秩序，古希臘也非絕無僅有，柏拉圖的思想就有此傾向，但在希臘是異數。另一方面，

35　關於從荷馬史詩到柏拉圖時代的「正義」觀念，筆者主要參考Eric Havelock, *The Greek Concept of Justice: From Its Shadow in Homer to Its Substance in Plato* (Harvard University Press, 1978)。羅素的說法轉引自頁251。

36　亞里士多德的正義理論，研究無數。簡要的闡釋可見Fred Miller, Jr., *Nature, Justice, and Rights in Aristotle's* Politics (Oxford: Clarendon Press, 1995), chapter 3; D.S. Hutchinson, "Ethics," in Jonathan Barnes, ed., *The Cambridge Companion to Aristotle* (Cambridge University Press, 1995), pp. 222-4.

「平等」在中國也非常重要，但係寄託於「公」的觀念。《管子・水地》曰：「水……唯無不流，至平而止，義也」，姑不論這句話的確詁爲何，至少在古代，以「平」爲「義」是個罕見的說法。從「義」與*dikē*有重大異同看來，深入檢驗傳統中國的基本政治社會觀念是個重要議題。只知「西」而不解「中」，是很難眞正認識現代華人世界的社會意識的，更毋論檢討其中的混淆與困難。

三、義舉的變貌

前文以西周至前漢爲範圍，檢討「義」的要旨，在其後的時代，「義」在學術思想中的地位似乎一直不振，很難想到有什麼思潮或個別思想家以「義」爲主要問題。另一方面，「義」在日常生活與常民文化卻應用極廣，變異多端。從東漢到近代，「義」的觀念和價值有什麼演化，涉及許多個別現象和龐大的資料，考索匪易，有待學者投注心力。現在想作的，是以古代的「義」觀念爲參考點，觀察後世以「義」爲名的行爲和活動有何特色，相較於古典的「義」，是否有重要變化或發展，如果有，意義何在。一節短文不可能深入處理任何課題，我在此只試圖根據既有的知識與常見材料，提出幾點初步的觀察[37]。

---

[37] 本文寫作將近結束時，看到相田洋，〈義と社〉，《青山學院大學文學部紀要》，第43號(2002年1月)，頁11-26。這篇論文的題旨與本節非常接近，論點與引用材料也有相同的地方，可與本文互相參照。

　　首先，要徵引兩段有名的古人對於「義」的概括評論，以爲討論的起點。南宋洪邁(1123-1202)在其《容齋隨筆》卷八〈人物以義爲名〉說：

> 人物以義爲名者，其別最多。仗正道曰義，義師、義戰是也。眾所尊戴者曰義，義帝是也。與眾共之曰義，義倉、義社、義田、義役、義井之類是也。至行過人曰義，義士、義俠、義夫、義婦之類是也。自外而入而非正者曰義，義父、義兒、義兄弟、義服是也。衣裳器物亦然，在首曰義髻，在衣曰義襴、義領，合中小合子曰義子之類是也。合眾物爲之則有義漿、義墨、義酒；禽獸之賢則有義犬、義烏、義鷹、義鶻。

錢大昕(1728-1804)《十駕齋養新錄》卷十九〈義〉條云：

> 《會稽志》義井在府東二里，下爲大井袤丈，上設三井口以受汲，覆以大亭，遇旱歲不減，尤宜染練。義者，蓋以眾所共設爲名。今世俗置產以給族人曰義莊，置學以教鄉曲子弟曰義學，設漿於道以飲行旅曰義漿，闢地爲叢冢以藏暴骨曰義冢。東坡先生謫黃州取諸郡所餉酒，置一器中以觴客，曰義樽。近時州縣眾力共給役曰義役，皆與眾同之意。又，俚俗有義父母、義子孫、義兄弟，衣加襴曰義襴(應作「襴」)，以髮作髻加首曰義髻，此又不可曉也。大昕案，《魏志・張魯傳》以鬼道教民，自號師君，其來

學道者初皆名鬼卒，受本道巳信號祭酒。諸祭酒皆作義
舍，如今之亭傳，又置義米酒，懸於義舍，行路者量腹取
足。則義米、義舍之名自漢巳有之。朱新仲云外來之物曰
義，如義兒，是也[38]。

從洪邁對「義」的分類看來，到宋代時，「義」的意涵還是跟古
典的原旨關聯甚深。以「仗正道」、「眾所尊戴」、「禽獸之
賢」為「義」，屬於「義」的虛位概括義；「與眾共之」來自
「義」的社會涵義；「至行過人」涉及「義」剛烈簡斷的一面；
「自外而入」可說是「義」非血緣意指的直接應用。「合眾物為
之」看來是後起的用法，似乎也與「義」的非血緣義有關，引申
為「假」、「非本然」。不過，「合眾物為之」中的「義漿」一
詞，人們更熟悉的恐怕還是如《十駕齋養新錄》所言，指置於道
路供行旅共用的茶水，也是「與眾共之」。「義漿」之語起源很
早，東漢武梁祠第二石第三層已有「義漿羊公」圖，畫羊公予人
水喝[39]。東晉干寶《搜神記》卷十一敘述楊公伯在高山上汲水，
提供行者，也稱「義漿」。《十駕齋養新錄》引文「大昕案」以
上全抄自《嘉泰會稽志》卷十九，此志成於南宋寧宗嘉泰元年
(1201)，正是洪邁死前一年，從內容看，似乎受後者影響。值得
注意，這段文字說世俗「義父母」、「義子孫」、「義欄
[襴]」、「義髻」等語為「不可曉」，作者似乎對「義」的非血

38　據光緒二年浙江書局重刻本。
39　武梁死於桓帝元嘉元年(151)。

緣義已不甚了了。

宋代以及後來流行的有關「義」的用語雖然和古代觀念頗有連繫，但也發生了演變。以下約略指陳其中若干要點，並推測它們對「義」觀念可能造成的影響。就「義」的應用或關涉範圍而言，宋代以前，非血緣的涵義還是很明顯，其後，情況就略有不同。現在先談宋代以前。

上引兩段引文中，錢大昕據《三國志‧魏書‧張魯傳》所述天師道「義舍」、「義米酒」的制度，是以「義」為名的活動的著名早期事例。「與眾共之」類中的「義社」、「義井」、「義漿」，也都起源甚早。「義漿」已如上述。「義井」係指供公眾——特別是行旅之人——使用的水井，目前所知的最早有關資料是南宋洪适《隸釋》所記的〈舜子巷義井碑〉（卷十五）。此碑在隨縣（今湖北隨州），碑文在宋時已漶漫難識，但仍能看出立於東漢靈帝光和三年(180)，碑陰則列有捐助者的姓名與出錢數，顯示井是民間出資所合造。此碑錄文並無「義井」二字，不知這是東漢已有之名還是後世的稱呼？不過，北魏酈道元《水經注》已稱其為「義井」，可見此名之起不會太晚[40]。另外，在東晉安帝義熙十二至十四年(416-8)由佛陀跋陀羅、法顯合譯的《摩訶僧祇律》卷七有言：「……有一婆羅門，於曠野中造立義井，為放牧取薪草人行來者，皆就井飲，并洗浴」[41]。由以上及其他例子可

40　陳橋驛，《水經注校釋》(杭州大學出版社，1999)，卷三一滍水「東南過隨縣西」條，頁554。

41　《大正新脩大正藏》，第二十二卷，頁282中。《法苑珠林》引這段話，與原文略有出入。見[唐]道世撰，周叔迦、蘇晉仁校注，《法

知，至遲在南北朝中期，「義井」之詞已流行，隋唐以下，記載
尤多。值得一提的是，在唐代，「義井」似乎和佛教關係特別密
切。文宗大和四年(830)禮部祠部所上〈請申禁僧尼奏〉有言：
「其天下州府村坊佛堂普通私色蘭若義井等，並請割屬當州府寺
收管」[42]，日僧圓仁《入唐求法巡禮行記》敘述武宗會昌四年
(844)毀佛，也說，朝廷「令毀拆天下山房、蘭若、普通佛堂、義
井村邑齋堂等」[43]。唐代佛教組織雖然以設立義井著稱，世俗民
間也頗有同樣的舉動。這是中國本土既有的概念與行為，應無疑
義，佛教與義井的密切關係，反映的是佛教在中國中古慈善事業
中的中心角色。

　　相對於「義漿」、「義井」，「義社」具有更深刻的社會意
涵。在中國中古，「義」是指稱社會自發的非血緣組織的關鍵概
念。從南北朝到隋唐，存在許多以佛教信仰為紐帶的團體，名為
「邑義」、「義邑」、「法義」或「義坊」，從事佛教造像、共
修佛法、公共建設、社會救濟等活動[44]。此外，敦煌文書顯示，

(續)————

　　　苑珠林校注》(北京：中華書局，2003)，第三冊，頁1329。《摩訶
　　　僧祇律》係由法顯從印度攜回。關於這項文獻的說明，見小野玄妙
　　　編，《佛書解說大辭典》(1933年初版；東京：大東出版社重版，
　　　1968)，第十卷，頁261-7(西本龍山撰)。

42　《全唐文》卷九六六。

43　小野勝年，《入唐求法巡禮行記の研究》(東京：鈴木學術財團，
　　　1964)，第四卷，頁71。

44　相關研究甚多，重要的有：山崎宏，《支那中世佛教の展開》(東
　　　京：清山書屋，1943)，第四章第二節；劉淑芬，〈五至六世紀華
　　　北鄉村的佛教信仰〉，《中央研究院歷史語言研究所集刊》，第六
　　　十三本第三分(1993年7月)，頁522-43：同前作者，〈北齊標異鄉
　　　義慈惠石柱——中古佛教社會救濟的個案研究〉，《新史學》，第

在唐五代的敦煌地區，「社」是流行的民間組織，其中有的與佛教信仰有關，有的純屬互助性質。在「社」的活動中，「義」也是重要觀念，立社可稱爲「結義」、「合義」，伯三五三六號寫本有言：「夫立義社，以忠孝爲先……義須禮儀，幼長有差」，直接使用「義社」的詞語[45]。斯五二七號更値得注意，該寫本的內容是後周顯德六年(959)正月三日某個由婦女組成的「社」（女人社）再度成立時的規程，規條的前言有這樣的表示：「夫邑儀[義]者，父母生其身，朋友長其値[志]，遇危則相扶，難則相救。」[46]「社」與「邑義」的來源不同，前者是中國傳統以春秋二社的祭祀爲中心的鄰里組織，後者則爲新形態的宗教團體。但在唐代，兩者已漸混而不分，就上引文獻所見，至少在某些人心目中，「社」和「邑義」本是同一物。以上是洪邁所說的「義社」的歷史淵源。至於「義冢」，宋代以前的傳世文獻幾無所見。我所看到的唯一例外是干寶《搜神記》卷十一記東漢安帝元初二年(175)周暢爲河南尹，立義冢，葬城旁客死骸骨萬餘（亦見南朝陶弘景《真誥》卷十二）。「義冢」在後世一般指埋葬貧者或無主屍骸的固定墓地，周暢所爲則是爲解除大旱所行的特殊善

（續）────────────

　　五卷第四期(1994年12月)，頁1-50；郝春文，〈東晉南北朝時期的佛教結社〉，《歷史研究》，1992:1，頁90-105。

45　Tatsuro Yamamoto（山本達郎）, Yoshikazu Dohi（土肥義和）, Yusaku Ishida（石田勇作）, eds., *Tun-huang and Turfan Documents: concerning social and economic history*, vol. 4 She *associations and related documents* (A) *Introduction & texts* (Tokyo: the Toyo Bunko, 1989), p. 178. 帶有類似意思的敦煌文書，見相田洋，〈義と社〉，頁22。

46　寧可、郝春文，《敦煌社邑文書輯校》（南京：江蘇古籍出版社，1997），頁23-7。這是標準語句，亦見伯六五三七紙背。

舉，與後世之義似稍有不同。

　　中國自宋以後，以「義」爲名的事物發生的一個重要變化是，「義」與宗族活動產生密切關聯，「義」原有強烈的非血緣意涵，現在卻成爲血緣團體的重要價值標誌。最先出現的與宗族相關的「義」概念，大約是「義門」。「義門」本來用以指有行義之士或特殊德行的家庭。不過，至遲從五代開始，這個詞語特別意謂累世同居的家族，近世以下，使用尤廣。中國宗族史上著名的義門有江州陳氏、浦江鄭氏等[47]。累世同居之家被稱爲「義門」，大概是取「義」的概括義，即特出高尚的善行，和獨立的「義」德沒什麼關係，但其他與宗族相關的「義」就不同了。宋代以後，宗族的共同財產常被冠以「義」名。這個現象可以溯源至北宋范仲淹(989-1052)建立族內福利制度，如每房計口給米、婚喪補助，號稱「義莊」，并設置「義田」來提供經費。晚唐五代至宋是中國——特別是南方——宗族組織化的關鍵時期，「義莊」、「義田」的觀念因之得以傳布，所行甚久遠，直到近代。再者，族中辦學校供子弟就讀，也可稱作「義學」或「義塾」，「義學田」、「義塾田」則是支持這些機構的資產。正如《容齋隨筆》和《十駕齋養新錄》所引《嘉泰會稽志》指出，「義莊」、「義田」、「義學」也都具有「與眾共之」、「眾所共設」

47　早期以累世同居爲「義門」的資料，可見《新五代史》（北京中華書局點校本），卷三四，頁373(後晉李自倫、王仲舒)；胡旦，〈義門記〉(北宋咸平五年[1002]作)，在曾棗莊，劉琳主編，《全宋文》（成都：巴蜀書社，1988），冊二卷五九。

的意味，只是它們所意指的「眾」限於有血緣的族人罷了[48]。
（「義學」的用法比較廣，私人或官府捐貲供人免費或低費用就讀
的學塾也用此名，清代台灣就有許多「義學」。）[49]「義」成為近
世宗族生活中的重要觀念，是宗族建設運動的偶然結果，而非思
想上的有意變革。不過，「義」觀念的這個用法，恐怕多少還是
沖淡了它原有的非血緣意義。

中國中古以後，「義」的最明顯變化是在觀念的實質內涵方
面。不少人仍然依照古代思想，把「義」理解為外於個人生命的
道理，這些道理是正當社會秩序運行的基礎，「義」的道德意義
在於避開情感愛惡，遵照準則行事[50]。但是，這似乎已經不是
「義」最為人所注視的意義，「義行」、「義舉」所代表的
「義」，基本上是濟助大眾，而與依理行事不甚相關。這樣的價
值，在性質上反而接近博愛的「仁」，「仁」與「義」的分別以
及這種差別的意涵，似乎已在新型的義行思想中消失了。上文所
提及的「義米酒」、「義舍」、「義漿」、「義井」、「義冢」
（也叫「義阡」），全以濟助為目的。宗族組織中的「義莊」、
「義田」、「義學」之有「義」名，主要也是出於它們的福利性
質。明代姚舜政的《藥言》對此理念有極清晰的表達：

48　這裡所談，是中國宗族史的常識。簡要的說明，可見馮爾康等，
　　《中國宗族社會》（杭州：浙江人民出版社，1994），第三章第四
　　節、第四章第四節。

49　孫準植，〈清代台灣之義學〉，《國史館館刊》，復刊第十五期
　　（1993年12月），頁27-44。

50　一個明顯的例子見蒲宗孟，〈論義〉，《全宋文》，冊三八卷一六
　　三〇。

> 立義田以給族之不能養者，立義學以淑族之不能教者，立
> 義塚以收族之不能葬者[51]。

同樣意思的「義學」也出現在鄉黨生活。另外，「義渡」、「義橋」、「義路」是爲大眾所建的交通設施；行善救濟的人可稱爲「好義」[52]；在清代，救災的款項叫作「義賑」。從隋唐以降直到清朝，政府爲防備水旱不虞所設立的儲糧系統，名爲「義倉」。中唐邵眞〈義井記〉說：「義以發衷形外，昭施物也」；同是唐人的呂令則〈義井賦并序〉有言：「鑿地生泉之爲井，施人不倦之爲義」[53]。這些都是有異於古典「義」德的新說法，對照《莊子・天地》的「愛人利物之謂仁」，可明顯看出觀念變化的幅度[54]。

　　從「義倉」這個概念或制度，可以揭示「義」觀念的另一個發展。「義倉」雖然也有民間自建的，主要是指從隋到清政府設立的防災倉儲制度，儲穀的來源很多，如勸導捐獻、罰穀收入，在唐宋有些時段，也出於專門稅目。政府建立的制度以「義」爲名，甚爲罕見。本節提及的所有其他冠有「義」字的活動都是民

51　《藥言》（叢書集成初編本；上海：商務印書館，1939），頁4。

52　例見[明]陳繼儒，《白石樵眞稿》卷十二（明崇禎九年《眉公十種藏書》本），〈救荒煮粥事宜十七條〉「委官不如委好義」。

53　分別見《全唐文》卷四四五、九五六。

54　《韓非子・姦劫弒臣》曰：「施與貧困者，世之所謂仁義者」，看來早在先秦，民間就用「仁義」這樣的好字眼來稱呼慈善人士。不過，「義」特別與濟助大眾的行爲聯結在一起，反而少用「仁」字，應該是後來的發展。

間發動的，「義社」尤其具有社會自主的意味。一般而言，除了人際關係的領域，中古以下所謂的「義行」或「義舉」有兩項要素，一是以造福眾人為目的，一是民間自發。大部分的「義舉」兩個要素兼而有之，至低限度包括其一。「義倉」不是民間發起，之所以稱為「義」，顯然是因以救濟為目的。至於「義行」的民間性格，除了從觀察行動的性質來了解，還可舉文為證。明初文學重臣宋濂(1310-1381)在〈金谿縣義渡記〉稱讚何有華出錢建立渡口，有言：「此有司濟人常事爾，初不責民也。有華以編氓能佐官政之不及，可不謂賢哉？」[55]通過宋濂的話可以察覺，「義渡」之所以為「義」，根本的原由不僅在它是為眾人服務的，而且在於這是民間的行為。如果同個渡口是官府所建，就不能冠以「義」了。在明代另一篇有關「義渡」的文字，「義」的民間義更明顯。該文作者羅倫(1431-1478)表示，「義」的行動太多不見得是好事，這可能代表政府沒有盡責。他說：

> 先王之教民也，九月成徒杠，十月成輿梁，無義渡也；渡以義名，民迺病涉矣。五畝之宅，一夫所受，無義宅也；宅以義名，民迺無恆家矣。八口之家，九一而助，無義田也；田以義名，民迺無恆產矣。比相保，族相恤，黨相救，鄉相周，無義倉也；倉以義名，民迺無菜色而父子離矣。家有塾，黨有庠，術有序，無義學也；學以義名，民

---

55 《宋學士文集》（四部叢刊本），《翰苑別集》卷六。「氓」原作「泯」，據文淵閣四庫全書本宋濂《文憲集》卷四改。

迺悖德而不肖者族矣[56]。

這段文字的內容有些可檢討之處，不過大意很清楚，就是以
「義」爲名之事是先王政教衰落後才興起的，人們自求多福，正
反映了民間多疾苦。此外，在一篇讚頌徽州歙縣竦塘黃氏大義莊
（稱爲「義規」）的文章，作者汪道昆（1525-1593）也表示，宗族福
利制度有需要，是因爲國家無法照顧所有的事，似乎也暗示了
「義」的自發性[57]。

　　最後要介紹一個相當明確表現「義」的社會自主意涵的制
度——南宋的「義役」。南宋的差役沈重，職務繁多，又無報
酬，有錢有勢的家戶紛紛逃役，差役經常落到沒力量的人身上。
當差者常因無法照顧自己的農事，飽受損失，又要擔負公務上的
開銷與虧損，傾家蕩產之事時有所聞，造成很嚴重的社會問題。
高宗紹興十九年(1149)前後，婺州金華開始有人組織「義役」，
應付惡劣的差役環境，後來傳至各地，蔚爲風氣。所謂「義
役」，大體是指地方在士人和富家的領導下，籌措資產，自訂當
差辦法，以公共資金補助役戶，使其免受重大困難——公共資產
也有稱作「義莊」、「義田」的。簡言之，這個制度是以地方社
群的集體力量，循自治途徑，來承擔政府役法的要求。「義役」

56　羅倫，《一峯文集》（文淵閣四庫全書本），卷四〈義渡記〉。
57　汪道昆，《太函集》（萬曆辛卯[1591]刊本），卷七二。竦塘黃氏義
　　規規模特大，包含義田、義學、義塚，還有供貧苦族人住的屋宇。
　　亦見王世貞，《弇州四部稿》（文淵閣四庫全書本），卷七五〈竦塘
　　黃氏義田記〉。

的目的顯然不在救助大眾，那麼，爲何可以順當地以「義」爲名？當時有些人的解釋是，因爲這種辦法是「公」，是適宜正當的，也就是說，用「義」的概括義來作說明[58]。其實，「義役」的名稱，是在一種文化氣氛下自然採用流通的，顯然不是任何人在深思熟慮後特別設計所得。揆諸漢晉以下各種「義」的用法，「義役」之名主要還是跟它的自發性格有關。《十駕齋養新錄》所引《嘉泰會稽志》說，「義役」是取「與眾同」之意，較近實情。該《志》又說，「義」的一個主要意思是「眾所共設」——大家一起作爲的事，至少對「義役」而言，似乎更準確。只是整體來說，以「義」爲名的行動，不少是個人或少數人捐款出力所爲，如果把「眾所共設」改成「民間所設」，就沒有語病了。在古代思想，「義」的應用範圍雖然是在血緣或家庭之外，但並不區分官民，「義」在後世鮮少用於政府的作爲，社會涵義因此顯著，可以算是「義」觀念的一項重要發展。

本節從與古代的「義」觀念比較的角度，對中古以下的「義行」或「義舉」作了最粗略的觀察，關於「義」觀念的變化和發展，得到三點結論。第一是，「義」的應用範圍主要還是非血緣關係，但宗族生活是個重要例外。其次，「義」的價值方向產生變化，重點變成救濟幫助他人，而非消極性的遵從道理。第三，

58　以上參考漆俠，〈南宋從差募並用到義役的演變〉，在王仲犖主編，《歷史論叢》第五輯(濟南：齊魯書社，1985)，頁153-74；黃繁光，〈南宋義役的綜合研究〉，在林徐典編，《漢學研究之回顧與前瞻》(新加坡國立大學中文系主辦國際漢學會議論文選集)(北京：中華書局，1995)，下冊，頁85-95。

「義行」帶有強烈的民間性格，政府之事即使涉及救濟，也少用「義」字。跟古代的獨立「義」觀念相比，後世的「義」有得有失。得者在於社會涵義愈趨明顯。失者是，「義」原來代表的依理而行、有所不爲的道德價值漸無依附，就價值的性質而言，「義」往「仁」靠攏，「仁」、「義」的區別明顯降低了。

　　原刊於丘慧芬編，《自由主義與人文傳統：林毓生先生七秩壽慶論文集》（台北：允晨文化實業公司，2005）。收入本書時曾作少數文字修訂。

日本近代思潮與教育中的社會倫理問題
——初步的考察 *

　　日本從十九世紀中葉，明治維新前後，開始了向西方學習的運動，這是世界近代史上的一件大事。這個風潮的一個有趣特色是，就自我設定的概念而言，並不是個西化運動。明治時期(1868-1911)的日本人把他們模仿西方的努力稱爲「文明開化」，這個說法意謂，西方並不只是另一類人群或國度，它代表了一個超越的理想——文明。明治維新的目標是以此理想爲標準，進行自我改造，而不僅僅在找尋抵抗強權的途徑[1]。因此，在日本師法

*　　本研究所利用的資料多爲在國外所蒐集。以下是曾經利用的主要圖書館：日本東京大學總合圖書館、法學部明治新聞雜誌文庫，早稻田大學中央圖書館，美國哥倫比亞大學Butler Library、C. V. Starr East Asian Library。在台灣的國家圖書館，我也找到過有用的原始資料。個人的研究工作又曾受東京大學渡邊浩教授的指點與協助。謹此一併致謝。

1　　除了洋學者，幕末、明治初期還頗有知識人以儒家思想爲基準，認爲向西方學習代表著朝理想的邁進，而不只是功利性的模仿行爲。參見渡邊浩，〈「進步」と「中華」——日本の場合〉，在溝口雄三等編，《アジアから考える[5]‧近代化像》（東京：東京大學出版會，1994），頁157-68；渡邊浩，〈阪谷朗廬的思想〉，中央研究院中國文哲研究所主辦「日本近現代儒學研討會」會議論文（1997年9月6日）。

西方過程的起點，涉及面就很廣，除了軍事、科技、經濟、政法
制度等實用性非常明顯的領域，還在生活習慣和道德價值上追求
改變，社會倫理的問題因而出現在近代日本文化與教育的舞台，
這可以說是東亞文化史上的一大變局。社會倫理意識在明治日本
的興起，學界似乎尚無系統的討論，本文將對此略作探考，並兼
反思近百餘年來東亞世界中的教化、現代化、文化變遷諸問題。

　　「社會道德」是明治中晚期在日本知識界普遍流傳的詞語，
「社會倫理」則似乎罕見。為了中文行文的順暢，本文多使用
「社會倫理」，但兩者的意涵完全相同。本文基本上是把「社會
倫理」當作一個普遍性的概念來使用，因此有必要先對其意涵稍
作說明。這個概念是指：基於人是社會成員的認定而產生的個人
對社會整體以及其他社會成員的義務。在明治時代的日本，這當
然是一種新的觀念，因為傳統日本道德意識的集中點，是立足於
個人的家族與封建身分的忠孝思想。另外應該指出，社會倫理也
須與十九世紀末期以後盛極一時的國民道德論作區分。「國民道
德」一詞是因井上哲次郎(1854-1944)在明治四十四年(1911)出版
的《國民道德概論》而流行，究其實質，這個思潮可說從明治十
年代儒教道德思想復興已經開始，而以明治二十三年(1890)的
〈教育敕語〉發布為轉捩點。國民道德論的核心內容是忠君愛
國，要求日本人視天皇為族父、大家長，戮力奉公，基本上是政
治性的、民族主義的意識[2]。相對而言，社會倫理或社會道德則屬

2　參見今井淳、小澤富夫編，《日本思想論爭史》（東京：ぺりかん
　　社，1979），第4章第4節〈國民道德論をめぐる論爭〉（鵜沼裕子
　　撰）。

於市民（シッズン，citizen）思想的範疇，重點在個人與社會在生活中的一般關係，較少涉及臣民大義或民族國家的問題，與國民道德論不同。除了一段短暫的時間，社會倫理的議題在近代日本並未占據聳動視聽的顯著位置，但這個議題的出現與它帶來的影響，實在是近代日本文化變遷中的重要一環，很值得抉發考索。

一、社會倫理意識的醞釀

社會倫理意識在日本的盛行，要以社會觀念的輸入為前提。「社會」是society的譯語，這個概念在幕末時代已經傳入日本，譬如，啟蒙學者西周（1829-1897）在明治維新前就曾使用「ソシアル」（social）一詞 [3]。Society最早期的譯語有「公會」、「交際」、「相生養」等。明治十年代初以後，即1880年代，「社會」逐漸成為society的定譯，此語遂遍布各類文字，也走入辭典。根據學者的研究，在明治初期，日本人主要把「社會」理解成小型的人群，例如友朋、夥伴、公司、民間團體。橫互整個明治時代，作為大型人群整體意義的「社會」，經常以「國家」一詞為代表，或與「國家」不分，這個觀念並未在思想界取得重要的地位。但另一方面，學者的研究也發現，約從明治二十年代開始，已有知識分子對「國家」和「社會」作出明顯的區別。一種具有代表性的看法認為，「國家」是由法律、制度、權力等所構

3　家永三郎，《日本道德思想史》（東京：岩波書店，1954），頁200。按，該頁出自第十章〈市民の道德思想〉，在一九九八年岩波書店版的《家永三郎集》第3卷所收同書，此章被刪除。

築的政治體,「社會」則爲從歷史自然演進而成的生活、風俗、
信仰、禮儀世界。這種有機體式、深具精神涵義的社會觀,與西
歐帶有濃厚個人主義色彩的「市民社會」觀念(civil society)頗有
重大的差異。無論如何,在明治二十年代以後的日本,「社會」
不僅是日常用語,也成爲具有獨立性的概念[4]。

　　獨立性的社會觀念既然到明治二十年代才逐漸成形,自覺的
社會倫理意識自然興起更晚。不過,與社會倫理有關的道德議
題,則出現很早,已存在於明治開端期的學校教科書。從中國歷
史的觀點看來,明治初期一個可驚的現象是,明治五年(1871)文
部省指定的五部小學修身教科書中,有四部半是從西文翻譯的。
品德修養是一個文化內在、核心的部分,明治初期若干知識分子
毫不猶疑地大舉宣揚西洋的倫理觀念,可見當時「文明開化」運
動動力之驚人。從西文翻譯的修身教材反映了西方國家的心態與
現實,自然含有社會倫理方面的訊息。譬如,其中一本使用非常
廣的《童蒙教草》,是福澤諭吉(1834-1901)從一本英國道德教科
書譯出。(原書爲Robert Chambers著 *Moral Class Books*)根據現代學

4　關於明治時代「社會」這一譯語與觀念的研究,參見齋藤毅,《明
　　治のことば》(東京:講談社,1977),第五章〈社會という語の成
　　立〉;石田雄,《日本の社會科學》(東京:東京大學出版會,
　　1984),頁45-51;松本三之介,《明治思想における傳統と近代》
　　(東京:東京大學出版會,1996),第八章〈陸羯南における「國
　　家」と「社會」〉。關於明治二十年代社會與國家區分思想的出
　　現,特見松本三之介論陸羯南一文。又,明治初期「社會」一語雖
　　然主要意指小型的人群,人群的整體義還是被介紹進來了。見齋藤
　　毅,《明治のことば》,頁198-215;惣鄉正明、飛田良文,《明
　　治のことば辭典》(東京:東京堂,1986),頁207。

者石山敬雄的分析，書中二十九章中，有十八章屬於社會倫理的
範圍，另有一章的主題是人與動物的關係，也有濃厚的社會倫理
涵義；此外，九章屬於個人倫理，一章則歸類爲國家倫理。依照
這個分析，社會倫理是這套教科書中出現最頻繁的主題[5]。石山並
沒有爲社會倫理一詞下定義，也未具體指出哪些篇章屬於社會倫
理的範疇。就《童蒙教草》的內容判斷，他指的大約是與普遍性
的人際關係有關的德目，如仁愛互助、不分貴賤平等待人、男女
相待以禮、尊重他人財物、善顧他人名譽、善盡個人職守、交易
誠實、遵守約定。事實上，《童蒙教草》極少涉及社會生活中的
具體問題，但這本書所預設、所強調的普遍人際道德觀，可以說
是社會倫理意識的重要基礎。在性質上，這種道德觀顯然有異於
以忠孝思想爲核心的傳統東亞道德訓誨[6]。

　　明治初期的修身教科書雖然幾乎全採歐美寶訓，但當時近代
學制猶在草創狀態，學校設立尚不普遍，書中內容又與日本的社
會文化情態相距懸殊，西式修身教學效果如何，頗可懷疑。當時
的大體情況，可能接近明治十五年(1882)文部省頒布〈小學校修
身書編纂方大意〉中的一段話：「輓近歐美凡百學藝輸入我國，

5　石山敬雄，〈明治初期の道德教育について〉，《倫理學年報》，
　　7(1958年3月)，頁136-7。

6　參考《童蒙教草》，收在時事新報社編，《福澤全集》第3卷(東
　　京：國民圖書株式會社，1926)；海後宗臣編，《日本教科書大
　　系‧近代編》，第一卷《修身(一)》(東京：講談社，1961)，頁
　　203-7(《童蒙教草》目錄)。其他從西文翻譯的修身教科書，也都強
　　調普遍主義的道德觀。參見安里彥紀，《近代日本道德教育史——
　　明治期における思想‧社會‧政治との關連を中心として》(東
　　京：高陵社書店，1967)，頁40-52。

尋其修身學科亦傳來，流布未廣，信用不甚切。」[7]另外也須說明，就文化界整體而言，近代日本介紹西方的倫理價值，最初的重點是個人主義的道德觀和國家意識，社會倫理並不在其列。所謂個人主義的道德觀，很接近現在一般講的新教倫理，強調個人要勤奮、獨立自主、有責任心，相信自我的努力必然導致成功。宣揚這個觀點的最重要作品，是中村正直(1832-1891)的《西國立志編》，這是蘇格蘭作家Samuel Smiles(1812-1904)*Self-Help*一書的譯本。*Self-Help*是一本闡揚英國十九世紀倫理思想(Victorian virtues)的勵志書，中村的譯本於明治三年(1870)初版，在明治時代幾乎成了知識青年的聖經，也被當成教科書，據說共賣了上百萬本。福澤諭吉也一再主張，日本人民應該培養獨立的性格。在明治初期文化領袖的心目中，獨立奮鬥的人生觀還是跟國家意識相連結的。他們相信，獨立有生命力的個人能夠幫助成就獨立而強大的國家，個人的自我奮鬥與富國強兵的集體目標是相輔相成的[8]。總結而言，西方倫理思想在明治早期得到大力宣揚的機會，雖然未必有立竿見影的廣泛影響，某種程度的衝擊決然是存在的。社會(或普遍性)倫理的觀念就夾帶在這種影響中，逐漸進入日本人的意識。

7　轉引自安里彥紀，《近代日本道德教育史》，頁82。另參考同書頁52-3。〈小學校修身書編纂方大意〉是一份確立以東亞傳統道德為日本修身教育之根本原則的文獻。

8　參考福澤諭吉著，群力譯，東爾校，《勸學篇》(《學問のすすめ》；北京：商務印書館，1958)，第三篇。*Self-help*在英國也是最受歡迎的勵志書，該書開頭的句子就是：「天助自助者」(Heaven helps those who help themselves)。

　　小學修身教科書而外，明治初期歷史中，還有一項發展也牽
涉到社會倫理意識在近代日本的出現，這就是「文明開化」中的
風俗改良政策。前文已經提過，明治初期西化運動的目的除了在
增進日本的國力，抵抗強權，還要求「文明化」的自我改造，至
於「文明」何所指，基本上是以西方的價值爲標準。由於明治維
新的這個特性，對「蒙昧」的民眾進行「開化」的洗禮，就成爲
政府的重要工作，社會倫理的意識則顯然包含在政府推行的新風
俗之中。明治政府風俗政策的具體內容，有很大部分見於明治五
年(1872)開始頒行的「違式詿違條例」。以下希望透過對這套法
律的介紹，說明明治初期的風俗改良與社會倫理之關係。

　　所謂「違式詿違條例」，就是一套取締輕度犯罪的法律，違
犯者由警察施予罰金處分，無力繳納的人，則改處笞刑或拘留。
在法律地位上，「違式詿違條例」相當於曾在戰後台灣施行數十
年的「違警罰法」。「違式詿違條例」的處分有兩種，一是「違
式」，一是「詿違」。根據明治五年頒布的「東京違式詿違條
例」，「違式」處以罰金七十五錢至一百五十錢，或笞刑十至二
十下；「詿違」則處以罰金六錢二厘五分至十二錢五厘，或拘留
一至二日。「違式」和「詿違」的差別完全在刑度，而與罪行的
性質無關。「違式詿違條例」首先在東京頒布，明治六年又頒行
「各地方違式詿違條例」，明治九年大阪府也發布該地自己的條
例；這些條例的條文大體相同。「違式詿違條例」頒行之前，明
治政府已曾發布若干整飭風俗與社會秩序的法令，這套條例在明
治十三年後則爲刑法違警罪所繼承，可見明治政府有一貫、明確

的風俗改革政策 [9]。

「違式詿違條例」純是法律條文，完全沒有提及制訂的目的，但主要內容明顯可分兩類，即關於風俗教化與關於社會秩序的條文。先舉前一類的若干例子。「東京違式詿違條例」違式部分的取締項目包括：販賣春畫和類似器物者（第九條）、身體刺繡者（第十一條）、經營男女共浴的澡堂者（第十二條）、袒裼裸身露出股脛者（第二十二條）、男女相撲、弄蛇等醜態者（第二十五條）；詿違部分的取締項目則有：營業浴室門戶大開或二樓入口無簾幕者（第三十七條）、婦人無理由剪短髮者（第三十九條）、在市中街道無廁所處小便者（第四十九條）、在商店前街道爲幼兒解大小便者（第五十條）。以上所列舉，多是日本傳統生活中司空見慣的行爲，在庶民文化裡，毫無負面意義。風俗改革並不是明治政府的創舉。十八世紀末以來，幕府也曾基於移風易俗的觀念，在江戶（後來的東京）及附近地區施行各式各樣的風俗管理，對賭博、文身、私娼、男女共浴、色情書畫瓷器等，都曾發布禁令，幕末時代還特別注意取締女性理髮師。德川幕府和明治政府雖然都實行風俗政策，兩者之間有許多差異。其中最重要的是，明治初期風俗改良的基本動力是國恥意識，也就是說，明治政府認爲，從西方人的標準或眼光看來，日本許多流行的行爲是很不文

9　「違式詿違條例」的條文見小木新造、熊倉功夫、上野千鶴子編，《日本近代思想大系》23，《風俗‧性》（東京：岩波書店，1990），頁3-29。關於這套條例的成立背景，可參看熊倉功夫，〈文明開化と風俗〉，在林屋辰三郎編，《文明開化の研究》（東京：岩波書店，1979），頁575-6。

明的，這是日本的重大恥辱，必須全力改善。「違式詿違條例」就是在這種急切的心情下制訂的，在實行強度與效果上，和幕府時代的風俗法令不可同日而語[10]。

風俗教化雖然是「違式詿違條例」的重要目標，就條文數量而言，卻遠不如社會秩序的類別爲多。此外，整飭社會秩序還可算是明治維新的新猷，幕府時代的前例頗少。特別值得提出的是，在這個方面，「違式詿違條例」的焦點不在傳統所關心的治安事務，如盜賊、民眾聚會騷亂，而是在日常公共生活中的細節。這一點明顯是受西方的影響，具有強烈的「文明開化」色彩。現在先舉顯著的例子，再略加討論。「東京違式詿違條例」違式罪目：

第十七條　夜間馬車不燃燈火通行者

第十八條　在人家稠密的場所嬉戲煙火者

第十九條　在火災相關場所騎馬者

第二十一條　嬉戲破毀路燈者

第二十七條　往川溝、下水道投擲土草瓦礫妨害流通者

第二十八條　在屋外堆積木石炭柴者

詿違罪目：

第二十九條　在狹隘小路驅馳馬車者

10　關於本段的主題，可參考熊倉功夫，〈文明開化と風俗〉，頁569-592；奧武則，《文明開化と民眾——近代日本精神史斷章》（東京：新評論，1993），第一章第一、二節。幕府時代天保年(1830-1843)以後的風俗法令，參見石井良助、服藤弘可編，《幕末御觸書集成》（東京：岩波書店，1994），頁217-284，523-535。

　　第三十條　　夜間無提燈拉人力車及騎馬者

　　第三十六條　　往馬路等處投棄死亡禽獸或污穢物者

　　第三十八條　　疏於掃除居所門前或疏濬下水道者

　　第四十一條　　清潔工人搬運糞桶不加蓋者

　　第四十四條　　喧嘩、爭吵、妨害他人自由、吵鬧驚擾他人者

　　第四十五條　　嬉戲熄滅路燈者

　　第四十八條　　在電信線路懸掛物品造成妨害者

　　第五十四條　　放大風箏造成妨害者

　　五十六條　　開門窗、攀牆壁、惡意露臉向街道張望或嘲弄他
人者

　　第五十八條　　攀折遊園及路旁花木或損害植物者

　　第七十五條　　夜間十二點後歌舞喧嘩妨礙他人睡眠者

從以上所舉以及未引的類似條文可以看出，「違式詿違條例」很
大的一個重點是在建立日常生活中公共場域的規範，這是傳統日
本道德思想所不甚措意的。「違式詿違條例」中一些幾乎令人發
噱的規定，正是這個「現代」意識與「傳統」習慣突然對峙的明
確表露，譬如，不准嘲笑路人，糞桶要加蓋。雖然明治初期的風
俗改良並未標示社會倫理或公共道德的觀念，這個意識可說已經
存在了。「違式詿違條例」還有些條文，算是相當「先進」。例
如，該條例規定，夜間拉人力車及騎馬者必須提燈。事隔一百三
十年，台灣到現在也還沒有夜晚騎自行車要點燈或戴反光帶的規
定，就個人聞見所及，中國大陸也沒有。

　　明治政府對「違式詿違條例」的施行大體認真。根據明治九
年(1876)份的《東京府統計表》，該年東京共有10,960人(或許應

為人次)受到此條例的處罰，其中處罰最多的項目有在不當場所小便(4,495人)、吵鬧喧嘩(2,727人)、裸體袒褐(2,091人)等，數字甚為驚人。其他處罰較多的項目有，在不准行馬車的道路上行車(206人)、無燈拉車(506人)、人力車夫強拉人乘車(109人)。在這些取締嚴厲的項目裡，不乏與社會倫理關係密切者，如吵鬧喧嘩、無燈拉車、強拉人乘車。「違式詿違條例」也有若干條文形同虛設，如怠於清掃居所門前只處罰一人，棄置污穢物於馬路只處罰三人，男女相撲玩蛇處罰一人，知情販賣病牛死牛肉處罰一人。「違式詿違條例」包含了許多新興的規定，有些無法得到執法

圖一　　第三十九條：婦人無理由剪短髮者(違式罪目)

第四十一條：清潔工人搬運糞桶不加蓋者(詿違罪目)

者的注意，有些因違規現象太普遍難以執行，都是可以想見的。儘
管如此，這套法律已對東京的庶民生活帶來了嚴厲的衝擊；至於
其他府縣，執法大概鬆多了[11]。

另外值得注意，「違式詿違條例」實施之時，各地還有這套
法律的圖解伴隨出版，其目的顯然是在向識字無多的大眾宣揚條
例的內容與重要性。這些圖解有的可能是私人繪製，有的或為應
政府委託印行的；無論如何，明治初期的菁英階層中明顯有一股
很大的力量，想要用新的社會行為標準來教化民眾，改善日本的
風習[12]（見圖一、圖二）。整體來說，「違式詿違條例」雖然實行
的程度寬嚴不一，它的確成為日常生活中的一項重要新因素，對
於社會倫理意識在日本的醞釀，作用恐怕不小。

總結以上的考察，明治初期的日本並沒有明確的社會倫理觀
念，但這個觀念所包含的議題與意識，則已經出現，文明開化運
動所導出的新式小學修身教科書和風俗改良政策，都是推動這個
意識的重要媒介。

二、公德觀念與社會倫理意識的發達

各種跡象顯示，社會道德或類似的觀念從明治二十年代（約
1890年代）起在言論界漸有明朗的呈現，到十九、二十世紀之交，文

11　小木新造，《東京庶民生活史研究》（東京：日本放送出版協會，
　　1979），頁573-5。

12　參考小木新造、熊倉功夫、上野千鶴子編，《日本近代思想大系》
　　23，《風俗‧性》，頁30-9。

圖二　第五十六條：開門窗、攀牆壁、惡意露臉向街道張望或
　　　嘲弄他人者（註違罪目）

化界掀起了討論與宣揚社會倫理的熱潮，而以明治三十四年（1901）
為頂峰。這個熱潮大約持續了兩、三年，社會倫理從此成為日本
心靈中一個明確的價值。明治時代社會倫理論述最顯著的成果
是，它產生了一個核心觀念：「公德」（或「公德心」），本節的
主旨就在考察這個觀念的內涵及其演變。此外，本文也要繼續檢
視修身教科書與社會倫理問題的關係，希望透過這兩方面的探
討，能初步重建社會倫理意識在近代日本成形的歷程。

　　首先須說明，「公德」與「公德心」這兩個詞語的內涵完全
相同。「公德」是代表某種特定德行的概念，「公德心」則是指

個人具有這種德行意識的狀態，下文將不對兩者作任何區分，一律使用「公德」。公德一詞其實出現很早，但剛開始跟社會倫理問題並沒有直接的關聯。

在近代日本，最早標舉「公德」一詞的可能是福澤諭吉。他在《文明論之概略》（初版於明治八年）第六章〈智德的區別〉，將「德」分為「私德」、「公德」，「智」分為「私智」、「公智」，並說：「自古以來，雖然沒有人把這四者明確地提出來討論，但是，從學者的言論或一般人日常談話中，仔細琢磨其意義，便能發現這種區別確實是存在著的。」[13]在福澤的用法裡，公德的涵義非常寬泛，可指一切顯露於社會生活的德行，廉恥、公平、正直、勇敢都屬之。在《文明論之概略》的智德議論裡，「公德」是最薄弱的一環，甚至提出得有些勉強。福澤的基本看法是，文明的進步，主要依賴智能，道德為功甚小，東亞一般所謂的德行，其實只是私德，局限於內心和狹小的人際範圍，道德的能量如要得到擴大，非靠智慧不可。換言之，日本的維新改造，應以知識技術為重，道德只是邊緣問題[14]。福澤的公德觀念缺乏具體內容，幾乎是徒具其名，但《文明論之概略》關於道德的討論還是很有歷史意義的。首先，這本書提出了公德的詞語，後來發展成日本社會倫理思想的重要概念。其次，福澤認為，傳統東亞的道德觀念基本上只是私德，這個想法間接標示，公共道德可能是「文明開化」（我們或可稱為現代化）過程中的一個重要

13　福澤諭吉著，北京編譯社譯，《文明論概略》（北京：商務印書館，1959），頁73。

14　同上，第四至第七章。

問題。

　　附帶一提，福澤諭吉的公德觀念雖然缺少實質內涵，他在幕末維新之際已有明確的社會思想。福澤把社會生活稱爲「人間交際」，他認爲，個人在社會上，應當獨立自主，役力勞心，善盡自己的責任。但世間難免有孱弱和不幸之人，幫助他們，使得安頓，則是健康平安者的職分。簡單地說，自立與互助是社會生活的兩大原則，這也可說是福澤的社會倫理觀。福澤的「人間交際」思想有濃厚的西方——特別是英國——色彩，這個特點再次顯示，文明開化運動是近代日本社會倫理意識的源頭[15]。

　　根據個人初步的考察，獨立的社會倫理觀念及其討論在明治十、二十年代已經出現，但相當零散，對問題多缺乏界定，使用的概念也很模糊。可以說，當時日本的社會倫理議論處在一種初發的朦朧狀態。在這段時期，言論界中出現的有關社會倫理的詞語有：公共心、公益心、社會道德、公共的道德、公德等，還有人直說「對社會公眾的道德」（社會公眾に對する道德）之類的話[16]。

15　見李永熾，《福澤諭吉社會思想之研究》（國立台灣大學文史叢刊之二十四；台北：國立台灣大學文學院，1968），頁191-205。

16　例見家永三郎，《日本道德思想史》（1954年版），頁200-3；〈公德卜私德ヲ論ス〉，在植木枝盛編輯，《愛國新誌》，5（明治13年9月）；東條世三，〈公益心〉，《文學雜誌》，66（明治14年12月）；浮田和民，〈社會道德論〉，《六合雜誌》，53（明治18年4月）；〈公共心〉，《國民之友》，74（明治23年2月）。爲了考察近代日本社會倫理觀念的發展，我檢視了兩份明治十、二十年代的領導性雜誌——《國民之友》、《六合雜誌》——的全部目錄，發現在1900年以前，以社會倫理爲主題的文章只有寥寥數篇。（《國民之友》刊行至1898年）

關於早期社會倫理討論的情況，這裡想舉兩個例子。第一個是一篇名為〈論公德與私德〉的文章，此文發表在著名自由民權運動家植木枝盛(1857-1892)編輯的《愛國新誌》(第五號，明治十三年九月)，也許就是植木自己寫的。這篇文章很短，作者把公德定義為有關社會公眾的德行，認為公德固然是全體國民的責任，但官吏應特別負其責，因為如果官吏不德，對國家社會將造成巨大損害。從這個觀點出發，作者提出三個公德問題：官吏賭博、受賄、經商。我們看到，作者雖然在形式上對公德作了一個社會倫理的定義，文中所論卻完全是掌政者的行為，可見他對一般性的社會倫理問題措意不深[17]。

第二個例子是浮田和民(1859-1946)的〈社會道德論〉。和〈論公德與私德〉相反，這篇文章非常長，刊載於《六合雜誌》五十三、五十五、五十六號(明治十八年)，共含五十五個條目，內容則是包羅萬象。此文所說的「社會道德」，可以理解為社會中應有的道德，或社會賴以運行的道德基礎。浮田顯然假定，社會道德是人人所應具有，他用各種觀念來說明這種道德的性質，如同情相感之心、中庸、仁義禮智。但他所言又非傳統觀念的拼湊，而是從普遍主義的觀點重新詮釋這些德目，譬如：「仁」是給予他人幸福；「義」是尊重他人權利，不妨害他人幸福；「禮」是言語行為適度，不違逆他人的心情；「智」則為明察事物利害，以此謀自身乃至他人、國家、世界之幸福。作者還具體

17　在本文的題目，「公德」注音為パブリックモラール(public moral)，
　　顯示作者對公德一詞的基本理解，還是有西方觀念為背景。

點出，現時社會有五大惡：戰爭盛行、土地所有集中、貧富懸
殊、遺產制度、男女大不平等。浮田和民是基督徒、政治學者，曾
留學美國耶魯大學，在思想上被認爲是大正民主運動的先驅[18]。他
之所以花費長篇闡論社會道德，顯然是受西方理想的影響，但此
文內容過於廣泛抽象，不一定能讓讀者感受到社會倫理有何特性
或必要。

這裡要爲前段以及本文其他地方出現的普遍主義一詞稍作說
明。這個詞語基本上是指，所有的人對所有的人應具之德行或義
務，在這個關係上，施者、受者都沒有身分的差別。換言之，指
的是近代西方式的道德普遍主義。儒家思想雖然強調人倫秩序，
不能說沒有普遍性道德的觀念。譬如，孟子解釋「仁義禮智」時
曾說：「無惻隱之心，非人也；無羞惡之心，非人也；無辭讓之
心，非人也；無是非之心，非人也」（《孟子·公孫丑上》），表
達的就是普遍性道德情操的觀念。不過細究起來，這種普遍性還
是受到人倫關係很大的影響，以「恭敬之心」而論，施者也許可
指所有的人，受者則應有身分的限制，即使明代的王學也無法形
成衝破這種格局的文化力量。總之，比較而言，傳統東亞的普遍
主義可以算是弱勢的，西方傳來的則屬於強烈的形態。

在明治中期零星朦朧的社會倫理討論裡，個人還是發現了一
篇簡潔而有系統的文字，很值得介紹，這就是能勢榮的〈教育敕
語所宣說的德義順序〉。能勢榮(1852-1895)是一位活躍於明治中

18　最近有一本關於浮田和民思想的研究專書出版：姜克實，《浮田和
　　民の思想史の研究——倫理的帝國主義の形成》（東京：不二出
　　版，2003）。

期的教育家、教育理論家，曾撰有小學修身教科書。就表面題旨
而言，他的文章是闡解〈教育敕語〉中「爾臣民孝于父母，友于
兄弟，夫婦相和，朋友相信，恭儉持己，博愛及眾」這段話，實
質重點則是在說明公德或社會道德的意義。〈教育敕語〉發布於
明治二十三年(1890)十月三十日，此敕以天皇之名，宣告當時政
治領導階層對國民道德走向的指導方針，並暗示倫理生活在新時
代的日本仍應具有中心地位。這是日本近代教育史與政治史上的
一件大事，此處不能多及。需要提出的是，一般對〈教育敕語〉
在公共道德意義上的詮釋，多集中於個人對社會或國家的奉獻義
務，有濃厚的集體主義(甚至國家主義)色彩，如能勢榮般從普遍
性道德的角度來界定個人與公眾的關係，是非常罕見的[19]。

　　能勢榮以為，過去在封建時代，人們生活範圍狹窄，社會組
織不發達，社會道德的需要因之較少，但日本近來經歷了很大的
進步，由封建專制的時代直接轉入立憲政體，人民如果真要具有
自治能力，就必須在家族生活的私德之外，發展社會生活中的公

19　〈教育敕語〉的原文、漢譯以及重要詮釋文字，均可見於國民精神
　　文化研究所編，《教育敕語渙發關係資料集》(東京，1939)。能勢
　　榮的文章原題為〈敕語に宣ひたる德義の順序〉，原刊《教育時
　　論》，234(明治24年10月)，收在《教育敕語渙發關係資料集》第3
　　卷，頁563-578。日本國立國會圖書館藏有能勢榮所著單行《公德
　　及私德》，共十二頁，未標出版年代，從內容看來，是前引文的一
　　部分。由於〈教育敕語〉和發布後的相關解釋在近代日本史上的重
　　要位置，研討之多，只能說是不勝枚舉。關於這份敕語的成立過程
　　及其原始涵義，可參考一部深有見解的著作：Carol Gluck, *Japan's
　　Modern Myths: Ideology in the Late Meiji Period* (Princeton: Princeton
　　University Press, 1985), pp. 102-127.

德。社會公德的原理有二，就是仁與義。用格言來表達，前者是
己所欲，施於人；後者是己所不欲，勿施於人。更具體地說，社
會道德的基本規則有六：一、不害他人生命；二、不占他人財
產；三、不傷他人名譽；四、救他人生命；五、濟他人困窮；
六、成就他人名譽。前三條屬於「義」的範圍；後三條立基於
「仁」。能勢榮還用英文的justice與benevolence來詮釋「義」和
「仁」，認爲前者是消極的、不侵犯他人的義務，後者則是積極
的、嘉惠他人的義務。能勢的文章以觀念辨析爲主，很少涉及具
體事例，但他明確指出，歐美國家公德發達，公共馬車可以沒有
車掌，由乘客自己投錢，火車站取行李不需憑證，由乘客直接領
取，日本的情況則與此大相逕庭。

　　就本文題旨來衡量，能勢榮的文章特別值得注意之處有二。
首先，這篇文章透過對仁義觀念的重新解釋來闡發社會道德的精
神，似乎與浮田和民的說法很接近，但此文焦點集中，清晰有
力，則遠非浮田之文可比。其次，能勢榮解釋公德，重點放在個
人與不確定他人之間的倫理關係，完全不及於國民的政治義務，
眞可說是徹底的社會倫理觀念。明治三十年代以後，公德成爲日
本社會倫理論述中的核心概念，對社會倫理意識在日本的樹立與
普及，發揮了巨大的力量。在這一點上，能勢榮即使不能算是孤
明先發，也是有導路之功的。能勢榮於明治三年(1870)十八歲
時，赴美國奧勒岡州一所中學就讀，六年後大學畢業始歸國。這
段早年居留西方的經歷，應該是他的道德思想的重要來源[20]。

　20　能勢榮的簡傳見唐澤富太郎編著，《圖說教育人物事典——日本教

接下來，想看一下教育方面的情形。明治十年代以後，日本
在修身教育方針上發生了一項重大變化，就是儒教思想復興，明
治初期以來的啓蒙教育潮流受到挑戰。以下將就這個變化與社會
倫理意識消長的可能關聯略作敘述。在修身教育的領域，儒教思
想復興的最主要倡導人物有明治天皇的近臣元田永孚（1818-1891）
和明治十年代曾任文部省編輯局長的西村茂樹（1828-1902）。這兩
人的教育思想大概包括以下幾個要點。第一是政教合一的觀點。
他們認為，文明開化過分偏重知識才藝，將導致風俗敗壞，道德
教育必須是國家的重要責任。第二，他們主張，日本道德教育的
基礎應當是「祖訓國典」，洋風並不可取。他們所謂的「祖訓國
典」，基本上就是身分取向的儒家教訓，與明治初期得到大力宣
揚的英美個人主義適成對照[21]。第三，修身教育的新潮流帶有國
家主義、皇室中心主義的色彩，強調君臣大義，這一點從明治十
年代後期起漸趨明朗。以上的要點顯示，儒家道德思想的復興
與社會倫理問題毫無關係，但西方普遍主義道德觀在修身教育
中的退潮，不可避免地造成社會倫理意識在新修身課程中隱晦
不顯。

明治十年代中期以後，儒教思想在修身教育中完全占了上
風；文部省在明治十五年底發布〈小學校修身書編纂方大意〉，

（續）

　　育史のなかの教育者群像》（東京：ぎょうせい，1984），上卷，頁
　　688-690（齊藤太郎撰）。能勢英年早逝，未能見到二十世紀初公德
　　論述的盛況。
21　「祖訓國典」語出明治天皇於明治十二年（1879）夏天頒布的〈教學
　　大旨〉，此文為元田永孚所撰。見安里彥紀，《近代日本道德教育
　　史》，頁69。

明訂這項方針。採取儒家路線的修身教科書，最具代表性的有西村茂樹爲文部省編纂的《小學修身訓》（明治十三年）、《小學修身書》（明治十六、十七年），以及元田永孚的《幼學綱要》（明治十五年）。這幾套書無論在結構或內容上，都與明治初期的翻譯課本大異其趣，書中大量引用日本與中國的古訓，只有《小學修身訓》還收有西方的格言、故事。爲展示新型教科書的風格，這裡稍介紹元田永孚的《幼學綱要》。此書是由對二十項德目的解說所構成：孝行、忠節、和順、友愛、信義、勤學、立志、誠實、仁慈、禮讓、儉素、忍耐、貞操、廉潔、敏智、剛勇、公平、度量、識斷、勉職。從德目的名稱和順序看來，這是傳統性格非常強的教本，重點在人倫關係與個人修養，其中某些項目當然也有普遍主義的涵義，如信義、誠實、仁慈、禮讓、公平、勉職，但這種涵義受限於人倫秩序的大背景，恐怕只能居於蘊而未發的狀態。

在明治十年代，日本還沒有國定教科書的制度，民間發行的修身課本非常多，由於教育思想的變化以及教科書編纂方針的頒布，民間教科書也大體依循儒教路線。到二十年代，修身教育的方向又有些改變，變化的一個主要方面在於重視培養學童爲忠誠的國民，可以說，近代民族國家教育的意識形態開始成形。此時的道德教育思想還強調切合兒童處境的實踐倫理，這又是西方式的觀點。整體來說，二十年代的修身教育呈現了一種東西融合的態勢，儒教色彩不若前些年濃厚。至於教科書的詳細內容，由於版本非常多，還有待查考。從有限的資料看來，社會倫理的成分不多，但也逐漸出現。舉例而言，在東久世通禧著的《尋常小學修

身書》第一冊(明治二十五年[1892]初版)的主題中,社會道德的部分,除了傳統已強調的報恩、勸業(勤勉敬業)、交友、行儀(儀態),還有較具近代意味的遵法(守法)與公益。重野安繹的《尋常小學修身》、末松謙澄所撰的修身教科書都有類似的情形[22]。總結以上有關教育的討論,明治十、二十年代的修身教育中,社會倫理的成分相當零星,十年代時,傳統的性格尤其強烈。這與同時期言論界的狀況,大致是相符的。

在明治三十年代,十九、二十世紀之交,日本出現了一個討論和宣揚社會倫理的熱潮。這個熱潮的核心議題就是公德,而且以明治三十四年(1901)為頂峰。無疑地,這個潮流把社會倫理的意識明確注入日本文化,終而導致日本道德心靈版圖的一大變化。這裡要先描述明治三十四年公德論述風起雲湧的情況,以揭示此一久被忽略的重要歷史事實。

現在要介紹三個(或三組)密切相關的事件。首先,明治三十四年元旦,《讀賣新聞》的頭版頭條是一篇新年宣言,昭告該報該年要努力的目標。其中說:「讀賣新聞去年聊勗勉於家庭教育[問題],今年將更為公德養成與風俗改良盡微薄之力,若因此而

---

22 以上關於明治十、二十年代修身教育的撮述,主要根據安里彥紀,《近代日本道德教育史》,第四、五章。對社會倫理問題頗具見解的能勢榮也撰有修身教科書,本人從日本國立國會圖書館查得三冊(其中兩冊為教師手冊),社會道德的成分似乎並未較他本為多,這可能是因為編寫教科書必須根據文部省訂定的準則,作者的彈性並不大。不過,這套由東京金港堂於明治二十五年(1892)出版的教科書共十二冊,其中學生用本八冊,教師手冊四冊,該館所藏僅為其中一小部分,斷語仍然難下。

有裨益於社會之革新，實所幸甚。」次日，該報就在頭版刊登題
爲〈社會改革的目標——公德養成〉的文章（社會改良の先——公
德の養成），此文未具名，當是社論。從此日到一月八日，每天頭
版都刊有公德問題的論說或事例。尤有進者，該年一月到四月，
《讀賣新聞》共登載了150個有關如何培養公德的實例，報社同時
並開辦一連串的「公德養成風俗改良演說會」。明治三十六年
（1903），《讀賣新聞》將報上刊載的150個例子修訂成130個，連
同演講會記錄和當時若干有關公德的論述，彙集成書出版，顏
曰：《公德養成之實例——附英人之氣風》（附錄部分爲該報在明
治三十五年所刊載的132篇有關英國風習的訪談記錄）[23]。很明顯
地，《讀賣新聞》是在經過仔細考量後，以極大的動力進行公德
觀念的宣導。一份重要報紙如果在一段長時間內持續討論一個議
題，宣揚一個特定價值，是很容易引起廣泛關注的。在明治三十
四年初的日本，的確就發生這樣的事了。

其次，在明治三十四年，知識界事實上存在著廣泛的探討公
德觀念的浪潮，《讀賣新聞》的努力只是其中的一環。當年十月
出版的《丁酉倫理會講演集》第七輯有〈公德論的終局〉一文，
列出十八篇討論此課題的論文[24]。爲了能讓讀者略爲感受當時的
氣氛，以下不避煩長，錄下這些文章的題目與作者：

23　參見明治三十四年一月至四月《讀賣新聞》；讀賣新聞社編纂，
　　《公德養成之實例——附英人之氣風》（東京：岩陽堂書店，
　　1912；1903年初版）。

24　〈公德論の終局〉，《丁酉倫理會講演集》第7輯（明治34年10月），
　　頁90-1。此文作者未署名，應該是該誌的編輯。

藤井健治郎，〈何謂公德〉，《教育學術界》一卷二號

穗積陳重，〈關於公德教育〉，《教育公報》二四三號

西村茂樹，〈公德養成意見〉，《讀賣新聞》一月份

〈關於公德問題〉（社說），《教育學術界》二卷四號

清澤滿之，〈公德問題的基礎〉，《精神界》第二號

く、げ，〈關於公德論的疑問〉，《哲學雜誌》一六九號

座佛，〈公德問題的真意義〉，《新佛教》二卷三號

中島力造，〈關於公德養成〉

武井悌四郎，〈所謂公德的真義〉，以上兩文皆在《倫理界》第一號

限本有尚，〈風俗與道德〉，《日本之小學教師》三卷二十七號

武井悌四郎，〈再論公德的真義〉，《倫理界》第二號

五來欣造，〈公德與實行〉

山根正次，〈公德與衛生〉

本野英吉郎，〈公德與實業〉

湯本武比古，〈關於公德〉，以上四文皆刊《讀賣新聞》三月份

〈公德論〉（社說），《大阪每日新聞》四月份

江原素六，〈公德的基礎〉，《東京市教育時報》第八號

伊東武，〈公德養成意見〉，《教育實驗界》七卷九號

關於這份資料反映的情況，可以提出三點進一步的說明。第一，以上列舉的文章，除了藤井健治郎的〈何謂公德〉刊載於明

治三十二年十二月，其餘應該都是三十四年出版的，可見該年公
德議論之熱烈，非過去任何時候可比[25]。第二，〈公德論的終
局〉作者在文章起首說，最近東京一地的幾十家報章雜誌，大概
沒有不曾介紹公德觀念的。後來又寫到，論文目錄只是憑記憶寫
出，應不完全。這兩個說法表明，當時公德議論之多，遠超過上
舉目錄所顯示者。事實上，《丁酉倫理會講演集》前一輯就有一
篇關於公德的文章不在目錄[26]。第三，前面列舉的論文作者裡，
不乏近代日本知識界的領導人物，如西村茂樹、穗積陳重(1856-
1926)、中島力造(1858-1918)。西村前文已提過；穗積是日本法
學界先驅、第一位法學博士；中島是美國耶魯大學博士、哲學
家，personality一字就是由他譯為「人格」的。此外，五來欣造
(1875-1944)在大正、昭和時代成為著名的政治學者。由此可見，
公德問題在二十世紀初頗得日本知識界上層的注意。

　　第三，明治三十四年四月十三至十五日，第三回全國聯合教
育會在東京開會，文部省向該會提出諮詢案：「有何在小學、中
學培養公德的方法」，該會經過反覆審議，提出了申答書，並達
成製作公德歌曲的決議，委託帝國教育會執行。該會不但承接編
製歌曲的工作，還特別集合學者，編寫了一部公德問題的理論專

---

25 《丁酉倫理會講演集》列舉的文章，我並沒有全部找到。但該份資
料顯然是按出版時間排列，緊接藤井健治郎〈何謂公德〉之後的兩
篇文章都出版於明治三十四年一月，第三文刊登於二月，我因此獲
得僅藤井一文在三十四年以前發表的結論。

26 〈公德を呼ぶ聲〉(作者未署名)，《丁酉倫理會講演集》第6輯(明
治三十四年六月)，頁76-7。個人蒐集到的公德討論資料中，還有
其他出版於三十四年而為《丁酉倫理會講演集》失收者。

書：《公德養成》[27]。這一連串的事件顯示，在明治三十四年，公德問題已引起日本官方和整個教育界的深切關注。文部省、全國聯合教育會代表教育界的官、民兩個方面，不言而喻。帝國教育會則是日本規模最大的教育界組織，經十餘年的演進，於明治二十九年(1896)成立，具有中央教育協會的性質。

接下來，要探討有關二十世紀初公德思潮崛起的幾個問題：它是如何興起的？當時公德觀念的主要內涵為何？什麼樣的人在提倡公德？公德思潮在近代日本歷史上占有怎樣的位置？希望透過這些問題的討論，社會倫理觀念如何確立於日本的問題，可以得到大致明朗的認識。

明治三十四年的公德熱潮是如何出現的？這還是有待詳細研究的問題。個人比較能確定的是，在此之前，公德並不是日本知識界注意的焦點，相關的議論不甚多，《丁酉倫理會講演集》的論文目錄可以為證。關於公德熱潮的突然興起，我目前掌握的一條比較具體的線索在武井悌四郎〈所謂公德的真義〉一文。此文發表於明治三十四年二月二十二日出版的《倫理界》第一期，起首曰：

關於社會道德的問題，雖然不敢說是近年才開始的，但從

27　〈第三回全國聯合教育會文部省諮問案答申〉，《教育公報》247號（明治三十四年五月），頁20，33-37，42-43；帝國教育會編，《公德養成》（東京：金港堂書籍株式會社，1902），特見該會會長辻新次(1842－1915)的緒言。《公德養成》的編纂主任是名心理學家、康奈爾大學博士中島泰藏(1867－1919)。

兩三年前起，除了二三有關此問題的有力團體，世人對此留意者方多。許多雜誌和報紙突然覺得要爲此問題添加生氣，特別如《讀賣新聞》，連日分割一專欄，用以揭示實例，供作公德養成的資源。可謂甚爲努力[28]。

這段話原文有誤字，文義有令人困惑之處，但武井的基本意思很清楚：社會道德的觀念雖已醞釀一陣時日，成爲眾所矚目的課題則是最近的事[29]。他特別指出，《讀賣新聞》對掀動此次風潮，作用很大。這段報導大體印證了本文前面的論述。此外，藤井健治郎在發表於明治三十二年底的〈何謂公德〉中說，在日本，無論學者、政治家、教育家或宗教家，都說我國人缺乏公德。這段文字也顯示，在明治三十年代初，公德已成爲政治、文化領導階層普遍關心的問題，只是這個問題意識要到三十四年才大舉爆發到文字層面，從而加速社會倫理觀念的推廣與深化[30]。

值得注意的是，武井悌四郎說，公德熱潮興起以前，已有少

---

28 武井悌四郎，〈所謂公德の真義〉，《倫理界》第1號(明治三十四年二月)，頁49。

29 原文有以下兩句話：「二三年前よりこれに關せる有力なる二三の團體おぜしを外にして、世人の此點に向て留意するもの多く」，「ぜし」應是誤字。

30 參見藤井健治郎，〈公德とは何ぞや〉，《教育學術界》1卷2號(明治三十二年十二月)，頁24。又，「公德」一詞已出現於明治三十三年八月頒布的「小學校令施行規則」第二條。見宮田丈夫編，《道德教育史料集成》(東京：第一法規出版株式會社，1959)，第2卷，頁11。該條文中譯見村田昇編著，林文瑛、辜靖雅合譯，《道德教育》(台北：水牛出版公司，1992)，頁290。

數團體推動社會道德,這些團體何所指,還待考。不過,一個名
爲「日本弘道會」的組織,顯然在明治三十四年前已開始倡導公
德。日本弘道會是明治時期的文化保守主義巨擘西村茂樹所創
辦。此會的前身是西村本人於明治九年(1876)建立的「東京修身
學社」,以培養國民道德爲宗旨,十三年(1880)改稱「日本講道
會」,二十年(1887)改爲「日本弘道會」,西村長期擔任會長,
直到明治三十五年八月去世。明治三十三年十二月該會出版一本
《西村會長公德養成意見》的小冊子,內容是西村茂樹以日本弘
道會會長的身分,提出應如何培養公德的規條,由會員松平直亮
記錄。西村希望弘道會員能率先依此實行,爲眾人表率。此文又
於次年一月十九日發表於《讀賣新聞》三版,題爲〈公德養成意
見〉。無論從單行小冊或報紙文章,都看不出西村的談話是何時
給的,應該是三十三年底之前不久。公德倡導之聲,或許先前已
存於該會[31]。此外,梁啓超創辦的《新民叢報》第三十至三十二
期(1903年4月至6月出版)載有日本育成會編《歐美公德美談》的
譯文。不知日本育成會何時開始提倡公德?另外還要一提,就個
人掌握的資料,明治三十年以後,有的修身教科書已出現對公德

31　松平直亮,《西村會長公德養成意見》(日本弘道會叢話;非賣
　　品)。〈公德養成意見〉後改名爲〈公德養成の心〉,收入讀賣新
　　聞社編纂,《公德養成之實例──附英人之氣風》,頁107-110。
　　西村茂樹的生平與思想略見松本三之介,〈西村茂樹:保守主義の
　　國家觀〉,朝日ジャーナル編集部編,《日本の思想家》上冊(東
　　京:朝日新聞社,1975),頁99-109;David Shively, "Nishimura
　　Shigeki: A Confucian View of Modernization," in Marius Jansen, ed.,
　　Changing Japanese Attitudes toward Modernization(Princeton University
　　Press, 1965), pp. 193-241.

觀念的系統介紹,最明顯的是,東京普及舍明治三十二年出版的
《高等小學修身教典》(教育研究所編),四冊中三冊有專課以公
德為主題。井上哲次郎、高山林次郎為中學校所編寫的《倫理教
科書》(共五冊),第四冊亦有專章講述社會公德,該書由東京金
港堂於明治三十年四月出版。這些都是公德觀念逐漸受到重視的
跡象。

　　現在要考察二十世紀初公德觀念的內涵。明治三十四年和其
後兩、三年,日本的公德議論極多,論者對問題的認識以及對公
德觀念的界定,可謂五花八門,非常紛歧,要作簡扼的摘要,幾
乎不可能。再者,這場討論的性質相當混雜,帶有強烈的社會文
化批評和宣傳教化色彩,觀念辨析並不是主線,許多文字根本不
對公德的涵義作具體陳述,必須由讀者自己設法體會。面對這樣
紛亂而熱烈的局面,當時也的確有人生出迷濛之感。在明治三十
六年十月發行的《丁酉倫理會講演集》第十五輯,還有讀者來函
詢問,公德的定義是什麼,與其他種類的社會道德異同何在[32]?
基於以上兩點因素,本文不擬報導公德議論的內容細節。以下想
要進行的,是說明公德討論中所呈現的最主要方向,希望藉此展
示明治後期日本社會倫理意識的基本情態。

　　在十九、二十世紀之交,公德最普遍的定義顯然是「對社會
公眾應有的德義」或類似的說法,這樣的定義雖然幾乎所有人都
能接受,社會公眾何所指,重點則可非常不同[33]。另外,有人將公

32　《丁酉倫理會講演集》第15輯(明治三十六年十月),頁110,〈應
　　問〉欄,笠原要太郎問。

33　中島力造的〈公德の養成に就て〉報導,關於公德的定義,除了

德界定為「對團體所應守的德義」，但「團體」的意指還是可以擴
大到整個社會，這樣的定義並不一定代表著特殊的公德觀念[34]。
明治晚期出現的公德定義顯示，當時對此觀念的最基本認識是，
它是指個人與社會、公眾的道德關係。不過，公德論述到底與現
實有極深的牽連，學術或哲學的性格並不強，要了解其中的重要
觀點，不宜太看重形式論辯。本文的考察，將跳過定義的分疏，
直接進入這個觀念的實質內容。我們的出發點是西村茂樹的〈公
德養成意見〉。

〈公德養成意見〉（或〈公德養成之心〉），即西村茂樹以日
本弘道會會長身分所提出的公德養成規條。此文將公德劃分為兩
類：消極的與積極的，文中的規條也依此分類羅列。消極的公德
有十八條，細繹其意涵，主要是指個人行為應避免造成對他人或
公眾的損害。違反這類公德的事項包括：不守時、聚會無故缺
席、攀折公園花卉並擅入禁止出入場所、在泥土牆壁和神社佛寺
外牆塗鴉、污染政府機關旅館及其他公共場所的廁所、在火車汽
船公共馬車內獨占利益不顧他人之困擾、拖曳重物破壞道路、參
加共同水利設施獨占利益等等。積極的公德顯然是指個人應當對
他人、社會、國家的利益有所主動貢獻。這一類的項目也有十八

（續）─────

　　「對社會的道德」，還有「官吏執行公務必具的德義」以及「國家
　　道德」。後兩項用法似乎偏少，見《倫理界》，第1號，頁17。

34　關於此一定義，參考く、げ，〈公德論に關する疑問〉，《哲學雜
　　誌》，169號（明治三十四年三月），頁255；坪內雄藏（逍遙），《公
　　德訓》，收在《逍遙選集》第6卷（東京：春陽堂，1926），頁373，
　　此文原刊於明治四十一年（1908）十月富山房出版的《倫理と文
　　學》。

條，包括：養成自治精神、改善不良風俗、市町村居民同心協力利害相助、孤兒寡婦及無能力者遭奸滑之人欺騙時迅速援救、救助貧人及殘疾者、國家公益之事盡力相助、注意國家經濟挽回對外貿易不平衡等等。

西村的文章幾乎沒有任何論辯，卻對公德觀念提出了非常重要的闡釋。這可以分兩點來談。首先，他把公德區分爲消極的與積極的，認爲公德應有兩個重要部分：不傷害他人與公眾的利益、主動協助他人並創造公眾利益。就個人所知，這項區分還出現在第三回全國聯合教育會對文部省公德問題諮詢案的申答書[35]，除此之外，就無同例，可見西村的分類法未被時人普遍採用。但值得提出的是，明治後期絕大多數關於公德內容的陳述都可被包含在這兩個分類裡，換言之，西村的分類以及對兩類公德條目的列舉，很能幫助我們掌握當時公德觀念的一般內涵。

現在希望對消極與積極公德的區分作進一步說明。西村茂樹把公德劃分爲消極與積極兩個方面，很近似明治中期浮田和民與能勢榮用仁義觀念來詮釋公德或社會道德。浮田與能勢將「仁」解釋爲幫助他人、給予他人幸福，「義」解釋爲尊重他人、不傷害他人，和公德的積極、消極面頗成對應。無論西村的分類是否直接或間接受浮田、能勢之說的影響，在精神上，兩者是相當接近的。不過，明治晚期的公德觀念與浮田兩人的論說有一項重要差異。浮田和民與能勢榮深受西方個人主義普遍道德觀的影響，

---

35 〈第三回全國聯合教育會文部省諮問案答申〉，《教育公報》，247號，頁33-7。

基本上以個人對所有的他人的義務來界定社會道德，類似公共、
公眾的概念反而沒有明顯的地位，能勢尤其如此。但在明治後期
的公德思潮，即使在消極公德的部分，集體性的公眾也占很重要
的地位。西村的消極公德條目裡，就有一些關於公共財物的規
範。另外還有更明顯的例子。著名文學家坪內逍遙(1859-1935)在
二十世紀初曾致力於宣揚公德。他對公德的界定，是以道德關係
的對象爲基準，如公眾、公財、公務，其中公眾可以大體了解爲
不確定的他人，公財就絕對是集體性的，不損壞竊取公物是公德
很重要的一環[36]。武井悌四郎界定公德，也特別注重社會中的集
體利益[37]。

其次，西村所說的積極公德，也有值得分析之處。除了涉及
不確定他人的幸福、公眾的利益，他所謂的積極公德有時(三或四
條)還關係到國家的整體福祉。譬如，西村把協助國家平衡貿易視
爲公德，又說，國家利益與地方利益有衝突時，當以國家爲先，
這也是公德[38]。在其他同時期的公德討論裡，納入個人對國家的
責任義務也是很常見的。不過，這部分大體有附帶的意味，不是
公德思潮的重點[39]。

36　坪內雄藏，〈公德と私德〉，《倫理界》，第3號(明治三十四年七
　　月)，頁11-14。早稻田大學中央圖書館藏有一本未署作者名、無出版
　　日期的同題專書，結構與此文完全相同，應是坪內後來改寫而成。

37　武井悌四郎，〈所謂公德の眞義〉，《倫理界》，第1號，頁49-50。

38　西村所立的公德條目見松平直亮，《西村會長公德養成意見》，或
　　西村茂樹，〈公德養成の心〉，讀賣新聞社編纂，《公德養成之實
　　例──附英人之氣風》，頁107-10。後者較易得見。

39　例見藤井健治郎，〈公德とは何ぞや〉，《教育學術界》，1卷2
　　號；穗積陳重，〈公德教育〉；湯本武比古，〈公德養成に就て〉

綜合而言，二十世紀初日本的公德觀念大體包含三項要素：不傷害他人或公眾利益，協助他人並為公眾創造利益，為國家效力。第一項要素屬於西村茂樹所謂的消極公德，其餘兩項都是積極的公德。三要素之中，前兩個是公德的核心，最後一項則為邊緣性的。以上的論斷是本文的重要論點，為堅固此說，還要再提出一點證據。

《讀賣新聞》編纂的《公德養成之實例》是一份內容豐富的資料，對了解日本公德觀念的成立，參考價值很高。這本書把刊載的一百三十個公德實例分為九類：眾人聚集場合中的公德、對待公物的公德、對待他人之事業與物品的公德、有關收受運送財物的公德、關於與他人之約定的公德、與遵行法規有關的公德、與政治有關的公德、與商業交易有關的公德、在應表示同情友好的場合中的公德。在這九類實例中，和國家的整體目標有關的，可說是絕無僅有。此書所謂「與政治有關的公德」只有三例，都是關於民主政治中的行為規範，完全無涉於個人對國家的忠誠或奉獻。《公德養成之實例》應該是了解二十世紀初日本公德觀念的良好樣本，此書明確顯示，公德是個社會性的概念。

除了《公德養成之實例》，坪內逍遙的著作也很有助於我們掌握明治後期公德觀念的特色。坪內可能是當時對公德問題作了最有系統論述的作家。他所有這方面的著述都有一個核心主張，即公德的內涵有三大類：對公眾、公財與公務的德義。關於這三個領域，他一再列舉具體的德目或事例。三個領域中，公眾與公

(續)————————————————————

（後兩文在讀賣新聞編纂，《公德養成之實例》）。

財幾乎完全屬於日常生活的範圍，而且其中絕大多數的規範都屬
於西村茂樹所謂的消極公德，只有少數救人急難的訓誨在積極公
德之列。對公務道德的強調是坪內公德思想的特色，這部分主要
包括一般人在公民生活中的規範以及官吏的道德義務。總結而
言，坪內逍遙的公德觀念是消極性社會倫理與近代公民思想的結
合，前者似乎分量較重[40]。

在結束介紹明治晚期公德觀念之際，要再提出一個看法，就
是：在公德思潮中，消極公德的部分似乎比積極公德來得更有影
響力，更引人注意。明治三十四年四月二十五至二十七日的《大
阪每日新聞》，連續三天以頭版頭條刊登題為〈公德論〉的社
說。這篇文章的一個中心論點是，一般人對公德的了解太過狹
隘。此文批評，世人談起公德問題，只會說日本人在公共場合舉
止如何如何，在公園裡對待草木如何如何，對公用物品的行徑又
如何如何，這是錯誤的觀點。公德的核心意義應該是「作為公人
的德義」，也就是參與公共事務者──如官吏、議員、社會領
袖──應有的德行。此文甚至認為，公德與私德的區分不甚必
要，公德不過是私德在公共生活中的展現。姑不論這篇文章論點
的得失如何，由它大張旗鼓反對公德流為細瑣之談，就可見消極
性公德已成為公德論壇的主角。

---

40 坪內最主要的公德論著是：〈公德と私德〉，《倫理界》，3號；《公
　　德と私德》（早稻田大學中央圖書館藏鉛字本）；《公德訓》，
　　在《逍遙選集》第6卷。又，五來欣造明確主張，公德是個社會
　　性的觀念，與國家無關。還說，東洋雖然愛國心很發達，公共心、
　　公德卻不如此。見五來欣造，〈公德と實行〉，在讀賣新聞社編
　　纂，《公德養成之實例──附英人之氣風》，頁155。

　　接下來要討論，是什麼人在倡導公德觀念。本文的研究規模不足以精確回答這個問題，這裡主要希望揭示一件事實：在明治後期，建立社會倫理是知識界的共識，是保守主義者和傾向自由主義的人士都大力支持的。這可能是公德觀念何以能在二十世紀初迅速取得文化重要性的關鍵原因。前文介紹過西村茂樹和他所創辦的日本弘道會，一份明治三十六年的資料指出，當時日本弘道會有三萬名以上的會員，遍布全國，是推動公德最用力的一個團體[41]。爲什麼像西村這樣的保守主義者如此熱心推展社會倫理，下文再試圖說明。

　　關於公德觀念得到知識界的整體支持，《教育學術界》二卷四號的社論有所披露。此文發表於明治三十四年二月，內容主要在評介穗積陳重和西村茂樹的公德言論。該文說，這個問題還得到福澤諭吉、加藤弘之(1836-1916)以及其他許多重要學者、政治家、宗教家、新聞記者的關注，論議不斷。在明治晚期，福澤諭吉和加藤弘之可說是日本民間、官方知識界的兩大元老，從他們也出來爲公德聲張一事，可見其時的盛況。福澤是文明開化的中心人物，明治時期最重要的啓蒙思想家，文化立場與西村茂樹大不相同，兩人同時宣揚公德，象徵地展現了日本知識界在這個問題上的共識。讀賣新聞社出版《公德養成之實例》，也網羅到當時許多最重要的文化領袖寫序，如加藤弘之、井上哲次郎(東京帝國大學教授、官方哲學家)、志賀重昂(1863-1927，評論家、國粹

41　〈公德養成の心〉，在讀賣新聞社編纂，《公德養成之實例——附英人之氣風》，頁106。此文雖然最早發表於明治三十三年底，但在三十六年收入《公德養成之實例》時，加了前言。

保存主義代表人物)、三輪田眞佐子(1843-1927,女子教育家)。

關於有自由主義傾向人士對公德觀念的支持,可以「丁酉倫理會」爲例。前文應已顯示,在明治三十四年,《丁酉倫理會講演集》出現過報導和聲援公德思潮的文字,該會顯然是強烈贊成公德觀念的。事實上,公德論述的作者藤井健治郎(1872-1931)、坪內逍遙都是該會會員,早年曾撰〈社會道德論〉的浮田和民也是該會創會人之一。丁酉倫理會創立於明治三十年(1897),時稱丁酉懇話會,以大西祝(1864-1900)爲精神領袖。大西是基督徒,同志社英學校出身(後畢業於東京大學哲學科),是個具有批評鋒芒的哲學家,曾著文抨擊井上哲次郎的國家主義思想,在學界聲譽極高,但英年早逝。大西與基督教知識分子刊行的《六合雜誌》淵源很深,曾任其編輯。在明治三十年代初,《六合雜誌》也有提倡社會倫理的文字。丁酉懇話會創辦次年,大西祝即赴德國留學,該會轉以中島德藏爲主要領導人。中島是〈教育敕語〉撤回風說事件(1901)與哲學館事件(1902)的主角,這兩個事件都牽涉到官方的國家主義(國體尊重主義)和知識人獨立思想的衝突,中島顯然是個自由主義者[42]。簡而言之,丁酉倫理會的成員

---

[42] 關於教育敕語撤回風說事件與哲學館事件,最簡單地說,前者是指1901年1月至3月,有報章雜誌不斷報導,文部省修身教科書起草委員中島德藏倡議撤回〈教育敕語〉,中島終於在該年五月辭職,回哲學館(東洋大學前身)任教。哲學館事件發生於次年底,文部省官員以中島德藏在哲學館倫理科畢業考試題中有對君主不敬的嫌疑,取消該校畢業生自動取得中學教師的權利。哲學館事件是震動日本知識界的大事,名作家松本清張後來還將此事寫成小說:《小說東京帝國大學》。雖然此二事件都有內幕不明甚至諱莫如深之處,但多少應與中島的思想立場有關係。主要研究和資料見:中島德藏先

有濃厚的西方思想(或基督教)、自由主義、反激烈民族主義的色彩,以這樣的背景,支持具有道德普遍主義意涵的公德觀念是很自然的[43]。

現在要討論公德風潮的淵源或動力問題,這個討論能夠幫助說明公德論述在明治歷史上的位置,以及何以這個觀念也得到保守主義陣營的支持。推動公德最主要的動力是很清楚的,就是文明開化傳統中的風俗改良。關於這個看法,第一個明證是,二十世紀初的公德議論,經常是和「風俗改良」、「社會改良」之類的字眼連在一起的。就以本文已引述的資料爲例,《讀賣新聞》在明治三十四年元旦展開一系列公德宣傳之前,說該社將「更爲公德養成與風俗改良盡微薄之力」,該報所刊登的第一篇有關文

(續)

　　生學德彰顯會編,《中島德藏先生》(1962),第四章;小股憲明,〈教育敕語撤回風說事件と中島德藏〉,《人文學報》(京都大學),67號(1990年12月),頁144-67;中里良二,〈教育敕語撤回風說事件と哲學館事件〉,《共立女子短期大學文科紀要》,36號(1993年2月),頁93-108;佐藤秀夫,〈哲學館事件新說〉,《サティア》(井上圓了記念センター一學術機關誌),47號(2002年夏季)。中里良二認爲中島德藏並無自由主義傾向,這個判斷恐怕是有問題的。關於中島的友人對其自由主義思想的見證,見法貴慶次郎,〈中島德藏先生を憶うて〉,在《中島德藏先生》,頁271-2。

43　本段所述,除中島德藏個人的部分,參考宮本又文,〈創立期「丁酉倫理會」の性格〉,《金澤大學教育學部紀要》,19號(1970年12月),頁99-111;古田光,〈大西祝:市民哲學の起點〉,朝日ジャーナル編集部編,《日本の思想家》上冊,頁9-20;逍遙協會編,《逍遙事典》(東京:平凡社,1986),「倫理教育」條,頁389。在明治三十年代初,《六合雜誌》刊登過的以社會道德爲主題的文章有:〈社會的道德の修養〉(第222號,明治三十二年六月),〈公德の進步と青年の風紀〉(第240號,明治三十三年十二月)。兩篇都是社論。

章題爲〈社會改革的目標——公德養成〉，所辦的演講會則是
「公德養成風俗改良演說會」。西村茂樹的〈公德養成意見〉中
也有這個思路[44]。一本公德歌曲的書名就叫《風俗改善公德唱
歌》[45]。與公德相關聯的風俗改良，當然不是要重回日本舊慣或
振興儒家倫理，而是以西方價值、風習爲標準的教化。這種作爲
在日本近代史上，是有雄厚的文明開化傳統爲支柱的。明治三十
四年公德論述高張之際，頗有人製作公德歌曲，其中一套歌曲涉
及以下諸事：折取公園花木、攀登堤防、尊重國法、妄取果物、
欺侮外國人、塗寫牆壁、破壞街燈水管、在人多之處推擠、不恭
謹受教、嘲弄殘障者、幸災樂禍、虐待傭人[46]。這其中許多項
目，是不是與「違式詿違條例」的精神很相似呢？這個歌本中還
有一句話：「我們若這樣不改變地過日子，文明開化會變成什麼
樣子呢？」（若このままに過ぎ行かば、文明開化も何なら
ん）[47]，更是直接把公德養成當作文明開化的一部分。

再者，明治後期的公德文字裡，充滿日本與西方的對比，西
方多良風美俗，是公德實現的化身，日本則頗有不堪聞問之處。
《教育學術界》二卷四期的社論〈關於公德問題〉就說，公德議
論文章大抵是痛罵時弊，敘說公德的必要，再談些歐美的情況[48]。
讀賣新聞編印《公德養成之實例》，以《英人之氣風》爲附錄，

44　讀賣新聞編纂，《公德養成之實例——附英人之氣風》，頁108。
45　石原和三郎作歌，田村虎藏作曲，東京富山房於明治三十四年六月
　　出版。
46　町田櫻園，《公德唱歌》（東京：魚住書店，明治34年5月）。
47　同上，頁33。
48　《教育學術界》，2卷4期，頁4。

此書記錄的英國風俗其實和公德關係很少，兩者同入一書，暗示編者以爲公德養成在很大程度上是向西方學習。該書的序言和附錄文章，比照西方與日本情況的也相當多[49]。總之，從公德論述以西方爲標準，爲正面教材，就可證明公德風潮還是西化運動的一部分。

根據以上所述，明治晚期公德思潮的歷史地位就很清楚了，它是明治歷史中文明開化傳統的延續，更精確地說，文明開化中風俗改革成分的延續。公德論述的歷史位置可以說明它何以會得到西村茂樹這樣的保守主義者的積極支持。明治時期的保守主義者大抵並不全盤反對文明開化。以西村爲例，他早年也習洋學，參加明六社，致力於啓蒙活動。他在道德思想上崇尚儒教，並非因爲他認爲儒家全然無誤。西村雖然相信儒家的人倫教訓基本上正確，他更重要的儒家立場是，道德生活必須是日本文化的重要部分，國家和知識分子有責任教化人民。但他明確主張，日本不當專行儒道；他指稱儒教過於重男輕女、是古非今，其倫理思想對尊屬過於有利，對卑屬太過不利[50]，這些都是帶有近代觀點的批評。簡單地說，和其他許多保守主義者一樣，西村是受過文明開化浪潮洗禮的，他的政治觀與文化理想固然以儒家爲基底，對道德內容的看法，則有其他的標準。他和日本弘道會宣揚深具西方色彩的公德觀念，也算是一種儒者的行爲，移風易俗的實踐。

49　如井上哲次郎序；久保田讓序；志賀重昂序；穗積陳重，〈公德教育〉；湯本武比古，〈公德養成に就て〉。

50　見安里彥紀，《近代日本道德教育史》，頁90-1所引西村著《日本道德論》中的文字。

總而言之，在明治晚期日本的心靈結構上，社會倫理顯然處於文明開化傳統中有共識的位點，宣揚這種思想的風潮一旦發動，就得到了很大的支持。

明治三十年代關心社會倫理的潮流，對第一次國定修身教科書顯然頗有影響。日本文部省於明治三十三年因應國會要求編纂國定小學校教科書的議案，於該年四月成立修身教科書調查委員會，著手編寫事宜，三十六年(1903)底完稿，次年開始使用。在這套教科書中，無論尋常小學或高等小學的教材，社會倫理都占了很大的比重。例如，在第一次〈國定小學修身書編纂趣意報告〉有關高等小學修身書的德目分析表中，社會道德(社會に於ける心得)的部分，列舉了二十五個項目，包括他人的身體、他人的自由、他人的財產、他人的名譽、謝恩、正直、禮儀、同情、慈善、公益、社會秩序等等，就課數而言，有三十三課歸於此類。至於國民行為規範(國民としての心得)的部分，只有十個項目，十五課[51]。日本在設立小學修身課程三十二年之後，社會倫理首次取得了重要有力的地位。

第一次國定小學修身教科書編寫時，梁啓超在日本，他看到這套書的編纂資料，對社會倫理所占比重之高，印象非常深刻。他在1902年(明治三十五)6月發表的〈東籍月旦〉，特別提及此事，並慨嘆中國人講倫理之狹隘[52]。梁任公可能不知道，他看到

51　見宮田丈夫編，《道德教育史料集成》第2卷，頁81-4。全份編纂趣意報告在頁68-92。

52　梁啓超，《飲冰室文集之四》，〈東籍月旦〉，頁85，收在台灣中華書局一九八三年台三版《飲冰室文集》第2冊。此文於1902年6月

的情況，是社會倫理意識在日本醞釀幾十年的成果，社會道德得
到普遍重視，是新近的事[53]。社會倫理德目在國定小學修身課本
占有重要分量，表示這方面的價值獲得穩固的傳播管道。明治四
十三年(1910)，第二次國定修身教科書開始使用，這時皇國主
義、家族國家思想已經大盛，受到家族倫理與臣民倫理內容的推
擠作用，社會倫理在教本中的分量減少，但還是有接近四分之一
的比重[54]。無論如何，在二十世紀初的公德議論風潮之後，社會
倫理已成為日本文化中確立的價值。修身課本結構的變化，就是
這個新局面的反映。

三、小結

　　本文對社會倫理意識在近代日本的醞釀與發達，特別是這個
過程與公德觀念的關係，作了若干考察，以下是簡單的摘要。明
治初期的日本並沒有明確的社會倫理觀念，但這個觀念所包含的

(續)─────────────

　　起陸續在《新民叢報》發表，此處所論出現於文章首次刊載的部
　　分。梁啟超在該文說他引用的資料是「關于中學所教倫理道德之要
　　領」，經查核，應該是第一次國定修身教科書高等小學修身書的德
　　目。按，日本從明治中期到二次大戰結束，初等教育學制為尋常小
　　學校四年，高等小學校四年。

53　穗積陳重在明治三十四年初的〈公德教育〉演講中，明說日本的修
　　身教科書、倫理教科書，以公德部分最為拙劣。見讀賣新聞編纂，
　　《公德養成之實例》，頁113。

54　參考 Wilbur Fridell, "Government Ethics Textbooks in Late Meiji
　　Japan," *Journal of Asian Studies*, 29:4（August 1970）, pp. 823-33,
　　especially 826-7.

議題和意識，至少已出現在新式小學修身教科書和風俗改良政策。這個現象透露，明治早期的文明開化運動是社會倫理意識在日本萌芽的最初溫床。到明治十、二十年代，有關社會倫理的討論開始出現，但相當零散，使用的概念也很龐雜，可以說，是處在一種初發的朦朧狀態。這段時期的修身教科書，由於教育思想的轉變，社會倫理的涵義不深，與知識界一般漠視社會倫理問題的情況，適成對應。

在明治十、二十年代隱晦的社會倫理議論中，公德觀念逐漸成為代表社會倫理意識的主要標誌。公德一詞可能最早出現在福澤諭吉的《文明論之概略》，福澤利用它來顯示，傳統東亞所謂的道德大多屬於私的性質，「公德」在這本書中只是一個邊緣的觀念，幾乎沒有任何具體內涵。到十九、二十世紀之交，日本出現了討論和宣揚公德的熱潮。這時公德的主要內涵無疑是社會倫理，特別指個人有避免損害不確定他人與公眾的義務，并應積極協助他人，創造公共利益。公德思潮在明治三十四年(1901)達於頂峰，這個潮流把社會倫理的價值明確注入日本文化，終而導致日本道德心靈版圖的一大變化。公德觀念有這樣的力量，並不是偶然的。社會倫理的議題與意識，從明治維新初期開始，就在日本醞釀發展，這是公德觀念得以茁壯的基礎。就思想脈絡而言，明治晚期的公德觀念仍然屬於文明開化的傳統；也就是說，這個價值攀緣於日本向西方學習以自求革新進步的努力。尤有進者，這是文明開化傳統中一個有共識的部分，是文化民族主義者也願意支持的。由於公德觀念的以上特性，政界、知識界中有長期推動這個價值的力量，它的內涵終於逐漸融化為日本一般的生活習慣。

　　社會倫理意識在日本雖然經過長久的醞釀，才得以立足生根，這個過程並不能算是自然的演進。社會倫理的價值主要是外來的，這個價值的傳布，則多依賴人爲的宣揚。我們可以說，在很大的程度上，社會倫理意識之所以能在日本確立，是因爲文化與政治領導階層在這個問題上有共識，產生了巨大的力量——教化導致了文化變遷的結果。教化大體上是指一個階層或集團把自己的觀念(或自己希望別人相信、實踐的觀念)用各種方式灌輸給他人。教化的形態很多，在日本的社會倫理問題上，教化現象的確反映了領導者與民眾之間的權力關係，但我們似乎很難說，社會倫理的宣導具有鞏固這個權力關係的目的或效果。以文明開化中的風俗改良政策爲例，在「違式詿違條例」裡，頗有一些關於騎馬和馬車的條目，騎馬和使用馬車的，大都是有錢人，他們也必須受「文明」的約束。昇齋一景的《圖解五十余箇條》爲詿違罪目第二十九條「在狹隘小路驅馳馬車者」所繪的圖解，馬車上坐的顯然就是上流社會的成員(見圖三)。這個例子具體地展示，文明開化確實帶有普遍性理想的色彩。明治時期是一個意識形態活躍的時代，官民菁英積極發展各種觀念，希望用以塑造他們心目中的理想社會，公德養成在明治晚期也成爲這項社會工程中的重要環節。二次世界大戰之後，這個工程中的許多方面都被認爲是嚴重的錯誤，與此相反，公德則繼續得到提倡[55]。從這個觀點看來，社會倫理可以說是近代日本一項成功的、有正面意義的教化。爲

55　在1958年文部省發布的中、小學〈學習指導要領〉，公德、社會倫理都得到強調。這兩份文件的中譯，見村田昇編著，林文瑛、辜靖雅合譯，《道德教育》，頁305-323。

圖三　第十條：知情販賣病、死牛及其他病死禽獸肉者
　　　　　（違式罪目）
　　　第二十九條：在狹隘小路驅馳馬車者（註違罪目）
本文圖片資料來源均爲：昇齋一景，《圖解五十余箇條》（明治六年？）

進一步了解文明開化式教化的價值與歷史力量，我們要簡略對照
社會倫理觀念在近代中國的處境，以爲本文的結束語。

　　近代中國社會倫理意識的自覺，大體是源自公德觀念的輸
入。公德觀念在日本流行後，立刻被介紹入中國，梁啓超寫於
1902年的《新民說》是早期最重要的媒介。梁氏的公德觀念雖然
也有社會倫理的涵義，重點是在說明愛國心與國家意識的必要。
公德觀念在中國知識界、言論界普遍流行，大約要到1904年以

後，這時中國公德觀念的重點是在社會倫理方面，換言之，與日本的看法又接近了。這個變化產生的原因，可能一方面是許多知識分子認為社會倫理在中國也是個嚴重的問題，另方面則是當時人對公德的考慮與理解，多受日本的直接影響，並非透過梁啓超的《新民說》[56]。與日本不同，公德觀念在中國一直沒有巨大的力量，甚至也少受知識界重視。究其原因，多少與近代中國歷史進程的特性有關。近代中國缺乏類似「文明開化」的傳統，文化改造的努力大都直接搭掛於救亡圖強或其他性質的政治目標，獨立性薄弱，公德觀念沒有可以附麗的長期性文化力量，成為一個孤懸的詞語、孤懸的概念，被人們偶爾用以自我批評或自我解嘲。在這樣的情況下，生活習慣和行為模式仍然會發生變化，只是跟思想的關係相當疏遠罷了。

本文原刊於《新史學》十一卷四期(2000年12月)。2004年8月微幅修訂，論文題目也略有改動。

---

56 可略參考本書〈中國歷史上「公」的觀念及其現代變形──一個類型的與整體的考察〉，晚清部分。

評論篇

兒童與公共秩序

　　一般談論公德或公共秩序的問題，主要以成年人爲對象。但兒童也是社會的一分子，出現在公共空間的機會很多，一個社會如要發展成熟的公共生活，實在不能不考慮兒童與公共秩序的關係。在台灣，兒童與公共秩序的關係是個實際而敏感的問題。我們從生活經驗中可以發現，兒童經常是破壞公共秩序的來源。譬如在餐廳、商店或交通工具上，兒童的喧鬧與嬉戲常爲他人帶來困擾，至於破壞物件、行爲乖張者，也非罕見。另一方面，台灣一般人認爲幼兒是屬於父母的，並不承認社會（學校除外）有管教兒童的權利，如果有人在公共場合制止他人子女的行爲或加以勸導，家長很容易認爲是在指責自己。在此情況下，人們通常不願干涉兒童在公共場合的行爲，社會對這方面的問題等於毫無拘束力。爲什麼台灣的兒童會成爲破壞公共秩序的一個明顯來源，牽涉的原因不少。我個人認爲，其中一個重要因素是，在本地的兒童文化中，公共領域的意識非常淡薄，兒童對在公共場合與私人場合的行爲不作區分。因此，本文的探討集中在以下的問題：幼童是否有能力辨識公共領域，並依此認識而調整行爲？幼童如有此能力，社會應否鼓勵兒童及早發展這項能力？這不是一篇科學

性的報告；此文所表達的，只是一個關心公德問題的人的觀察與
思考。

　　長期生活在台灣的人，對兒童在公共場合的嬉鬧司空見慣，
不少人或許會認為這不過是兒童本性的展露，無以為怪，根本不
是問題。但台灣兒童在公共場所的行為模式並非舉世皆然。在許
多其他的社會，兒童在公共場所的行為中規中矩，恂恂如成人，
卻又不失天真的意態，好像跟台灣的小孩有完全不同的一套基
因。我手邊有一份1994年10月5日的《中時晚報》，第七版上有一
張日本廣島的小朋友參觀亞運會的照片。記者在圖片說明中寫
著：「亞運期間，各會場均有老師帶小朋友去參觀比賽，小朋友
不見得看得懂，也不見得喜歡看，但一個蘿蔔一個坑，小朋友就
是不會離開座位亂跑亂竄，也不會喧嘩吵鬧，所以會場觀眾秩序
井然……。」照片中有三十五位小朋友坐在觀眾席上，大約都是
小學一、二年級的年齡，其中有個人抱胸歪坐在座位上笑著，兩
組人在互相說話，絕大多數都以各種姿態發呆著，但所有人都緊
緊貼坐在位置上，說話的人也僅是轉頭。這幅圖像生動地顯示了
幼童有不必受大人喝阻而能自然遵守公共秩序的能力。此一能力
在西方小孩身上也常可見到。我們不必遠赴異國，當我們在本地
的公共場所見到西方僑民小孩時，如果留意觀察他們的行為，也
應能得到相同的印象。從上述的情況看來，許多台灣兒童在公共
場合慣於喧鬧奔跳，大概是文化的因素居多。

　　兒童與公共秩序的關係之所以引起我的特別興趣，主要是源
於去年(1994)夏天在美國旅行時的一次經驗。這次經驗使我對幼
童對公共領域的敏感程度有極深刻的印象。當時，我住在西雅圖

的一間小旅館。一天早上，我坐在旅館的lobby（面積不大，不好稱作大廳），身邊突然傳來電梯的機械聲，夾雜著大人和小孩歡樂的嘻笑聲，是電梯降到一樓了。門開後，走出一對年輕夫婦、一個小男孩和一個小女孩。這時，夫婦兩人把食指放在嘴唇上，輕發出「噓」聲，要孩子們安靜下來，但臉上還帶著笑意。小女孩約在三歲左右，還繼續笑叫著，與男孩嬉戲。男孩大約五六歲，顯然是女孩的哥哥。他也繼續和妹妹玩著，臉上仍在笑著，但幾乎完全沒有了聲音。更妙的是，他一邊玩，一邊要把一個手掌蓋在妹妹的嘴上，顯然是設法讓她的聲音不要干擾到他人。這幕景象使我有機會對兒童公共性的行為作了一次細微的觀察。

首先，我發現，兩三歲的小孩大概是沒有辨識公私場合之分的能力。我看到的女孩顯然生長在一個極重視公德的環境，但她無法了解父母的「噓」聲和哥哥手掌動作的意義。據我所知，在重視公共秩序的社會，一般避免把小小孩帶到室內的公共場所，當必須把他們帶到這種場合時，也儘量教育、約束他們。在這種環境下成長的兒童，很快就會有公共意識了。我寫作本文的此刻，距離見到那位小女孩已近一年，她現在也許已經聽得懂「噓」聲了。

其次，由我在西雅圖所看到的景象可知，五、六歲的兒童對公共領域的意義已能有高度的領會。我所見到的小男孩的舉動並不只是對父母「噓」聲的反應。事實上，電梯門一開時，全家就只剩下小女孩的笑叫聲了。這位男孩不但敏銳地察覺他所在的空間已由家人獨處的電梯改為有其他客人的廳堂，從而調整自己的行為，他還有教育他人的能力，主動把應當改變行為的訊息傳達

給妹妹。但這位男孩絕不是個呆板的禮俗的羔羊。他看來活潑可愛，一面試圖教導妹妹，一面還在與她嬉戲。用中國魏晉南北朝時的話語來說，可說是「情禮兼到」、「名教與自然將毋同」了。

就一個五、六歲孩童的公共行為能力而言，我在西雅圖所見的顯然不是孤例。1994年11月1日的《聯合報》有一篇文章論及兒童在公共場所的行為。作者敘述，她居住在美國時，有一次帶自己的孩子去看電影，為了講解劇情，偶爾與孩子低聲說話，同去的五歲和六歲鄰居小孩看了，便忙以食指壓唇示意安靜。相反地，作者在國內帶孩子看電影時，則飽受場內兒童奔跑喧嚷、玩弄座椅之苦（〈民意論壇版〉，謝瑤玲，〈家長，該上禮儀課程了〉）。作者文中提到的兩個鄰居小孩顯然都是美國本地兒童，他們不但能夠自己在公共場合遵守規範，還能要求別人保持公德，與我在西雅圖所見，如出一轍。

我還聽過另一則類似的故事。紐西蘭奧克蘭地區對於釣魚有一項法令，即釣客只能拿走特定長度以上的魚，如釣得小魚，必須放回水中，這是保護幼魚的作法。有一次，某些台灣移民在釣一種叫snapper的魚，依規定，能夠取走的長度是27公分以上。有位台灣移民釣得小魚，見四下無人，就把魚放入簍中。突然，一位六、七歲的小孩跑過來，告訴他，這條魚不到27公分，要求把魚放回水中，台灣移民只好照辦。聽了這個故事後，我猜想，當台灣移民釣得小魚、四下張望的時候，他（或他們）可能也看到了那位小孩。移民們或許覺得那只是小孩，不懂事，所以沒有把他當「人」看，而覺得是自己可以占便宜的時機。這些移民大概到

紐西蘭未久，不知道那裡許多兒童遵守公共規範的意願與能力遠超過台灣的許多大人，因而結結實實地受了一個教訓。此外，我又猜想，這位小孩之所以能毫不猶疑地執法，恐怕和家庭教育有相當的關係。他的家人在釣魚的時候，一定隨時注意魚的長度是否合於規定，以至他對魚的大小十分敏感。

我最近又有機會到北美旅行，在各處都特別留意兒童在公共場所的行為，得到的印象相當一致：對公共秩序造成干擾的幾乎都是兩、三歲以下的小孩，但因家人在旁不斷用各種方式約束，所造成的干擾程度相當低。綜上所述，就我個人的觀察和得到的資訊，兩、三歲的小孩大概還無法感受公共領域的意義，很難在公共場合控制自己的行為。但如果家庭和社會能施予持續的教育，五、六歲的小孩在公共場合就已能中規中矩，甚至有教育他人乃至執法的能力。我以上所描述的西方和日本兒童遵守公共規範的情況當然與我們社會的現實相差甚遠。現在的問題是：為什麼有這個差距？我們應怎樣看待這個差距？要不要縮小這個差距？

對於有此差距的原因，我們可有好些解釋。譬如，我們的文化——大人的文化——不重視公德，小孩在此環境成長，耳濡目染，行事因之慣於隨心所欲，不考慮他人。另一項解釋是，許多成人也相當重視公德，但格於社會的積習，沒有意識到幼兒經由教育，也有能力在公共場合遵守規範，這些大人因而未能成為改進兒童行為的泉源。

在此，我想特別討論另一個相關的問題。台灣有許多人似乎認為，小孩就應該天真活潑，大人對兒童的行為不必多加約束，

等他們長大，自然就懂事了。這種想法顯然也是造成本地兒童缺乏公共意識的一個原因。我認為，這是一種很有問題的想法。從經驗上看來，兒童在公共場合是否有遵守規範的習慣與他們是否天真活潑並沒有一定的關係。也許有人會辯說，日本兒童因為重視紀律而顯得嚴肅呆板，但恐怕沒有人敢說，西方小孩缺乏天真的氣息。更何況，天真和活潑是不同的概念。許多小孩在公共場所奔跑叫嚷，也許可以算是活潑，但從表情看來，很難用天真來形容。

我個人揣測，兒童「天真」論的流行，還跟我們社會上對公共秩序的認識有關。在台灣，許多人似乎把公共秩序純粹當作是紀律的問題，人們如果這麼想，就很容易覺得公共規範對兒童是不必要的束縛。公共規範當然是紀律的一種，有防止公共場域陷入混亂的功能，但它並不純是工具性的紀律。公共規範有一個極重要的道德基礎，這就是：尊重他人，特別是尊重陌生、與自己沒有特定關係的人。在公共場合，我們接觸到的多是自己不相識的人，我們不了解這些人的性向，無從知道他們的情緒與身體狀況；我們甚至不容易看出他們在做什麼事。在這種情況下，人的行為自由度自然應該比在私人領域時縮小，以免侵犯到他人。尊重他人雖是一種普遍性的道德，但它在現代社會更有急切的重要性，因為這是一個公共領域極度擴大的社會。公共規範的道德基礎其實可以解釋為什麼這些規範不是對兒童自然發展的不必要束縛，因為這些規範並非僵硬的紀律，它們只是尊重他人的人在公共場所的行為準則。一個小孩在公共場所降低說話的音量，與他(她)在家中看到母親睡覺而降低音量的心理基礎其實是相去不遠

的。我們難道可以說，體貼母親的小孩是不天眞嗎？

我在上文試圖說明爲什麼台灣兒童與西方、日本兒童在公共行爲能力上有很大的差距。在我的討論中，我也表露了自己對這個差距的態度。個人覺得，這個差距是可以縮小，也應當縮小的。就我的認識，在北美和日本，學齡前後——即五至七歲——的兒童一般已有實踐基本公德的能力，他們當中很多人顯然已能領會公共道德的道理，而不只是把這些規範當作權威來服膺。我們沒有理由相信，在學習行爲規範的能力上，慣於學習困難事物——如鋼琴、英文——的台灣兒童，會比北美和日本的小孩差太多。

既然我們了解到幼童可有履行基本公德的能力，現在的抉擇是，應不應該導引他們儘早發展這項能力？我想，希望改善台灣公德狀況的人對此問題的答覆應是肯定的。事實上，這篇文章就是要寫給這些人看的。個人希望，關心公共道德的人，不要把兒童當作「化外之民」，我們應該在影響力所及的範圍，要求兒童——至少是五、六歲以上的兒童——遵守公德，而對年齡更小的孩子，則儘量施予教育。這是一舉兩得的事。這麼做，我們一方面可以直接有貢獻於公共秩序的改善；另一方面，這些兒童將來一定會是對公德問題敏感的社會成員，而能成爲改變台灣公民文化的動力。

到目前爲止，本文的討論一直以外國的情況爲模範，現在我想介紹一個本土文化對兒童與公共秩序之關係的考慮。唐代人所著的《雜纂》（舊題李商隱撰）是一本俏皮語的分類集錄，內容反映出許多當時社會上的情態和價值觀。其中有一類叫作「不達時

宜」，用現在的話來說，就是「不合時宜」。在作者所列出的
「不達時宜」之事中，有一件是「將男女赴筵」。「將」是
「帶」的意思；「男女」指的是小兒小女。整句話是說，帶小兒
女到宴席是不合時宜的(曲彥斌校注，《雜纂七種》，上海古籍出
版社，1988，頁28)。這句話很簡略，除了字面的意思，我們或許
可以猜測，《雜纂》的編者未必在原則上反對兒童參加成人的聚
會，他引述此語的用意，是要求家長負起責任，勿使兒童成爲破
壞公共秩序的來源。我引《雜纂》的文字，意在說明兒童與公共
生活的關係是一個普遍性的問題，即使在一千多年前的中國，也
有人注意及此。在一個陌生人接觸日益頻繁的現代社會，更值得
大家重視。

　　最近十幾年，台灣社會經歷了非常急遽的變化，從技術和社
會結構的觀點來看，可說是現代化的程度日益加深。但另一方
面，向來爲人所詬病的公德薄弱的情況，並沒有顯著的改進。這
爲台灣社會的生活品質和公共秩序帶來了很大的危機，有時不免
令人有絕望之感。幾個月前，偶然讀到日本近代文學大家谷崎潤
一郎(1886-1965)的一篇散文，發現幾十年前日本的公德水準也相
當低，捧讀之餘，覺得世間到底還是有「進步」這一回事，心裡
又對台灣公民文化的前途生起了一絲希望。谷崎在文中對他所
見到的公德低落現象有非常生動的描述，現在不避煩長，摘引
一段：

　　　我每次乘坐火車感到不愉快的，便是乘客缺乏公德
　　心。……從國民在火車裡的形象來看，說什麼「亞洲盟

主」，什麼「三大強國之一」，而「一等國民」竟是這種樣子實在無法想像。……就以一件小事為例，無論是到餐車去或是上廁所，沒有一個人會順手把通道的車門關緊的。在寒冬臘月，車門即使打開一條小縫，北風也會呼嘯而入，何況坐在廁所旁邊的乘客，更要飽受臭氣的侵襲，這是不言而喻的。可是人們進進出出之後只是順手「砰」的一聲把門帶上，從來不會回過頭看看有沒有關緊，所以總是留下一、二吋的縫隙，不得不由別人替他再關一遍。坐在出入口附近的乘客最倒霉，往往要千百次地替人關門。雖然十分惱火，也不得不幹，因為如果置之不理，那麼寒風和臭氣襲來，自己便首當其衝，只有忍氣吞聲地服務。雖然任何人都會碰到這種倒霉的事情，可是輪到自己進進出出時，也是「砰」的一聲，不管別人死活。最叫人氣憤的是人們從餐車歸來，吃飽喝足，嘴叼牙籤，施施然絡繹不絕從車門通過，還說什麼最後的不要關門，還會有人過來，結果車門一直洞開，令車門附近的乘客啼笑皆非。此外，火車上的廁所都有沖水設備，而且牆壁上用斗大的字體寫道：「便後沖水」，可是真正這樣做的人連百分之一也沒有。不僅如此，洗臉間的臉盆，總是滿滿地存著洗過臉的污水，……只有等後來的人替前面的人把水放掉才能使用。這種作風就像大便後不擦屁股一樣，先不說什麼「公德」這樣艱深的道理，就是從常識來考慮也是應該懂得的。然而對於這種現象，誰也不覺得驚訝，更不感到羞恥，這不能不說是十分不可思議的「文明國民」。

（〈漫話旅行〉，收在谷崎潤一郎著，丘仕俊譯，《陰翳禮
讚——日本和西洋文化隨筆》[北京三聯書店，1992]，頁
114-6；原文題爲〈旅のいろいろ〉，見《谷崎潤一郎全
集》第二十一卷[東京：中央公論社，1968]。譯文根據原
文作了兩處修改。）

谷崎的文章發表於1935年，文中所寫的，已完全是歷史了。我幾
年前在日本乘坐火車旅行時，看到的是安靜有序、乾爽潔淨的景
象。但在谷崎的文字中，我卻看到了現在自己同胞的影子。我一
直憚於在台灣旅行，也還沒有去過中國大陸，部分的原因，就是
害怕有因公德問題而引起的不愉快。我希望台灣能有類似日本的
轉變，談談兒童與公共秩序的問題，也許能對這個期盼在遙遠未
來的實現稍有幫助吧！

　　本文原載《當代》第一一四期(1995年10月)，2000年6月
　13日、2003年6月28日文字修訂。

自由主義與台灣生活

　　1950至1970年代，自由主義思想在台灣曾經有過一段榮景。有人撰文立說，有人翻譯典籍，有人憑此抗拒黨國體制，有年輕知識分子透過各種途徑飢渴地試圖捕捉它的理念。像殷海光這樣的人，更可說是以身殉教了。如果說自由主義是台灣早期黨外民主運動的一道精神支柱，應該不為過。現在回想起來，那真是一段奇緣。就思想趨勢而言，在五、六〇年代的西方，自由主義事實上處於低潮，有如既陳之芻狗，少人問津。在台灣卻因為種種歷史機遇，使這個在自家受到冷遇的思想成為一股小熱流，自由主義的理想也的確為當時猶如處在黑牢的一些人提供了一扇仰望的天窗。不過，在台灣的民主化開始走向坦途後，自由主義似乎突然間失去了影響，跟時代失去了關聯。這篇不合時宜的短文所要談的，不是自由主義與政治的關係，而是它對於台灣生活的可能意義。

　　自由主義是近代西方持續最久的思想傳統，在西方自由民主體制(liberal democracy)建構的過程中，它扮演了關鍵的角色。自由主義的一些基本主張被深刻地制度化了——如基本人權、自由結社、憲政主義、私有財產、市場經濟。從這個觀點來說，現在

西方社會認同體制的人都是某種程度上的自由主義者，雖然也許是不自覺的。自由主義還有另一層涵義，就是在自由民主體制形成後，仍然不斷辯護、探索個人自由的價值並企圖運用這些探索處理人類社會種種基本與具體問題的思潮。這個意義的自由主義長期和其他思潮處於競爭互動的狀態，主要的對手有保守主義、社會主義、社群主義等。自由主義的內部也存在著許多分歧與對立，有時甚至很不容易把它畫出範圍。此外，因應劇烈的歷史和思想變動，自由主義者還經常在進行自我反思，自我調整。最近十幾年出現的一個重要看法是：近代自由主義有著特殊的歐洲和北美文化背景，它最初始的來源是英國的個人主義社會，但文化之間的優劣是很難論斷的，價值之間的歧異也無法完全調解，自由主義長期以來從人類普遍性的立場出發來論證自由的價值，有很多問題。這是個相當有力量的看法，但這個認識的涵義是什麼，討論似乎還方興未艾。

姑不論普遍性的問題，至少從歷史現實看來，自由主義不只是一套純粹觀念和制度安排，它帶有文化內容。既然如此，民主化之後的台灣政治不可能與自由主義沒有關係，因為自由民主政體是從外地移植來的，必須有自由主義思想與文化條件的配合，制度才能依正軌運作，或在調整時不發生變質。更進一步說，文化不可能單獨存在政治圈，而與一般社會無涉，這樣看來，自由主義還應該跟台灣的日常生活產生聯繫。我的意思是，如果我們真的珍視自由民主體制，不得不多少吸收一些自由主義的價值。我也認為，自由主義不見得只有支持政體的工具意義，它或許還對我們的生活具有提升的作用。

　　台灣人的心理與生活形態中，有哪些地方和自由主義格格不入呢？有一點是，台灣一般輕視秩序，至少缺乏社會生活秩序的概念，而自由主義是講究秩序的。自由主義的根本理念是，自由是政治社會體系中的最優先價值，在終極原則的層次，高於其他的價值和利益，每個人都擁有同等的、不可被任意剝奪的基本自由，如人身自由、遷徙自由、言論自由、信仰自由、財產權、參政權等。自由主義固然以自由為核心價值，值得注意的是，自由主義是政治思想，是關於秩序的思想，探討或宣揚自由只是目的之一，它的精義在於考慮如何形成以自由為基石的集體秩序，並說明這種秩序的優越性。所以在西方，「自由」（freedom）和「自由主義」（liberalism）可以是分別的議題。舉一個當前的例子，美國明尼蘇達大學出版有「社會思想中的概念叢書」，其中《自由》、《自由主義》就各有一本。

　　自由主義作為一種有關秩序的思想的性質，可以從早期自由主義的自然狀態與社會契約觀念清楚看出。自然狀態是指人在社會形成前的存在狀態。對於這個情境，自由主義思想家的想像不一，一個重要的共同點是，人在這個狀態下是完全自由的，但這又是個殘酷相爭或缺乏仲裁生活不便的狀態，人們在無奈之餘，只好謀求訂立契約，經營共同生活，這個契約的目標是在盡量保留原本享有的自由的條件下，建立政治權威，來換取安全以及其他利益。社會契約當然是一種秩序觀。即使到最近，早已沒有人相信自然狀態具有任何歷史思考的意義，還是有人把從原始情境出發的社會契約當作一種思想上的實驗，依此來考慮自由主義的社會應當有哪些基本規則，規則之間的關係又如何。

在自由主義三百多年的歷史中，發展出了若干不同的秩序觀，例如最小政府觀，認爲國家除了提供警察、司法等最基本服務，什麼都不必管。法國的自由主義傳統則強調社會生活與文化態度對維護自由的重要，自發組織越發達，社群生活越豐富，越能防止自由受到侵蝕。還有如二十世紀的海耶克（Friedrich Hayek, 1899-1992），認爲自由不僅是個道德價值，還是建立良好集體生活的必備基礎，他把成功地以自由爲運作原則的活動稱作自發的秩序（spontaneous order）。在自發的秩序中，人的行爲受限於法律和社會自然形成的規則，此外則是自主的。羅爾斯（John Rawls, 1921-2002）所營構的秩序，則帶有福利國家的色彩。在有自由主義傳統的社會，對自由主義的最主要批評，並不是它帶來混亂，而是自由主義的社會觀太簡單，太集中於法律和政府的作爲，輕視社群，迴避了人類社會許多重大的實質問題。整體來說，自由主義可以區分爲發端於十七世紀英國的古典自由主義與十九世紀後形成的新自由主義，前者的秩序觀的確比較單薄。但單薄並不代表對於公共秩序沒有堅定的看法，自由主義者幾乎無例外地看重依照憲政主義與法治原理所制定的法律。自由主義思想的重要奠基者洛克（John Locke, 1632-1704）曾經說：「法律的目的不在廢棄或限制自由，而是在維護和擴展自由」，「自由是指免於他人所施予的限制與暴力，沒有法律的地方，不可能有此自由。」（*The Second Treatise of Government*, sec. 57）他相信在適當的社會契約之下，人享有的自由遠大於在自然狀態所能實際獲得的。此外，很多自由主義者還相信，法治爲社會環境所提供穩定性和可預測性有助於個人從事人生規劃，充分開展自我。

　　扼要地說，自由主義者主張的不是原始狀態的自由，而是文明秩序中的自由。自由主義的一個特殊成就，就是在說明以自由為基石的集體秩序的可行性及其原理。有個疑問是：什麼是文明秩序？什麼是自然狀態？是不是有了聚落、道路、商業、國家，自然狀態就不存在了。這個問題似乎自由主義少有考慮。不過，中國唐代的劉禹錫(772-842)倒是對此有過提示。他在名文〈天論〉中說：「苟道乎虞、芮，雖莽蒼，猶郛邑然；苟由乎匡、宋，雖郛邑，猶莽蒼然。」意思是，如果在虞、芮這樣的文明之邦旅行，即使在原野，也像在城內一樣有安泰之感，但在其他某些地方，城市也猶如荒野。他又說：「是非存焉，雖在野，人理勝也；是非亡焉，雖在邦，天理勝也。」這段話後半的意思是，如果沒有是非，雖然在城內，也是「天理」占上風。這裡的「天理」，跟「天理昭彰」沒有關係，而約略等同於自然狀態的法則，或社會達爾文主義者所謂的適者生存。自由主義傳統中最低限度的秩序是法律和依法行政的國家，只是自由主義興起於法律扮有核心角色的社會，未嘗想到還有法律多同具文的文化，沒對這種情況開處方。總之，從上述的自由主義秩序觀看來，即使根據最極端的古典自由主義立場，台灣還是可以設法再減少一些「郛邑猶莽蒼然」的色彩。

　　自由與秩序之間，自由與規則之間，無疑存在有緊張關係。但兩者可以共存，甚至秩序能夠幫助自由的發揮，應當是沒有問題的。在我們的生活中，就有一個明顯的例子可以支持自由主義的論說：球類運動。有的球類運動規則相當複雜，但運動員卻能從中產生驚人的創造力與精妙演出。相反的，如果籃球除了把球

投進籃框，足球除了將球打進球門，球員可以任所作為，沒有其他規則，這樣的比賽還有趣味嗎？還能進行嗎？事實上，熟悉運動的人都知道，比賽時如果裁判執法不嚴格或不一致，場面就很容易變得火爆醜陋，球員也無從表現自己的能力。

自由主義文化另一個與台灣生活有扞格之處是，台灣「私領域」的觀念甚薄弱。這個情況最清楚地表現於傳播媒體。台灣的新聞報導不但不注重保護私人領域，反而像是個揭瘡疤的大舞台。譬如，報導災禍消息時，盡情拍攝受害者傷痛的模樣，受害者家屬悽惶悲痛的場面，攝影機還走入醫院急診室，要奄奄一息的傷者發表感想；甚至有人在自宅突然死亡，記者也可以堂而皇之進入屋內，描述涉及隱私的細節。這不只是新聞媒體的問題，事實上反映了社會很大部分的心態。以上述情況為例，警察不隔離事件現場，醫院任外人隨意進入，共同促成個人尊嚴受損事況的不斷發生，顯然都跟缺乏尊重私領域的價值有關。

台灣媒體上還有一個奇景，就是經常在國際機場的入境區採訪或拍攝甫下飛機的旅客。這對許多外國人而言，完全是意想不到的。我就看過某外國政界人士面對圍繞的記者和攝影機，好像受到突襲一般，連步子都踩不穩。我想她一定不願意自己的這個狼狽模樣呈露在成千上萬人眼前（本國政要對此早有準備，大概還沒出機艙門就準備邁方步了）。甫下飛機的旅客，不少人旅途勞頓，儀容欠整，又拖拿著行李，而且尚未正式進國門，入境區之應有縝密的控管，應該是常識，也是國際上的一般慣例。我們的機場管理單位讓記者在這樣的場所縱橫無阻，個人懷疑，其中一個因素就是對個人的領域與尊嚴感覺遲鈍。

　　自由主義具有個人主義的文化背景，是非常重視私領域的。這個傳統的一個根本信念是，個人在屬於自己的範圍應免於外來的侵犯和干預，這是很多人心目中自由的核心意義。私領域的維護又跟個人尊嚴的價值有關係，十八世紀德國哲學家康德(1724-1804)就把個人尊嚴與每個人自身都是目的的觀念視為自由主義的道德基礎。重視私領域自然導向看重公私之別，因為如果不對公私的種種區分和關係作周詳的考慮，個人的範圍也就無從界定而失去意義了。公私領域之別剛好是我們文化中一個普遍的盲點，這跟台灣社會輕忽私領域顯然是相牽連的。

　　在台灣，當有人批評媒體侵犯個人時，最常聽到的辯解是，民眾有「知的權利」。知的權利這個詞語是個舶來品，大概最近十多年才流行，是隨著自由民主體制的思想傳進來的。在性質上，知的權利大體屬於公民權利的範疇，也就是說，一個政治社會的成員為了履行他的公民責任，有權利知悉有關公共事務的訊息。另外，我們也可以說，人們有權知道與其安全福祉相關之事，譬如消費者要求了解食品檢驗的結果。必須提醒，這些知的權利都是針對公共領域而發的。我們不可能三更半夜按人家的門鈴，表示有知的權利，要進去看看。當媒體不願意克制自己的報導範圍或報導方式時，通常採取的策略就是把新聞內容盡量解釋成跟公共事務有關，如此，凡事必可告人，就變成「大公無私」了。這是自由主義最反對的。

　　總結而言，本文想要說的是，台灣雖然已經建立了自由民主體制，生活形態還是頗有與自由主義格格不入的地方。輕視社會生活秩序(譬如法律)，忽略私領域的維護，是兩個主要方面。前

者反映了台灣一般不了解原始形態的自由與自由主義秩序中的自由的差別。其實，即使在一個專制國家，就「量」而言——如果自由可以用「量」來估算，自由不見得很少。這樣的地方，或許言論、信仰自由不充分，沒有投票權，但有大量的扔垃圾自由，闖紅燈的自由，砍伐山林的自由。這種台灣有些人還想保留的自由，跟自由主義、自由民主沒什麼關係，很多專制社會也有。也許有人會說，為什麼我們不能既享有自由民主的體制，又保留自然狀態式的自由，魚與熊掌兼得？如果這樣，我們得到的，真的就是非常單薄的體制軀殼。在這種環境，個人也許可以免於國家權力的侵犯，但政客不會用心立法，政府不會嚴謹執法，生活環境與治安難以改善，大家自求多福。社會擾攘不穩定，大多數平民也談不上發展自我，發揮潛能。至於尊重私領域的問題，有人也可以說，干擾他人就是我們的生活方式，看別人家的戲就是我們的愛好。可是我們應當注意，個人權益與尊嚴是自由主義的根基。如果輕忽這塊基石，身處自由民主的制度而不體現一些自由主義的精神，一個可能的後果是，當維護個人自由的制度和法律受到威脅或侵蝕時，將難以找到抵禦的文化力量。

　　2004年8月寫於東京

教與法
——試談在台灣建立現代社會秩序的途徑

　　這幾年來，頗有人覺得，台灣社會秩序混亂，人心澆薄，存
在著危機，但也有人持不同的意見。最近，隨著連續幾個大案發
生在知名人士身上，似乎越來越多的人明確認為，我們的社會真
的「病」了，需要重大的、建設性的改革。個人是同意這個看法
的。然而，冰凍三尺，非一日之寒，此事千頭萬緒，怎麼做？從
哪裡做起呢？各人堅守崗位，努力任事，盡己之能影響周遭的環
境，是條切實的途徑。各個社區與社團依靠自己的資源，以具體
的措施改善社會生活，也很重要。但這些方式有一個明顯的缺
點：它們無法凝聚共識，形成整體力量，來處理重大的結構性問
題，或改變積重難返的行為習慣。一個方向感、某些理想社會的
圖像，似乎還是必要的。這裡就試著提出一個比較基本的想法。

　　近日偶然讀到東漢荀悅(148-209)的《申鑒》，意外發現其中
一段文字，對於文明秩序的形成，有極精扼而又合乎常識的論
述，很能應用到當前的台灣。現在引出，與讀者分享，並略作解
釋發揮。《申鑒・雜言下》說：

　　善惡皆性也……性雖善，待教而成；性雖惡，待法而消。

> 唯上智下愚不移，其次善惡交爭。於是教扶其善，法抑其
> 惡。得施之九品，從教者半，畏刑者四分之三，其不移者
> 大數九分之一也。一分之中，又有微移者矣。然則法教之
> 於化民也，幾盡之矣。及法教之失也，其爲亂亦如之。

這段文字對人性有一個假定，就是「善」和「惡」都是人性
中本有的，而且大抵上同時存在。善惡的定義爲何，人性是不是
善惡混，都是在哲學上會引起種種爭議的問題，但從經驗上來
看，荀悅的說法不失爲一個討論社會問題的合理出發點。荀悅以
爲，人性中雖然有善的根苗，「善」必須靠「教」──也就是廣
義的教育──來扶持成長。人性中雖然有惡的成分，「惡」可
以──也必須──靠「法」來抑制。社會上如果有教化，大約半
數的人可自然走上正軌，再加上法律的力量，九分之八都能趨善
抑惡。在其餘的九分之一人當中，其實不少人行爲仍是有節制
的。這裡所說的幾分之幾，當然只是概略、象徵的講法。荀悅的
論點是，如果「法」和「教」都能施行，人們大體都是文明的。
當這兩者有嚴重缺陷時，亂局就不可避免了。

讀了這段文字，特別是「及法教之失也，其爲亂亦如之」，
我有一種刺痛的錯覺，感覺好像這是荀悅特意爲我身處的環境所
下的診斷。台灣的法治不彰，大概是很少人會否認的。我們的法
律體系零亂殘缺，立法技術粗糙；更嚴重的是，政府沒有執法的
意願與能力，人民沒有守法的習慣。至於教育，情況也是慘不忍
睹。在台灣這樣一個沒有強大宗教傳統的社會，應該對人民行爲
發揮教育功能的單位和個人，如家庭、學校、傳播媒體、社區領

袖，都在急遽揚棄這個責任。反其道而行，帶頭敗壞風氣的，亦不在少數。當「教」與「法」都失靈的時候，我們要靠什麼來建立能讓人獲得基本尊嚴與安全的秩序？不為勢劫，不為利誘，水火不侵的本善人性嗎？這當然是不可能的。無怪乎台灣社會正在朝墨子和霍布斯所描繪的「自然狀態」退化中。

本文的論點是，我們現在面對複雜萬端的社會、文化問題，除了從事具體的改善措施，還應該建立根本性的共識，以求匯聚力量，突破困局。個人建議，我們應以勵行法治、重整教育作為社會整體努力的長期目標。惟有循此途徑，雙管齊下，一個現代文明秩序的建立才有比較切實的希望。

台灣社會缺乏法治傳統，大多數人法律意識淡薄。不過，在觀念的層面，法律的意涵還是相當明確，無須多作解釋。至於教育，本文所用的意義與一般習知者不太相同，這裡想稍作說明，以更清楚表達個人的觀點。我所說的「教育」，其實就是文言文的「教」，指陶養文明人格的工作。就內容而言，這種教育有知識性和非知識性的。非知識性的如價值教育，禮儀教育，行為規範教育，藝術教育；知識性的如法律教育，與生活環境密切相關的生物教育、史地教育、自然環境教育、風俗民情教育。這種教育的內容雖然繁多，但有一個共同的性質：都是非功利性，不為升學或就業服務的。這種教育的目的在養成行為文明、尊重自己與他人的人。

就教育的場域而言，人格教育是全社會的教育。理想上，每個人——至少成人——都可成為這種教育的提供者。但人的影響力是不均等的，影響力大的人，譬如父母、學校老師、傳播媒體

工作者、社區領袖、從政人士，責任就特別重大。在大眾傳播盛行、家庭結構鬆動的現代生活裡，家庭的教育功能很難提振，社會教育和學校教育因此尤其重要。人格教育在方法上也有特殊的地方。由於這種教育的目標在調整行為、陶冶心靈，身教的重要性往往超過言教。道家古籍《文子》有言：「民之化上，不從其言，從其所行。」這是說在上位的人對人民的影響，是源自他們的行為，而非言論。這層關係應該是普遍存在於人格教育的提供者與接受者之間。

需要聲明，本文並不是在提倡把台灣改造成一個道德理想國，這個境界既不可能，也無必要。我的意思是，台灣需要重建一個人格教育的機制，這個機制所要培養的不是傳統的忠臣孝子，而是有社會意識、能尊重他人的現代公民。當然，這個人應該也是品質高尚的個人。當一個社會能大量培養這樣的公民時，這個社會所有成員的安全、尊嚴與自由就有了堅實的基礎。

本文原刊於1997年5月25日《聯合報》「民意論壇」版，刊出時，首段文字曾經刪節，標題亦為編者所擬。此處所收是原稿。

田園二景的省思

　　舊曆新年前的某個週末下午，天氣清朗，陽光落在微帶涼風的地面，至為舒適宜人。我站在家中的陽台，眼前兩百公尺左右，有幾塊散落分布的菜圃，大概分屬幾戶人家，四、五位看似中老年人的男女在菜圃裡外工作穿梭，構成台北都會區難得一見的田園風光，連平日顯得刺眼的紅色塑膠桶，都因為距離拉遠，變成增添趣味的點綴。

　　望著這幅難得的景色，我心裡卻略微感到憾意。這幾方菜圃座落在一塊廣闊平整的空地，是公有地，四周還用水泥板牆圍繞起來，到處掛著標誌警告外人勿入，「違者依法究辦」。不知道是什麼原因，這圈圍牆有多處破損殘缺，使得種菜者出入很方便。很明顯，他們是占用公地。這個推測當然可能是錯誤的，也許種菜人家向產權所有機構承租了土地。但揆諸我們社會的一般行為法則，這個可能性不高。

　　眼前的景象使我想起一件約兩年前的往事。當時我開著車在溪邊的窄路行駛，車子開到一處彎道時，突然發現右前方的路邊蹲著一個人，我嚇了一跳，趕緊把車速放慢，避讓過去。車子接近此人時，我看清楚了他在做什麼，更是吃驚：是一位婦人在種

菜。情況是這樣的，這條路的另一方是軍營，沿路築有高牆，在牆和略微凸起的路緣之間，是一道大約只有二十多公分寬的土槽，婦人就在這點土上種菜。我經常開車經過這裡，從來沒有發現，路邊沿牆居然有個種著窄窄一長排菜的迷你田園，大概都是這位婦人(或加上同伴)的成果。

在這位婦人身上，我看到了若干根植於傳統華人文化的行為和觀念特質：勤奮、在生產工作上的想像力與創造力、忽視安全、化公為私——那窄長的土槽當然是公「地」。這個婦人行為中的因子也有兩項重複出現在我舊曆年前見到的田園景象：勤於生產、公私不分。這個交集不是偶然的，因為這兩項特質像鍊鎖般地普遍存在於我們的社會。可以想想，台灣每天有多少家俱行的老闆，早晨辛苦地把一件件粗重的家俱抬到騎樓，晚上又搬回店裡。在落雨的夜晚，有多少人仍然不辭勞苦地在人行道和馬路邊擺起地攤？問題是，我們要怎麼看待這樣的文化？一個可能的態度是，把勤勞當作至高的德行，可以一美遮百醜，在這個德行的光輝下，一切與之相連的「過錯」都不足掛齒。但我們也可以用分析的態度來省察自己的文化，對個別的因子有所取捨。譬如說，我們能不能嘗試建立勤奮而比較有公共感的價值觀？如果發展公共意識過於困難，能不能勸導下一代不要太勤於工作？在我們的文化裡，懶人對公共環境的破壞似乎少一點。

上面一段話大都只是個人的玄想，回到現實來考量我所見到的種菜者，他們好像除了些許精神上的墮落或麻木，對社會並沒有造成什麼禍害，甚至有人會說，對經濟成長有幫助。可是，在我家公寓大樓的左方，有一個小山丘，山腳被人挖出一塊地，種

植樹木出售，最近顯然生意不錯，墾植的面積越來越大，旁邊一塊存在已久的菜圃，也在不斷擴張規模。去年颱風來襲，不少泥土從山丘沖下馬路，市政府還派了推土機來清理，今年夏天大概又要煩勞他們了。這些墾植者的行為模式和種菜者顯然是一致的。從這個角度看來，在公地種菜的行動本身是否造成禍害，並不是重要的問題，值得注意的是，他們行為背後的心態正是斲傷台灣命脈的重要來源。

　　原刊於1999年4月1日《中國時報》「時報廣場」版。這裡所用是原稿的題目，刊出時編者另擬標題。

從路權觀念看秩序的意義

從本月(1999年1月)18日開始，台北市交通警察大隊要全面宣導路權的觀念，這件事至少已經醞釀了好幾個月，它對台北交通秩序的改善是否能起任何作用，尚在未定之天。但個人以為，路權觀念能在台灣社會得到提出，本身就是很有意義的事。現在想稍微推敲這個意義。

路權觀念完全是舶來品，是right of way的翻譯。依照個人讀過的英文汽車駕駛守則，它的具體意思是，當一輛以上的汽車匯集到同一點時，依交通規則擁有優先通行權的車輛，稱作擁有路權。就報紙新聞所見，台北的宣傳活動對這個觀念作了比較廣泛的解釋，應用到其他一些情況。譬如，在行人穿越道上，行人擁有路權，汽車應讓行人；機動車擁有快車道的路權，行人不得穿越。在台北目前的交通情況下，這種寬廣的解釋相當合理。交通大隊所做的，事實上是用權利的觀念來說明交通規則的意義，希望藉此說服行人和車輛守法。似乎也有人希望，往後交通事故的裁決，能以路權為標準，而不是各打五十大板，分攤責任。

權利是最近三、四百年來，西方政治社會意識中的一個根本觀念，內容非常複雜，我們對它的認識還很淺，電視字幕經常把

這個詞寫成「權力」。大致說來，路權可算是屬於與「義務」構成相對關係的權利。一個車輛駕駛人享有路權，意思就是，在場的其他車輛（甚至行人）有讓他優先通行的義務，如果這些車和人沒有盡到義務，釀成事故，應負法律責任。

路權是一種實用性的權利，基本目的在建構良好的交通秩序，減少阻塞與傷亡，不像有些權利如言論自由、投票權，具有強烈的道德意義。不過，路權和其他許多權利觀念一樣，也涵蘊了自由的價值和對他人的尊重。當我們說，行人在路口穿越馬路時擁有路權，背後的根據就是對人身的尊重。我曾在加拿大溫哥華住過，當地以前有個習俗，就是行人在任何地方都可以穿越馬路，不管什麼原因，人只要一走下馬路邊緣，附近的車子就會自動停下，可以說，行人擁有絕對的路權。後來由於人口和車輛大量增加，這個習俗為交通帶來困擾，就逐漸衰退了。但很明顯，這個風俗反映了何以汽車須在路口禮讓行人的價值基礎。此外，在一個有清楚路權觀念的環境，我們也可以說，處在交通之流中的人比較有自由，至少比較有心靈上的餘裕。當他們擁有路權時，可以自在地通行，不必太擔心突發狀況。當然，馬路是凶危之地，路權不能當作基本人權來堅持，要隨時有讓出權利的心理準備。

近年來，不少人覺得台灣社會很亂，但似乎不常聽到建立秩序的呼聲，即使有這樣的聲音，也經常遭到反駁。其中一個原因顯然是，社會上還是普遍把秩序看成是國家、禮俗乃至個人權威的化身，認為秩序是壓迫人的。這個看法既有傳統文化的淵源，也和台灣幾十年高壓統治的歷史經驗有關。但路權的觀念提醒我們，秩序還有其他的形態，有的秩序是以權利和普遍道德感為構

成要素的,能夠保障弱者,增進自由。事實上,個人認為,現代文明社會的建立有一個重要的秘密,就是找出了秩序與自由結合的妙方,使人們能夠在穩定的自由狀態中,創造性地開展生活,路權觀念只是這個秘密的一小部分。解開這個秘密,或許是我們下一步的重要工作吧。

原刊於1999年1月21日《中國時報》「時論廣場」版。

附 錄

「內聖外王」觀念的原始糾結與儒家政治思想的根本疑難

緒論

儒家是一個複雜多面的傳統，要對它有通透允當的瞭解是相當不容易的。歷來對於儒家思想的整體性解釋，往往都有思想運動為背景。這種背景經常會將我們的眼光導引至儒家某些特顯光采的基本觀念上，而忽略了整個體系中的含混、緊張與疑難之處。但這些含混、緊張和疑難卻往往是更深入地探賾儒家思想的特質的關鍵。

近幾十年來，尤其是1949年以後的海外中國思想界，出現了一項對儒家思想的新的重要解釋（相對於近代中國的思想環境而言）。提出這項解釋的學者即所謂的「新儒家」。新儒家認為儒學具有高度的「宗教性」（religiousness），而此宗教性正是儒家思想義蘊的核心。質言之，儒家乃一道德宗教[1]。新儒家的見解明白地

---

[1]　新儒家的代表人物有唐君毅、牟宗三、徐復觀等，其先驅則為梁漱溟、熊十力諸先生。他們各人思想雖有歧異，對儒學的基本看法則一。有關新儒家的思想背景、觀念要旨及其在現代思想史上的涵義，張灝曾有精闢的分析。參看Hao Chang, "New Confucianism and

透露出，他們對於「宗教」一辭的意義，採取了一個異於西方傳
統——宗教是指對一神或多神的信仰——的判準。他們的觀點
可以藉狄立克(Paul Tillich)對宗教之普遍意義的闡釋來說明。狄立
克說：

> 信仰是在作終極關懷(ultimate concern)時的心靈狀態[2]。
>
> 信仰是個人自我的整體與中心的行動，是無條件的、無限
> 的終極關懷的行動[3]。
>
> 宗教關懷具有終極性；它使得其他所有的關懷都不復具有
> 終極的意義；它使得這些關懷都僅僅是初階的(preliminary)
> 關懷[4]。

(續)────────────

the Intellectual Crisis of Contemporary China," in Charlotte Furth, ed.,
The Limits of Change (Harvard University Press, 1976), pp. 276-302 &
notes on pp. 400-3. 新儒家的論著甚夥，最重要的有牟宗三，《心體
與性體》(台北：正中書局，1968)、《中國哲學的特質》(台北：
學生書局，1973)；唐君毅，《中國文化之精神價值》(台北：正中
書局，1953)等。此外，劉述先有專文討論儒家哲學之宗教涵蘊，
見劉述先，〈儒家宗教哲學的現代意義〉，《生命情調的抉擇》
(台北：志文出版社，1974)，頁43-63。秦家懿則以當代對基督教
的瞭解為背景，比較性地詮釋儒家的宗教涵蘊，見Julia Ching,
Confucianism and Christianity: A Comparative Study (Kodansha
International, 1978).

2 Paul Tillich, *Dynamics of Faith* (Harper & Row, 1958), p. 1. 譯文採自
Julia Hick著，錢永祥譯，《宗教哲學》(*Philosophy of Religion*)(台
北：三民書局，1972)，頁120。

3 *Ibid.*, p. 8.

4 Paul Tillich, *Systematic Theology* (The University of Chicago, 1951), I,
p. 14. 轉引自 John Hick, *Philosophy of Religion* (Printice-Hall. Inc.,
1963), p. 68. 譯文依據錢永祥譯本，但有些用語改採筆者的譯法。

狄立克的意思是：宗教信仰乃是一種終極關懷。終極關懷兼具主觀意義與客觀意義：它一方面指信仰者向所信仰者作全幅獻身的許諾與行動時的心靈狀態，一方面指能令信仰者興起無窮的意義感而誠願向其徹底獻身的現象[5]。在主觀意義上，幾乎每個人（包括無神論者）都有自己的宗教——他們信仰的或為國家，或為事業，或為某種意理（ideology），或為人格神，或為對人生與世界的某種觀照……。然而，宗教的正當性並不能僅從信仰者的心靈狀態來判定。最重要的是，我們必須分辨：怎樣的關懷才真正是基要和終極的？怎樣的關懷雖被當作是終極的，但實際上只是初階的、暫時的、有限的[6]？

新儒家宣稱儒家思想的奧蘊在於它的宗教性，乃立基於他們對儒家的中心關懷之基要性與無限性的詮表。儒家的終極關懷是什麼呢？一言以蔽之，即具有道德內容之內在（於人）而超越的存有本體。在內在面上，此一實體是人的真實本性——即真實的自我；在超越面上，則是世界之意義與存在的創造真幾。人向此一實體無限投入的過程，即是自覺地從根消化那非理性、反理性者以求心性本體呈露於自我生命的履踐行動，也是開發意義、體現

---

5 終極關懷的態度與對象實為一體（見 *Dynamics of Faith*, p. 11）。狄立克認為，終極關懷並非指人類主體對神聖的客體採取了某種態度，而是人類心靈參與到其自身存有的根源中的一種形式（John Hick 之解說，見*Philosophy of Religion*, p. 69）。換句話說，真正的終極關懷必定是主客泯然、能所合一的，偽終極關懷（如國家、事業、政治上的「主義」）則不可能超越主客區分的形式。

6 見 Paul Tillich, *Dynamics of Faith*, pp. 10-12. 把有限的對象化為無限的許諾，初階的關懷燃成終極的關懷之心境，不是信仰，而是偶像崇拜（idolatry）。

價值的永恒歷程。儒教的宗旨，一則是要從親證和理論證成心性本體之實有，一則是要以不間斷的修養工夫追求最高人格的實現。牟宗三先生有一段話最能代表新儒家的殊見：

> 此(儒家的)「內聖之學」亦曰「成德之教」。「成德」之最高目標是聖、是仁者、是大人，而其真實意義則在於個人有限之生命中取得一無限而圓滿之意義。此則即道德即宗教，而為人類建立一「道德的宗教」也。……在儒家，道德不是停在有限的範圍……道德即通無限。道德行為有限，而道德行為所依據之實體以成其為道德行為者則無限。人而隨時隨處體現此實體以成其道德行為之「純亦不已」，則其個人生命雖有限，其道德行為亦有限，然而有限即無限，此即其宗教境界[7]。

然而，我們不禁要問：既然內聖之學是儒家思想的中心義蘊，何以這一點常常不能為人所體認？最主要的原因也許就是，儒家的宗教面目是相當模糊的。儒家與其他各大宗教相較，有一個非常凸出的特徵：它極度強調(具有宗教意義的)道德人格的實踐不可能在個體的孤立生命中完成。真正的道德行為必然包含了對他人「道德福祉」(moral welfare)[8]的關心與奉獻──此即「恕」的精神。儒家心靈最重要的一個表徵就是，積極參與外在

7　牟宗三，《心體與性體》，頁6。
8　這一名詞係採自 Hao Chang, op. cit., p. 294.

世界乃是儒者無可旁貸的責任。然則，在我們對儒家思想的全面考察中顯示：儒家的獻身感的最後根源並不徒是一種道德抉擇，另一項重要而基本的理由是，個人的自我實現過程中必具的「參與」是建立理想社會之必要而有效的手段——這個理想社會本身就具有終極性，它不是通往另一個更高層的「神的國」的津渡。換句話說，儒家思想呈現的整個面貌，實非單一的道德宗教，而是自我實現的道路與建構社會的原理之整合體。現在，我們所要探討的是：自我實現的道路和建構社會的原理在儒家思想中具有怎樣的關係？此一關係是否正當？我們惟有充分釐清這個問題，才能發掘從以「道德宗教」的觀點理解儒家時所被障蔽的若干疑難（這是全面掌握儒家思想的性質所必須的），並據此提出創造性的改進之道。

在儒家思想體系裡，指示自我實現與社會建構之關係的觀念，就是整個思想體系的一項核心觀念——「內聖外王」[9]。從字面意義來說，這項觀念不過是在原則上表明心靈的內在領域和現實的外在領域有著必然的關聯。此項關聯或者是標示實現自我的一個方向，或者是說明一種理想的政治取向，其間可以含有很大

9　「內聖外王」觀念不僅儒家才有，《莊子》天下篇即說「內聖外王」是「古之道術」。但各家對於「聖」、「王」涵義的理解，「聖」、「王」的聯結方式，則迥然相異。道家的「內聖外王」觀即與儒家完全無涉。可參看蔡明田，《老子的政治思想》（台北：藝文印書館，1976），頁79-136。但就整個中國思想史而論，儒家的「內聖外王」觀念顯然居於主導地位。（2004年8月筆者附識：「內聖外王」一詞在宋代以前，除了有關《莊子》的文字，幾乎絕無所見。但以此語代表中國政治思想的一個觀點，也許還不算大錯。）

的彈性。然而，細究之下，我們發現此一概括性觀念在儒家思想
中確有其主要的指涉內容，同時，這項內容導引出了如下的明確
命題：個人的德性應當為建構理想的社會而服務，而且，個人的
德性正是真正有效建構理想社會的最基本原素。易言之，這項命
題的合理性乃是植基於「內聖外王」理念的中心內涵——此即儒
家對政治、社會問題的基本看法。

「內聖外王」觀念的中心內涵是什麼呢？扼要地說，就是
「王」與「聖」之間存在著「跡本關係」。聖與所以成其為聖的
心性本體是「本」，理想的政治、社會秩序是「跡」；兩者之間
有著「由本顯跡」的直接關聯。馬一浮先生對此曾作了頗具代表
性的傳統式解釋：

> 禮樂教化，心之發也；典章文物，心之著也；家齊國治而
> 天下平，心之推也。心之德其盛矣乎！二帝三王存此心者
> 也，夏桀商紂亡此心者也。……存則治，亡則亂。治亂之
> 分，顧其心之存不存如何耳[10]。

先秦典籍中，則以〈大學〉[11]對此觀念的表達最嚴整：

---

10 馬一浮，《復性書院講錄》（台北：廣文書局影印，1964），卷二
〈論語大義二〉，頁16b。本文以「跡本關係」說明「內聖外王」
之涵義，即採馬一浮先生之用語，見同卷頁16a，19b-20a。

11 〈大學〉是小戴《禮記》四十九篇中的第四十二篇。關於〈大學〉
之著者與成書年代，眾說紛紜。早自孔子弟子，晚至秦漢之際無主
名之作，皆各有說。但基本上把它視為先秦典籍是不成問題的。可
參看陳榮捷，〈初期儒家〉，《中央研究院歷史語言研究所集

古之欲明明德於天下者，先治其國。欲治其國者，先齊其
家。欲齊其家者，先修其身，欲修其身者，先正其心。欲
正其心者，先誠其意。……意誠而後心正，心正而後身修，
身修而後家齊，家齊而後國治，國治而後天下平。自天子
以至庶人，壹是皆以修身爲本。其本亂而末治者否矣[12]。

從以上兩則引文，我們可以發現兩個非常值得注意的問題。第
一，它們都只是在形式上肯定個人道德修養與理想政治、社會秩
序的邏輯關聯，但沒有任何思想內容足以支援此一關聯的正當
性。其次，假定這些論述是正當的，也就表示儒家的宗教性在介
入外在世界的路徑中發揮了積極而有效的作用，同時也意謂著儒
家思想在內在領域與外在領域的聯結問題上確無疑點。設若這一
進路是不適切的，則顯露了儒家「內聖外王」觀念含有理論疑
難，錯估了「內聖」和「外王」的層面得以融貫聯結的可能性。

　　「內聖外王」觀念的實質內容究竟是什麼？它能不能支援
「內聖」與「外王」之間的跡本關係？如果不能，也就是說，
「內聖外王」觀念有理論困難，原因安在？這些就是本文將要嘗
試分析的課題；我們並企圖藉此釐定「內聖外王」在儒家觀念系
統以及當代中國文化、政治上的涵義。本文以孔子和孟子思想爲
檢討對象。因爲這樣的處理方式最能展示「內聖外王」觀念的原
始糾結[13]。

（續）————————————————
　　　刊》，第四十七本第四分(台北，1976年12月)，頁735-43。
　12　朱熹，《四書集注》(台北：世界書局，1974)，頁1-2。
　13　本文只分析孔、孟思想而不取荀子，主要的原因是：荀子的「內聖

本論

一

　　孔子是儒家的開創者；他之所以能成就此一決定性的地位，是因為他揭示了一道生命實踐的新方向。他點豁了人生與世界的意義之源，提供了一個真實恰適的終極關懷，並以自己的人格見證了這個終極關懷的可圓成性。

　　孔子的終極關懷是什麼呢？無疑地，是「仁」。在孔子以前，中國思想對人生、世界之存在本源與究竟意義之問題的最主

（續）──────────────

　　外王」觀念與孔、孟大異其趣，而後者才是儒家思想的主流，對中國政治思想與實際政治影響尤鉅。荀子認為「聖王」是最高人格的典型：「故學也者，固學止之也。惡乎止之？曰：止諸至足。曷謂至足？曰：聖王。聖也者，盡倫者也；王也者，盡制者也。」（〈勸學〉）「聖王」即「聖人」，「聖王」乃是性格上的描述。荀子以為，聖之所以為聖，乃因心知之明，故其「齊明而不竭」（〈修身〉），可學而至也。聖人由心知之明，化性而起偽，可建禮制以治萬民。無論他在現實上「得勢」（〈修身〉）與否，本身即具「王」的性格。「內聖外王」乃是從荀子人性論分析出的結論。此一觀念亦頗值得探討，惟不屬本文析論之範圍。
　　有關荀子思想的解析，可參看牟宗三，〈荀學大略〉，在《名家與荀子》（台北：學生書局，1979），頁193-277；張亨師，〈荀子對人的認知及其問題〉，《文史哲學報》，第二十期（台北，1971年6月），頁175-217；唐端正，〈荀子善偽論所展示的知識問題〉，《中國學人》，第六期（香港，1977年9月），頁11-24；鄭力為，〈綜論荀子思想之性格〉，《中國學人》，第三期（1971年6月），頁109-121。尤其張亨師之文最能幫助我們了悟荀子思想的基本問題。

要傳統解釋是「天」，是「帝」。自孔子而後，一個新的終極關懷的信息開始造就了儒家道德宗教心靈[14]。在中國思想史上，孔子首先用「仁」的觀念來指稱統攝一切德行，且使一切價值與正當的生活秩序(「禮」)具有意義的基源價值[15]。「仁」的真正根

14　有關「天」、「帝」的傳統涵義，參看梅貽寶，〈天神觀與道德思想〉，《中央研究院歷史語言研究所集刊》，第四十八本第一分(台北，1978年3月)，頁78-80，94；李杜，《中西哲學思想中的天道與上帝》(台北，聯經出版事業公司，1978)，頁15-20。
　　至於孔子如何轉化處理「天」及「天命」的問題，《論語》中相關章句見：〈八佾〉，13；〈為政〉，4；〈雍也〉，26；〈述而〉，23；〈泰伯〉，19；〈子罕〉，5；11；〈先進〉，8；〈憲問〉，37；〈陽貨〉，19。相關的論述見李杜，前引書，頁59-72；Tu Wei-ming(杜維明), " On the Spiritual Development of Confucius' Personality," 《思與言》，十一卷三期(台北，1973年9月)，頁33-5；唐君毅，《中國哲學原論導論篇》(香港：新亞研究所，1974)，頁513-8。尤其唐君毅先生更對孔子如何看待「天命」作了精闢的說明。這是一個困難的問題，唐先生的論點(「義命不二」)似乎尚不足嚴格地周延解釋。不過，這無疑是孔子「天命」觀的一個重要面相。

15　「仁」字少見之於東周以前的文獻。孔子以前「仁」字的涵義也與孔子所指的迥不相侔。譬如詩經鄭風「叔于田」篇、齊風「盧令」篇的「仁」，即作「勇敢」解。甚至《論語》中還摻雜有「仁」的傳統用法。詳見屈萬里，〈仁字涵義之史的觀察〉，《民主評論》，五卷二三期(1954年12月)，頁22-5。另見Lin Yü-sheng (林毓生), " The Evolution of the Pre-Confucian Meaning of *Jen* 仁 and the Confucian Concept of Moral Autonomy," *Monumenta Serica*, vol. XXXI (1974-75), pp. 172-83。孔子賦予「仁」全新的涵義是無可置疑的。
　　孔子論「仁」最明白可見的基本涵義則是：「仁」統攝一切德行，一切價值唯有具備了「仁」的內涵才有意義。見《論語》〈八佾〉，3；4；8；〈里仁〉，2；3；4；〈憲問〉，2；5；〈陽貨〉，11；21。

據不是外在於人的自然律則或上帝意志，而是內在於人或隱或顯的道德動力[16]。所以，「仁」是無所不在的：

> 子曰：「仁遠乎哉？我欲仁，斯仁至矣。」[17]

「仁」的最終根據雖然是人的內在道德判斷，但它絕非現成可得的。「仁」必須在「禮」中培養[18]，必須在恒久持續的道德鍛鍊與省察中蘊蓄，「仁」的體現也就是人生實踐所可能獲致的最高道德成就；這種成就亦稱作「仁」——即「仁」的客觀意義。「仁」是極難企及的境界。從闊度來說，需要生命自覺地從事不間斷的道德生活，須臾離之，須臾即失之[19]；從深度來說，要使踐

---

16 從嚴格的文字觀點來說，孟子才是首先揭示「仁」即內在之善的思想家。但我們通觀《論語》，的確可以發現孔子暗示了這個觀念。這幾乎是當代精研儒家思想的學者一致首肯的。有關章句除註15，另見《論語》〈顏淵〉，1；〈陽貨〉，21。

17 《論語・述而》，29。

18 「仁」與「禮」的真正關係是一種「創造性的緊張」（creative tension）：「仁」固然須在「禮」中養成，但「仁」的價值與意義必須獨立、優先於「禮」；否則，形式化的、僵固的「禮」往往導致了「仁」的枯竭。「仁」、「禮」之間如何維持動態的平衡是個困難的問題，先秦儒家對此似未有完全妥善的解決。詳見Wei-ming Tu, "The Creative Tension between *Jen* and *Li*," *Philosophy East and West*, XVIII:1-2 (January-April 1968), pp. 29-38; Lin Yü-sheng, "The Evolution of the Pre-Confucian Meaning of *Jen* and the Confucian Concept of Moral Autonomy," pp. 193-8.

19 《論語・里仁》，5：「子曰：富與貴，是人之所欲也。不以其道，得之不處也。貧與賤，是人之所惡也，不以其道，得之不去也。君子去仁，惡乎成名？君子無終食之間違仁，造次必於是，顛沛必於是。」另見〈泰伯〉，7。

仁化為自我的中心行動(centered action)，讓「仁」滲布至生命每一層面的纖端毫末，終致整個人格的行動即「仁」的自然流現[20]。「仁」之所以需要我們以畢生的、全幅人格的努力來成就，並非基於功利的考慮，而是因為「仁」就是生命最真實的成分之呈露。「仁」是道德行為，它本身即是目的；「仁」是一無條件的無限許諾，踐仁是人向此一許諾徹底獻身的行動。成就了「仁」的人格叫做「仁人」。「仁人」是個人人格創造的極致，也是圓成了孔子仁教之終極關懷的最高典型。

然而，令人困惑的是，我們細繹論語，發現「聖」的評價似乎比「仁」更高[21]：

> 子貢曰：「如有博施於民，而能濟眾，何如？可謂仁乎？」子曰：「何事於仁？必也聖乎！堯舜其猶病諸。夫

---

20 狄立克說：「作為終極關懷的信仰，是人整個人格的行動。它是從人的生命中心發出來的，並且包涵了其他一切非出自中心的成分。信仰是人類意念最中心的行動。它不是人整個生命中某一特殊部分的行動，或某一項特殊的功能。人的一切都在信仰的行動中合歸於一。」[Paul Tillich, *Dynamics of Faith*, p. 4. 譯文酌參羅鶴年譯，《信仰的能力》(東南亞神學院協會台灣分會，1964)，頁3-4。] 踐仁的深度和其他所有信仰的行動一樣，必須是整個人格的行動。論語有關章句見〈為政〉，4；〈述而〉，9；〈子罕〉，9；〈衛靈公〉，41。

21 阮元謂：「孔子論人，以聖為一，仁即次之。」杜維明指為不諦之論，他認為孔子並未對「仁」、「聖」作清楚區分(Wei-ming Tu, "The Creative Tension between *Jen* and *Li*," p. 31)。本文的分析角度與他們兩人皆有所不同。阮元說見〈論語論仁論〉，在《揅經室集》(台北：商務印書館，叢書集成簡編)，冊二，卷八，頁158。

> 仁者，己欲立而立人，己欲達而達人。能近取譬，可謂仁
> 之方也已。」[22]

我們以此對照另一則章句，會更清晰地見到「仁人」與「聖」的
區別：

> 子路問君子。子曰：「修己以敬。」曰：「如斯而已
> 乎？」曰：「修己以安人。」曰：「如斯而已乎？」曰：
> 「修己以安百姓。修己以安百姓，堯舜其猶病諸。」[23]

上引文獻是孔子對「君子」[24]的修養與成就之層次的描述，顯現
了「仁」、「聖」有三種不同的境界。第一是「修己以敬」。第
二是「修己以安人」，即「己欲立而立人，己欲達而達人」的境
界。第三是「修己以安百姓」、「博施於民，而能濟眾」，這是
連堯、舜都不易獲致的成就。從形式上來說，「修己以敬」和
「修己以安人」分屬兩個不同的層次，但孔子所謂的「仁人」絕
非修己不度人的自了漢，道德行為本身就涵蘊著「度人」的奉

---

22 《論語・雍也》，28。
23 《論語・憲問》，45。
24 「君子」原義是指統治的貴族階級，與被統治的「小人」相對。論
　　語中的「君子」仍有此傳統意義者，如：「君子學道則愛人，小人
　　學道則易使也。」（〈陽貨〉，4)然論語中大多數的「君子」已為
　　新義，指有德行的人，與社會階級無關。最具代表性的如：「君子
　　義以為質，禮以行之，孫以出之，信以成之。君子哉！」（〈衛靈
　　公〉，17)。本文亦為此義。

獻。因此，「修己以敬」與「修己以安人」在孔子的觀念系統裡，並不構成實質意義的區分。「仁」、「聖」的真正差別是在「修己以安人」與「修己以安百姓」（論語中「聖」的涵義有時與「仁」實無二致，但本章所指乃專就「修己以安百姓」者而言）[25]。

如果我們已然了悟孔子仁學的義蘊，就當明瞭：「修己以安人」與「修己以安百姓」的問題和成德之道並不相涉。換句話說，「仁」、「聖」之間的差別是「量」的問題，而非「質」的問題；是「成就」的問題，而非「修養」的問題——「仁」、「聖」都已意涵了個人道德實踐（修己）的最高境界。所以，「仁」、「聖」差別的關鍵乃是在於：「安人」與「安百姓」的涵義究竟是什麼？

「安人」的意義與方法十分明顯可見。孔子的一生即是「修己以安人」的奮鬥歷程。他學不厭，誨不倦，無時無刻不策勵精進，無時無刻不滿腔熱誠地相機隨緣啓發世人。「安百姓」則是一個遠為複雜的問題。「安百姓」的對象是群體；它是孔子最高的社會理想，也是其政治思想的中心課題。現在我們先看孔子的基本政治見解：

子適衛，冉有僕。子曰：「庶矣哉！」冉有曰：「既庶

25　論語中有一則章句顯示「聖」、「仁」無殊：「子曰：若聖與仁，則吾豈敢？……」（〈述而〉，33）
另有兩則顯示「聖」不必是「修己以安百姓」者。見〈述而〉，25；〈子罕〉，6。

矣，又何加焉？」曰：「富之。」曰：「既富矣，又何加
焉？」曰：「教之。」[26]

孔子認爲政治的主要目的有二：一在養民，一在教民。養民是國
家的首要政治責任。但他對養民之道未有詳盡論列。他所說的
「富之」，大約是指透過政治職能的運作，使人民能夠衣食無
虞，不致陷於哀苦困頓之地；他未嘗有大量擴張生產，施行富強
政策的想法[27]。

養民固然是國家的首要工作，但畢竟只是起碼的職責。依
照孔子的觀點，政治的最終目的是要創造合乎倫理原則的社會
秩序[28]。孔子對政治的主要關心，不在政治過程本身的問題（如統
治形態、權力界限、自由批評等），而是在於政治機能對造就完美
的社會所能發揮的決定性作用。他對社會的主要關心，則又在於
社會關係所應具有的倫理內涵。如果每一社會關係都有眞實的倫
理內涵與之對應，自然就可產生和諧理想的社會秩序。換句話
說，在孔子看來，合乎倫理原則的社會秩序無非是指，社會成員

26　《論語・子路》，9。

27　參看蕭公權，《中國政治思想史》（台北：中華文化出版事業委員
　　會，1965），第一冊，頁61。

28　徐復觀先生曾經嚴厲批駁認爲孔子是「教重於養」的說法，他強調
　　先秦儒家絕未有寧可人民餓死，而不能讓道德敗壞的主張。孔子絕
　　非「以理殺人」的悲劇的製造者。徐先生此說確有識見。但儒家政
　　治理想不僅止於安頓人民的自然生命，也是毫無問題的。徐先生的
　　論點見〈儒家在修己與治人上的區別及其意義〉，《學術與政治之
　　間甲集》（台中：中央書局，1957），頁178-92；〈釋論語「民無信
　　不立」〉，《學術與政治之間乙集》（台中：中央書局，1963）。

都能善盡他們所擔任的角色的倫理責任。個人的德行與合理的社會秩序無論在分析或現實的層面都是不可分割的[29]。然則，怎樣的政治方法才能造就道德的人民與道德的社會呢？孔子列舉了若干途徑，其中最理想的是政治領導者以身作則，最拙劣的是運用強制力。他說：

> 道之以政，齊之以刑，民免而無恥。道之以德，齊之以禮，有恥且格[30]。

真正的道德行為一定是自發的，沒有任何外在權勢能使人自覺行「仁」；因此，政治強制力的規範作用註定有其無法超越的極限。雖然法令刑罰在一切政治社會中都不可能省免，但對孔子的政治理想而言，它們終不免徒勞無功。孔子以為，最高明的統治者是「無為」的，他只須將自己修養成道德的楷模，社會和人民就會自然而然歸趨於善[31]。孔子對政治領導者的道德資質所能引

29　此處最可看出，孔子對政治、社會、倫理問題的關心與認識是一貫的。孔子的「正名」思想就是這套觀念的一個重要表徵。參看成中英，〈論孔子的正名思想〉，《中國哲學與中國文化》（台北：三民書局，1974），頁64-74。

30　《論語・為政》，3。

31　《論語・顏淵》，19：「季康子問政……孔子對曰：子為政，焉用殺？子欲善，而民善矣。君子之德，風。小人之德，草。草上之風，必偃。」
〈衛靈公〉，4：「子曰：無為而治者，其舜也與！夫何為哉？恭己正南面而已矣。」
關於無為的「德治」之意義，參見徐復觀，〈孔子德治思想發微〉，《中國思想史論集》（台北：學生書局，1975），頁210-21。

發的教化作用，顯得信心十足[32]。這些觀念意謂著，如果要實現
政治的最終目的，政治領導者必須是道德完滿的人。易言之，最
理想的政治領導者便是「仁人」。總結來說，孔子所指稱的「安
百姓」是一種有特殊內容的政治理想，領導者的「修己」是完成
這個理想的唯一有效方法。在孔子乃至整個儒家的觀念架構下，
「修己以安人」是可從「仁人」一辭分析出的必然義蘊，「修己
以安百姓」的「聖人」觀念則涉及了政治、社會建構的原理，兩
者相關而異質。

　　以上的分析顯示，「安人」與「安百姓」是兩個意義十分不
同的觀念。「安人」是一種個人行為，「安百姓」則是一種社會
行動——只是這種社會行動之能達成，端賴政治領導者的個人行
為。現在的問題是：「修己以安百姓」既然是一項建構理想社會
的原理，這項原理在現實環境中應當如何運用呢？它能不能被有
效運用？自孔子思想的內在理路看來，有兩種運用的方式。第一
是現實政治中出現一位聖王[33]，以道德感化力袪除社會上的悖亂
與罪惡。也就是說，孔子希望當時實際統治國家的君主有人修養
成「仁人」；一旦國君行「仁」，即成聖王了。他一生致力從事
的最主要政治工作就是勸勉諸侯、卿大夫修身向善。然而，孔子
清澈地意識到他的以其政治思想為根據的行動，與現實之間阻隔

32　見《論語》，〈為政〉，1；〈顏淵〉，17；18；19；22；〈子
　　路〉，4；6；13；〈憲問〉，44。

33　論語中「王」與「聖」（「修己以安百姓」義）是可互訓的：「子
　　曰：如有王者，必世而後仁。」（〈子路〉，12）
　　「聖」、「王」涵義截然分途是孟子以後的變化。

著令人絕望而難以跨越的深淵；在這種心理背景下，他將他的(以
這種特殊方式表現的)政治行動的最後根據訴諸情不容己的內在要
求。當孔子將他的行動的首要意義視爲目的，而非手段之時，他
宣稱自己是個「知其不可而爲之者」[34]。

　　另一種方式是讓「仁人」執政[35]。雖然實際的統治者不易有
人修養成仁君，社會上可能還有「仁人」。假若「仁人」能夠登
位，天下仍可平治。就此而言，在孔子的時代，「安百姓」最有
效的方法實在就是孔子自己執政。孔子雖不曾明言欲作國君，但
他冀望掌理政事的心情一直相當深切，甚至願意不避時諱以求得
用[36]。在這方面，他又是個失敗者。現實幾乎不可能給他(以及所
有缺乏權力憑藉的仁人)任何機會，這種方式和上一種方式同樣地
不具有必要程度的可行性。

　　前文有關「修己以安百姓」之實際運作的討論，引起了我們
對孔子的「內聖(仁)外王(聖)」式政治、社會思想的合法性的疑
惑。雖則我們尚未處理這個觀念的理論問題，但很明顯地，這種
建構理想社會的原理被期望實現，它所倚賴的竟將是一些極其偶
然的因素(如命數、出身、時機等)。就此而論，也許天命輪轉，

34　見《論語》，〈子路〉，10；〈憲問〉，34；48；41；〈微子〉，
　　6；7。

35　《論語·雍也》，1：「子曰：『雍也，可使南面。』仲弓問子桑伯
　　子。子曰：『可也，簡。』……」

36　自孟子、司馬遷、董仲舒以下，均以爲孔子作春秋意在「立一王之
　　法」，「王」乃有文德之王之謂。見阮芝生師，《從公羊學論春秋
　　的性質》(台大文史叢刊，1969)，頁55-65。此一解釋參照論語所
　　涵之孔子思想，亦可若合符節。關於孔子欲不避時諱以求得用，見
　　《論語·陽貨》，7。

若干年間會有聖王出，但孔子的政治、社會理想基本上是落空了。

二

　　孟子思想和孔子學說是血脈相連的。孟子將孔子開啓的新觀念加以理論化，建構了儒家思想體系的一支大綱。他的學說可分人性論與政治思想兩大部門。在人性論方面，孟子直承孔子「仁」的觀念發展出「性善」說。在孔子思想中，人的生命有內在之善是個隱涵的觀念，孟子則完全彰顯了這一觀念。他不僅明白宣稱：「由仁義行，非行仁義也。」（〈離婁下〉一七），復運用邏輯推論和類比方法從理論上證成「仁義內在」。孔子雖然隱示人有內在之善，但並未剋就人性問題提出討論，以說明內在之善與人的本性之相應關係。孟子由於受到當時各種有關人性的論說之挑激，更論辯人的內在之善是生命所有原本存在且能自然發展的成分中，最眞實高貴的核心。內在之善是人的「大體」，「仁義」以外之人生而具有的其他成分是「小體」。「大體」、「小體」雖然並存於人的生命，自我實現的方向則是「大體」決定的，因爲「大體」才是生命中自主完整而不可役於「小體」的根荄，故可謂人之性「善」[37]。

37　孟子對「仁義內在」和「性善」的辨析散見《孟子》全書各篇，尤以〈告子〉上、〈盡心〉上爲要。本文有關孟子人性論的論述尚參考以下著作：徐復觀，《中國人性論史》（台北：商務印書館，1975），頁161-96；牟宗三，《中國哲學的特質》，頁60-7；勞思

　　較諸孔子，孟子的政治思想可謂新見疊出，但其理論的基本架構仍不出孔子「內聖(仁)外王(聖)」式思想的範圍：政治的目的在以養民與教民爲手段(養優先於教)造就理想的社會，完成此一目的則有賴政治領導者的道德資質[38]。然而，在同一基本架構下，孟子仍有不同要點的發揮。孟子深刻認識到，現實政治往往非但不能發揮其正面功能，反而淪爲扼殺社會、經濟生機的劊子手。因此，他的政治批評大都針對政府的養民責任而發，他再三強調國家必須切實做好「制民之產」的工作[39]。他甚至認爲養民與教民有絕對的關聯；民生富庶不僅是造就道德的社會之必要條件，而且是充分條件。他說：「聖人治天下，使有菽粟如水火。

(續)────────────

　　光，《中國哲學史》第一卷(香港：中文大學崇基書院，1968)，頁95-111；傅偉勳，《哲學：美國近年來的哲學研究與中國哲學重建問題》(行爲及社會科學論文集分訂本之六；台北，學生書局，1973)，頁35-41；鄭力爲，〈孟子告子篇「仁義內在」的辨析〉，《新亞書院學術年刊》，第十期(香港，1968年9月)，頁93-125；Lin Yü-sheng, "The Evolution of the Pre-Confucian Meaning of Jen and the Confucian Concept of Moral Autonomy," pp. 188-95；A. C. Graham, "The Background of the Mencian Theory of Human Nature," 《清華學報》，新六卷一、二期(台北，1967年12月)，頁215-71。尤其Graham之文對孟子人性論之歷史背景與理論內容所作的闡釋，最能幫助作者了悟此問題。

38　最具代表性的文字見《孟子·滕文公上》，3：「民之爲道也……有恒產者有恒心，無恒產者無恒心。苟無恒心，放僻邪侈，無不爲已。及陷乎罪，然後從而刑之，是罔民也。焉有仁人在位，罔民而可爲也！……人倫明於上，小人親於下。……夫仁政必自經界始……」
　　其餘通觀全書可也。

39　見《孟子》，〈梁惠王上〉，3；7；〈梁惠王下〉，5；〈滕文公上〉，3；〈盡心上〉，22；23。

菽粟如水火而民焉有不仁者乎？」[40]當然，這段話預先設定了政治領導者是有德的君王。唯有仁君才會爲人民生計著想，採取各項消極性與積極性的措施，使其不虞衣食；也只有仁君才能端正人民的行爲和社會秩序[41]。就實現的可能性而言，仁君與人民的生計、道德的社會是三位一體的。依照孟子的用語，這三者一體呈現的理想政治叫做「王政」[42]。孟子以爲，施行王政不獨有價值上的崇高意義；在現實上，還能吸引他方人民前來歸順，造成最雄厚的政治勢力，進而統一天下，此之謂「王天下」[43]。「王天下」正是孟子的究極政治美景。

在孟子的人性論中，圓滿地體現性善的人謂之「大人」或「大丈夫」，也稱作「聖」。換句話說，孔子所指的「仁人」，以及具有「仁人」意義的「聖」，孟子皆無歧義地稱爲「大

---

40 《孟子·盡心上》，23。
41 《孟子·離婁上》，20：「君仁莫不仁，君義莫不義，君正莫不正。一正君而國定矣。」
〈盡心下〉，32：「君子之守，脩身而天下平。」
另見〈梁惠王上〉，7；〈滕文公上〉，2；〈離婁下〉，5；〈盡心上〉，13；〈盡心下〉，37。
42 《孟子》，〈梁惠王上〉，3；〈滕文公下〉，5。
43 《孟子》，〈梁惠王上〉，7；〈公孫丑上〉，3；5；〈滕文公下〉，5；〈離婁上〉，3；9；〈離婁下〉，16；〈告子下〉，4；〈盡心下〉，4；13。「王」（動詞）在《孟子》書中有兩種意義：一是不含價值色彩的天下歸往義，一是含有價值意味的，得以成就天下歸往的政道。這兩種意義在《孟子》書中頗不易區分，因爲孟子認爲實行以領導者個人的德性爲基礎的仁政是成就天下歸往的唯一可行途徑。「王天下」語見〈盡心上〉，20。此詞在原章句的脈絡中，並未含有價值色彩，但作爲一種政治理想的「王天下」義則遍及全書。見本註所標示之章句。

人」、「大丈夫」或「聖」。孔子所謂的「修己以安百姓」的
「聖」，孟子則改稱「王」或「聖王」[44]。如前所述，依照孟子
的政治思想，王政亦是聖人才能成就的，然則人的聖格
(sagehood)與政權如何接榫呢？

我們首先考慮的途徑是聖人如何而可成君王。這就涉及了君
權之來源的問題。根據孟子的看法，君權的來源原則上有二：一是
天授君位予有德者，一是有德者之後代承先人遺澤而有君位[45]。這
兩點之中，前者是優先性原則，所以如果有德者之後的君主失
德，新的有德者順天之命起而推翻君主是合法的，此謂之「革
命」，謂之「誅一夫」[46]。易言之，王者若不能善盡其職，則當
去位[47]。天怎樣傳達祂的命令呢？孟子以為，天並不能直接宣
告，而是藉人民的向背來顯示——「天視自我民視，天聽自我民
聽」。就此而言，孟子不曾主張絕對的君權天授說，在他的理論
裡，人民亦分享了君主的權源[48]。然而，是否得天命的君王都是
有德者呢？也就是說，假若君不稱職、百姓離散，甚至殘民以
逞、率獸食人，是否聖人便必可取而代之，甚或得而誅之呢？並

---

44 散見《孟子》全書。重要篇章見〈公孫丑上〉，2；〈萬章下〉，
　　1；〈離婁上〉，2；〈滕文公下〉，9。

45 《孟子》，〈梁惠王下〉，14；〈萬章上〉，5；6；〈萬章下〉，
　　3。這裡孟子所指的「天」，兼具神性義與運命義。

46 《孟子》，〈梁惠王下〉，8；〈萬章上〉，7；〈萬章下〉，4。類
　　此言論散見全書。《孟子》書雖未見「革命」一辭，其義則確乎如
　　此。

47 《孟子》，〈梁惠王下〉，6；〈公孫丑下〉，4；〈萬章下〉，9。

48 《孟子·萬章上》，5；6。

不盡然[49]。在君權的問題上，天終究是真正的、最後的主導原則：若不得天命，有德者固與君位無緣；若不失天命，失德者亦不致去位。是以孟子有下列的話：

> 莫之為而為者，天也。莫之致而至者，命也。匹夫而有天
> 下者，必德若舜、禹，而又有天子薦之者。故仲尼不有天
> 下，繼世以有天下。天之所廢，必若桀、紂者也。故益、
> 伊尹、周公不有天下[50]。

這段話的前半是表明天的主導原則，後半則透露了另一訊息：縱然現實上有許多天所不廢但又無法盡職的王者，有德者卻不必取而代之（也不可能），他可以任輔佐之臣，以蘇解民困，成就至治[51]。這一類的人，孟子名之為「士」。士當然不是孟子憑空撰設以彌縫其理論缺陷的角色，而確實有時代的社會背景。士的起源甚早，本為低階之貴族，自春秋後期以至戰國，封建秩序解體，大規模的社會流動使得士不再具有貴族身分，而與庶人無殊。此時的士有了新的內涵，它代表一個新興的知識階層；他們擁有豐厚

---

49 《孟子》，〈梁惠王下〉，6；〈萬章下〉，4。

50 《孟子・萬章上》，6。

51 《孟子・萬章下》，4：「（萬章）曰：『今之諸侯，取之於民也，猶
禦（殺人越貨）也。苟善其禮際矣，斯君子受之。敢問：何說也？』
（孟子）曰：『子以為有王者作，將比（連同）今之諸侯而誅之乎？其
教而不改而後誅之乎？夫謂「非其有而取之者，盜也」，充類至義
之盡也。……』」
此章最足以見出孟子對現實的溫和緩進態度。其他有關言論另見孟
子論伊尹、周公輔佐以成至治的章句。

的知識而不具特定職分，他們的懷抱則是伺機入仕，從事政治工作[52]。更重要的是，孔子以為士是有德之人，士人本身亦有以此自許者。曾子曰：「士不可以不弘毅，任重而道遠」[53]，意即在此。孟子所謂的「士」也有這兩層涵義：第一，士擁有專門知識，這些知識使他有能力治理國家；因此，士人之仕猶如匠人之治玉，農夫之耘田，皆為專精之本職[54]。第二、士是有德之人（士若具知識而寡德行，亦不足以為士矣！）。士人之德是王天下的必要條件——王者既失德，只好由士人代其發心行善政。由於士具備了以上兩種條件，所以孟子對其極具信心，認為他們可不必居王位而王天下：益、伊尹、周公俱是前代表率。孟子藉用伊尹的心語表達了他對士人之德行與王者之位接榫的樂觀態度：

> 伊尹……既而憣然改曰：「與我處畎畝之中，由是以樂堯、舜之道，吾豈若使是君為堯、舜之君哉？吾豈若使是民為堯、舜之民哉？吾豈若於吾身親見之哉？」[55]

實行王政的關鍵既然在領導者個人的資質，士人入仕顯然是一個比較穩固的因數。士人擁有廣大的社會背景，不受出身限

---

52 參看余英時，〈中國古代知識階層的興起與發展〉，《中央研究院成立五十周年紀念論文集》第二輯（台北，1978年6月），頁231-58。這是一般的說法，惟杜正勝以為可商榷。參看氏著，《周代城邦》（台北：聯經出版事業公司，1979），頁76-8，150-1。

53 《論語·泰伯》，7。

54 《孟子》，〈梁惠王下〉，9；〈滕文公下〉，3。

55 《孟子·萬章上》，7。

制，素質較整齊；他們如果得以大量地、持續地進入統治機構，
政治權力應該具有稍能令人樂觀的道德與理智成分。但是，在士
人入仕尚非制度化的環境裡，士人入仕基本上仍然是一個機緣問
題：伊尹之能統一天下是因得湯之賞識，周公能成就西周美治則
因他係武王之弟。更重要的是，無論士人入仕是機緣問題，或已
有制度化的管道，在「君尊臣卑」的體制下，士人入仕所能發揮
的功能，唯有繫於主政者個人的智慧、胸襟與德行。換句話說，
士人在統治機構中所能發揮的功能是受君主的政策方向決定的：
有欲逐其大欲的國君，就有爲其攻伐征斂的將相；有尊德樂道的
「大有爲之君」，始有平治天下的大臣——賢相永遠是與明君一
起出現的[56]。孟子以爲，國君任用士人，若僅爲備員，甚或倡優
畜之，諫過不聽，見善不從，士便當斷然致仕[57]。由此可知，士
人之仕與入仕能否得用，皆爲求之在外的「分定」。士有不得而
王的「分」，所以寄託理想於以臣道佐國。士有不得而臣的
「分」，所以還須具窮不失義的志氣。德的價值獨立於位而尊於
位，道的尊貴高於勢而不可屈於勢。士的人格是可與君主之位相
抗衡的[58]。因之，孟子堅決認定：士可持德以居位，切不能曲道
以阿勢[59]。他說：

56　《孟子・公孫丑下》，2。
57　《孟子》，〈公孫丑下〉，12；〈離婁下〉，4；〈萬章下〉，9。
58　《孟子》，〈公孫丑下〉，2；〈離婁下〉，3；〈萬章下〉，3；
　　7。關於道、勢的問題，可另參看余英時，〈中國古代知識階層的
　　興起與發展〉，頁250-5；258-62及註92、152。
59　《孟子》，〈萬章上〉，7；〈盡心上〉，3；9；21；42。

> 有天民者，達可行於天下而後行之者也。有大人者，正己
> 而物正者也[60]。

有德無位的聖人、大人是「天民」，他的道是要達而方可行之於
世界的；「大人」（在此有特殊的涵意）則是德位兼備的王者。天
民和大人都因他們的道德造詣而為最高人格之典型，但在現實
上，天民並不能為建構理想的政治、社會秩序提供任何保證。

聖格與王位接榫的第二條可能途徑是啟發王者的內心善苗以
行王政。在孟子的觀念架構裡，這條途徑的基設是人性本善。人
之善性可由教育、啟發的方法不斷提昇，化卻生命的濁惡而成聖
人。王者自不例外。所以孟子說：「人皆有不忍人之心。先王有
不忍人之心，斯有不忍人之政矣。」[61]孟子的陳述旨在說明王者
的善性是不忍人之政的根苗，雖然他並未對這點善的火花寄予過
高的期望，但他似乎也未能正視此一途徑所面臨的現實困難。人
的真實本性固是善的，但要透過教導的方式使人發揚善性卻極端
艱難。人來自其生命深淵的晦暗，以及現實社會對此晦暗之永遠
的鼓舞，是自我實現的大敵。君主位居國家權力中樞，他所掌握
的絕對權力與既得利益最能使人不斷敗壞其向善的努力，而使他
的性格易於傾向腐化、貪黷、短視、昧理。在這樣巨大的困難下

---

60 《孟子・盡心上》，19。《莊子・庚桑楚》云：「人之所舍，謂之
天民；人之所助，謂之天子。」天民與天子之分義同天民與大人。
必須留意的是，本章「大人」的涵義完全不同於「從其大體為大
人」之「大人」，應嚴加區別。

61 《孟子・公孫丑上》，7。

欲求發揮教導效率,更是戛戛乎難。聖人在君主身上所作的絲微的激濁揚清作用,其少補於現實困難,幾乎已成定局了[62]。當然,我們無法斷言,任何因世襲因素而掌有最高權力的人絕不可能具有深厚的道德修養,但從歷史經驗中看來,概然性顯然甚低。如果把一個動關生民禍福、社會安危的關鍵繫於不特定的少數人的善念,其不切實際是不言而喻的。

以上我們就孟子思想的內在脈絡檢察了聖格與王位接榫的兩條途徑,並不能獲得令人滿意的結果。至少,孟子對「內聖外王」的政治方法如何運作的提示,未嘗消弭在孔子思想中已顯露的嚴重困難。

三

本文至此,尚未進入孔、孟「內聖外王」觀念的理論層面。前文的分析固已指出這項觀念在實際運作上有嚴重之困難,但運作上的困難並不能直接顯示是否有理論上的疑點——雖則我們已由此對「內聖外王」觀念的合法性發生了疑惑。前文之所以尚未涉及理論問題,主要的原因是,孔、孟對他們的觀念所作的詮表包涵了若干假定,我們若不直接探討這些假定的正當性,就無法有效地檢證他們的論辯。在進行這項工作以前,我們須先回顧孔、孟「內聖外王」觀念的內容。

---

62 在《論語》、《孟子》書中,孔、孟勸諫諸侯、卿大人以身作則、勸化社會的記載甚多。然而在君主之大欲的陰影下,成效是幽渺難尋的。可參見《孟子·梁惠王上》各章句。

　　根據前文的分析，孔、孟「內聖外王」式的政治、社會思想可用如下的論式表示：人的生命有內在之善；內在之善擴充至極的境界是人格發展的最高目標，實現此一目標的人格謂之「仁」或「聖」。理想的社會乃是合乎倫理原則的人際秩序（以生活豐足為前提），此一理想之完成端賴政治領導者個人的資質，他具有影響整個政治、社會系統的動能。因此，「仁」、「聖」執政是真正有效解決政治、社會問題的途徑，治國平天下的關鍵在個人的道德修養。

　　很明顯地，上述論式隱藏了若干預設，使得孔、孟的政治、社會思想無法自證為真。在這些預設中，與「內聖外王」之跡本關係最相干的至少有以下三項。第一，社會秩序基本上是政治力量創造的。第二，領導者個人的心智與德行是政治造福與教化力量之泉源。第三，政治系統及其領導者應該也可以具有自足的道德資質。現在，我們必須檢視這些預設在孔、孟的觀念架構中的確切涵義及其正當性。這項工作將使我們真正接觸到「內聖外王」觀念所代表的政治哲學與社會哲學，並據以全面審視孔、孟「內聖外王」觀的合法性。

　　首先，我們討論第一項預設。在孔子和孟子的時代，政治結構與社會結構的關係密切，他們若有此素樸的預設是不足為奇的。然則，我們現在回顧人類的文明，今日的境地是怎樣長成的呢？我們至低限度可以作如下的斷言：這樣一個龐大多姿的結晶，顯然不是任何有意的設計所鑄造的；自長遠的、整體的觀點

看來，人類活動的後果實非人類的心靈所能預期的[63]。人類活動中最巨大的設計且執行設計的力量——政治系統及其行動[64]，絕不足以規劃、反映整個文化、社會、經濟的發展（事實上，政治系統的結構與職能也是非意識性成長的結果）。文明成長的眞正泉源是社會自身所蘊蓄的無窮動因，任何企圖製造單元中心的盲動都將不可避免地導致文明的創造與進展陷於衰竭[65]。

然而，我們細察孔、孟思想中涉及政治與社會之運作關係的觀念，發現他們所抱持的預設——「政治力量創造社會秩序」——之內涵，與單純的、反演化觀的「設計論」（design theory）是有出入的。孔子和孟子都瞭解政治力量在推動人民經濟生活上的功能，尤其孟子，更爲重視此一職能的正當發揮。但在孟子的養民思想中，最基本的論點還是在國家不應以專橫行爲（武力或重賦）干擾正常的生產活動。政府只當在自發的生產活動發生嚴重困

---

63 參看海耶克（F. A. Hayek）著，周德偉譯，《自由的憲章》（*The Constitution of Library*）（台北：台灣銀行經濟研究室，1974），第四章〈自由、理性與傳統〉，頁79-109。

64 長久以來，「政治」的概念一直陷於紛紜難明的狀態。我們或可以「權威性決策」劃定「政治」的範圍。政策（或決策）即是行動計劃之謂，是一種設計性的產物。參看易君博，〈政治學中的決策研究法〉，《政治學論文集：理論與方法》（台灣省教育會，1977），頁80-114。

65 參看 Michael Polanyi, *The Logic of Liberty* (University of Chicago Press, 1965), chap. 8, "The Span of Central Direction" and chap. 9, "Profits and Polycentricity," pp. 111-53; F. A. Hayek, *Studies in Philosophy, Politics and Economics* (University of Chicago Press, 1969), chap. 4, "Notes on the Evolution of Systems of Rules of Conduct," pp. 66-81.

難(如天災)時介入,從事救濟的任務。他雖不乏政府主動採取福利措施或安排合理經濟制度的構想,但國家的第一要務仍是消極地確保經濟過程之自發運行[66]。在教民工作上,孔、孟一致重視政治的決定性功能,但是他們並不認為政治領導者的心靈是創造道德規範的動因。事實上,政治領袖所應遵行的是普遍共認的行為規範——「禮」,他個人的道德資質乃是在導正社會風習上有絕對的影響力。這和二十世紀普遍流行的、以黨派或其首腦意志規定正義的意理,有本質上的差別[67]。綜上所論,我們可以瞭解:對孔、孟而言,「政治力量創造社會秩序」的預設並非意謂社會與道德秩序是被政治的決策力量決定的,而是指政治領導者個人的人格對社會與道德秩序的改善具有無可置疑的決定性作用。

從以上對此一預設的普遍意義與(孔、孟思想中的)特定意義的討論中,我們並不能釐定它與「內聖外王」式政治、社會思想之明確關係。我們只能說,孔、孟思想涵有某種特殊方式的「設計論」傾向,但這一預設的內涵無法單獨指示「內聖外王」的論辯是否正當,此尚有待於我們對其他相關預設的分析。

其次,我們檢討第二項預設:政治領導者個人的心智與德行是政治的造福與教化力量之基源。這項預設的涵義有兩種可能的

---

66 見《孟子》,〈梁惠王上〉,2;4;6;〈梁惠王下〉,11;〈公孫丑上〉,5;〈滕文公上〉,3。

67 關於二十世紀歐陸(以及俄國)以黨派意志規定正義的哲學運動與政治運動,參看Michael Polanyi, *op. cit.*, chap. 1, "Social Message of Pure Science," pp. 3-7.

邏輯結構:第一,社會發展是受政治約制的,政治系統中樞的決策者因而成為決定社會品質的關鍵;第二,社會品質決定於某種超凡的個人的感化力,而此類個人則須定位於政治結構的頂層。基於前文對第一項預設的分析,我們得知後者才是此一預設的確切意指。由這一確定的意指,又可導衍出以下的子問題:孔、孟究竟如何說明超凡的個人對社會與道德秩序之形成的影響力?是否確有具有如此巨大力量的個人?孔、孟思想中超凡的個人何以必須定位於政治結構?

雖然就孔、孟政治、社會思想的整體而言,並非以明確的素樸設計論為基設,但其思想確實含有「人為構成說」(anthropogenic constructionism)的因素。「人為構成說」就其最純粹的型式而言,是指一種信仰:相信世界上的社會、政治和道德秩序都是遠古聖君與聖人有意創建的[68]。我們如以孔、孟思想為直接觀察對象,可以肯定這種素樸形式的信仰並不是孔、孟社會觀的特色[69],但是他們的確時常將「個人」的因素視為社會與道德秩序之形成的原動力;就此而言,孔、孟思想中存在著一種變形的「人為構成說」——這也就是我們現在所要分析的主題。

如前所述,孔、孟的養民思想認為,合理的經濟秩序必以生

---

68 有關「人為構成說」的說明,見Lin Yü-sheng, *The Crisis of Chinese Consciousness: Radical Antitraditionalism in the May Fourth Era* (Madison: University of Wisconsin Press, 1978), pp. 51-4. 中文見林毓生,〈五四新文化運動中的反傳統思想〉,《中外文學》,第三卷十二期(台北,1975年5月),頁19-22。

69 素樸的「人為構成說」在《孟子》書中亦非絕無僅有,見〈滕文公上〉,4。

產活動之自發運行為要件。在他們的教民思想裡，政治領導者自
我遵行且賴以教化社會的，亦是具有普遍意義的德行與規範。他
們正視具有普遍的合理性、共守性和不具壓力的行為規律，就論
理而言，是演化論與自由信念的一個重要基底[70]。然而，在孔、
孟思想中，這一反「人為構成說」的意涵卻似乎和「人為構成
說」有著微妙的關聯。這個問題可分三方面來說。第一，是有關
道德規律起源及其適用性的問題，我們先看下面三段文字：

> 舜明於庶物，察於人倫。由仁義行，非行仁義也[71]。
> 口之於味也，有同耆焉。耳之於聲也，有同聽焉。目之於
> 色也，有同美焉。至於心，獨無所同然乎？心之所同然者
> 何也？謂理謂義也。聖人先得我心之所同然耳[72]。
> 詩云：「不愆不忘，率由舊章」，遵先王之法而過者，未
> 之有也。聖人既竭目力焉，繼之以規矩準繩，以為方員平
> 直，不可勝用也。既竭耳力焉，繼之以六律正五音，不可勝
> 用也。既竭心思焉，繼之以不忍人之政，而仁覆天下矣[73]。

這些話是孟子說的，這三段文字說明人類社會中的美好事物的根
本性質及其起源。就道規範而言，它們蘊涵著：人類社會的行為
規律之本源是人的仁義本心，行為規律的共守性便是植基於人的

70　同註63。
71　《孟子‧離婁下》，18。
72　《孟子‧告子上》，7。
73　《孟子‧離婁上》，1。

本心對事物價值的相同體認；而聖人則是遵循仁義之心行事的先覺者，他的行爲遂成爲道德規律的典範。易言之，行爲規律雖不能說是聖人創建的，但卻是他「發現」的，他啓發了人類對潛在的行爲準繩的共同認可。從分析層次上來說，聖人留傳的行爲規律並非絕對的：孔、孟確認「仁」先於「禮」，道德規範是孳衍的，而非原生的；但在實踐的層次，孔、孟對聖人所發現的，且成爲天下通例的行爲規律又採取了甚爲保守的觀點[74]，他們對聖人所指示的行爲規律之普遍、長久的適用性，具有極高的信心。在孔、孟思想裡，超凡的個人在道德秩序的形成過程中，無疑扮演了非常重要的角色。第二，是政治領導者個人對社會與道德秩序的教化力的問題。孔子和孟子完全肯定執政者的德行能絕對有效地影響社會風習，但他們沒有說明此一看法的理據。這一點是孔、孟思想中「人爲構成說」色彩最鮮明且執之最甚的部分。第三，前文曾經指出，孟子的養民思想涵蘊了他對自由經濟原則之肯定。但奇妙的是，他卻未嘗試說明自發的生產活動乃是造成富裕社會的必要條件；他強調的是，唯有仁君在位才不會干擾正常經濟秩序之運行。換句話說，他把民生樂利的根本原因歸之於領導者個人的品質。這是孟子對其養民思想之內涵的誤解。我們正可由此「誤解」知悉，「人爲構成」是孟子的一種主要思考模式。以上的討論顯示，孔、孟的社會觀雖不能以素樸的「人爲構

---

74 這個問題最明顯的例證是孔子與宰我有關服喪問題的一段對話，見《論語・陽貨》，21。林毓生對這段對話的涵義曾有詳盡的討論。見Lin Yü-sheng, "The Evolution of Pre-Confucian Meaning of *Jen* and the Confucian Concept of Moral Autonomy," pp. 197-8.

成說」一舉概括，但確實帶有「人爲構成說」（與非「人爲構成說」）的因素。

很明顯地，無論那一種類型的「人爲構成說」對社會與道德秩序之形成原因所作的說明，既不合於理則，又缺乏經驗的基礎。我們現在所擁有的一切人文、社會知識都不足以指陳，哪一種制度或風習的形成是以某一或某幾個特定的個人爲原動力。人是有理智和道德能力的，個人的行爲是有創造性的（此泛指所有有目的、有意識的作爲），創造性的行爲也可能產生不定程度的影響。然而，個人的創造性行爲僅僅是社會過程的一項動因，因爲在心靈層面，沒有一個特定的個人能夠掌握所有影響個人行爲與社會過程的因素，並據以繪製一完善的藍圖或指示一則亙古不易的規律；在現實的層面，一個個人的心靈建構的影響力十分有限，無數的環境、行爲、歷史因素都足以阻礙此種建構實現的機會，或改變其預期實現的成果。「人爲構成說」是一種化約主義（reductionism）：它忽視了創造性的個人行爲與演進式的社會行動之明顯區別，這是一個違反社會事實的觀點。

接著，我們要問：何以超凡的個人須定位於政治結構？「人爲構成說」並不涵蘊著聖人必須是王者才能發揮道德影響力。孔、孟爲什麼不主張政外立教，別樹道統？他們何不尋求建立有效的非政治力量，就像在基督教歷史上所出現的教會組織與宣教制度。這個問題固可由時代背景得到部分解釋，但根本的原因還在孔、孟對政治系統的性質與政治領導者的行爲採取了特殊的理解。他們認爲政治行動本身具有自發的道德性，政外立教因而也就成爲不必要的了。

　　儘管孔、孟思想中涵藏著「人爲構成說」的因素，這一點似乎仍不足充分解釋他們何以會抱持「內聖外王」式的政治、社會觀。因爲，既然改正政治系統與社會系統之品質的動能繫之於領導者個人，則其爲惡與爲善的機會和力量至少是同等巨大的——此正如孟子所意識到的：「不仁而在高位，是播其惡於眾。」[75]假若孔、孟能嚴肅地考慮這項可能性，並以此意識爲其政治構思的起點，他們就必須思考如何防制道德資質之闕如所造成的弊害；如此，最後的結論或許就是謀求建構限制或規範權力的制度，而非「內聖外王」的期許。基於以上的認識，我們可以說，「內聖外王」觀念的形成關鍵在於孔子和孟子對政治系統的質素的認定。換言之，我們所要討論的第三項預設——政治系統及其領導者應該也可以具有自足的道德資質，就「內聖外王」觀念的理論層面而言，是最關緊要的。然則，這項預設(亦可稱之爲「政治、社會行動的倫理取向」)是否有堅實的理論根據呢？

　　這個問題可分兩方面來分析，首先我們討論政治、社會系統「道質素質」的問題。美國當代神學家、政治哲學家尼布爾(Reinhold Niebuhr, 1892-1971)在《道德的人與不道德的社會》(*Moral Man and Immoral Society*)中，開宗明義地說：「本書所要闡述的唯一主題是：個人的道德行爲和社會行爲必須嚴格地與社會團體分開，不論是國家、種族或經濟團體……個人也許是道德的，他能爲別人犧牲自己的利益。……但所有個人的這些成就對人類社會和社會團體而言，若非不可能，便是極其困難。每一個

---

75 《孟子‧離婁上》，1。

人類團體都缺乏牽制衝動的理性、超越自我的能力以及對他人困窘之同情。因此，團體的自利性實較表現於個人人際關係中的自利行為更缺乏抑制。」[76]尼布爾的卷首語無非在揭示：政治在基本上是不道德的和非理性(指實質理性，而非工具理性)的，「自利」是一切團體、階級、國家行為之最高指導原則[77]。尼氏何以有這番見解呢？我們可以從社會群體的性質考察起。絕大多數社會團體所最關懷的都不是自我實現的問題(儘管有些團體如此標榜)，而是生存問題。它的首要功能在保障群體成員的利益和維護群體的地位；即使宗教團體與近代革命團體亦不脫此色彩。團體最關心的問題既然是生存，維持生存的手段是否合乎道德即成次要(或者更低)的考慮了。在生存第一的「原則」下，生存與道德的混淆更是當前世界無所不在的現象；經不起道德原理的嚴格考驗的愛國(patriotism)這一「德行」便是最凸出的例證，因為這項原則不能普遍施用於和本國有利害衝突的團體或個人，「愛國」終究只是從個人自我主義(individual egoism)轉化而成的國家自我主義(national egoism)[78]。雖然基於國家生存和利益的考慮，國際政治充滿著非道德與權術的色彩，是否一國之內的政治就能擯棄這些色彩？顯然不能。人類的政治經驗顯示，國家權力一直被維

76　Reinhold Niebuhr, *Moral Man and Immoral Society: A Study in Ethics and Politics* (Charles Scriber's Sons, 1953), xi-xii. 譯文酌參吳乃德，〈尼布爾的政治哲學簡介〉，《思與言》，第十二卷三期(台北，1974年9月)，頁7所引譯。為了更明確簡扼地表達尼氏的本意，譯文中刪略了若干無關要旨的修飾語。

77　引自吳乃德，前引文，頁7。括弧中的文字是作者自加的。

78　Reinhold Niebuhr, *op. cit.*, p. 91.

護某一團體或階層利益的成員所爭奪或運用(雖然這並不是行使權力的唯一目的)。依尼布爾這樣的現實主義者看來,因爲社會衝突的必然存在,我們不可冀望在政治領域內出現合乎道德原理的「理性的公正」(rational justice),只能祈之於權力平衡的「政治的公正」(political justice)[79]。也許有人會說:尼布爾的論辯基本上是以多元社會爲背景,不一定適用於中國的傳統政治。然則,權力一元化的政治系統的道德質素又如何呢?是不是因爲獨占性的權力集團不容許個別社會團體的利益考慮介入決策過程,它反而更能普遍「照顧」所有的社會階層呢?換句話說,現代全體主義(totalitarianism)、集權主義(authoritarianism)的政治制度或傳統的君主政體、貴族政體是否較僅能表現「政治的公正」的民主政治具有更優越的道德性呢?那是不可能的。本文的性質不容許我們詳盡分析每一類型的專制政治的道德性,但我們絕對沒有理由相信,一個權力集團或階級,只因它的行動可以是任意的,就使得它甚有可能是道德的。相反地,正因爲沒有有效的法律或社會力量能夠約束統治團體,使它有更多的機會得以肆其私利,或強制推行其自以爲是的「革命理想」。無論就政治理論或歷史經驗來說,這都是不容置疑的。任何希望在獨占性的權力集團之中尋求自足的道德質素的懷想,無異於緣木求魚。

其次,我們將要考察政治領導者的德行問題。在論理上,我們可以僅由社會、政治群體的性質導出如下的結論:一個人的政治行爲與社會行爲(在團體中或有關團體決策的行爲)很可能不同

79　Ibid., pp. 31-2.

於他的私人的倫理行為，政治領導者的行為更是符合這一結論的
最佳例證。當我們提及政治領導者的德行，並不討論他在個人生
活中的行為可能如何，而只考慮他扮演團體決策者的角色時的行
為性質。在這樣的觀點下，團體利益無疑是他的行為的基本出發
點。我們或許可以例外地見到極少數真正希望以道德原則制定團
體決策的領導者（他們不同於那些把國家或某一黨派、階層的利益
化為神聖不可侵犯的道德信條的獨裁者）；無論他們的結局如何
（向團體壓力妥協、喪失權力，甚或真的成功了），就整體而言，
我們可以說：社會群體領袖遠較沒有權力的群體成員難於保持個
人行為與政治、社會行為的道德一致性。

　　從嚴格的觀點看來，尼布爾的政治哲學不免於一隅之見，未
能對政治過程作完全持平的評估。至少，人類今天最高度的政治
成就已超越了「政治的公正」的層面（如「法治」）。但這一點並
無損於尼布爾對政治行動的性質之分析的真實性，即使我們以最
審慎的態度引用尼氏的分析，也可以導致如下的論斷：縱然政治
系統及其領導者可能會有偶然的自發道德行動，他們基本上絕不
具有自足之道德資質。單就孔子和孟子的人生經驗而論，政治行
動與執政者的政治行為通常是不道德的，也是一簡單的事實[80]。
那麼，孔、孟何以竟在其政治思想中採取了「政治、社會行動的
倫理取向」的預設呢？最重要原因也許就是：他們對個人的自我
實現與個人的政治行為的性質混而不分。尤其孟子，更以人性本

---

[80] 關於這一點，不必詳引出處，通觀論、孟可也。最具代表性的，無
　　如孔子對「今之從政者」的評語：「噫！斗筲之人，何足算也？」
　　（《論語·子路》，20）。

善作爲政治行動與（執政者的）政治行爲（在孔、孟思想中，這兩者是二而一的）具有自足的道德資質的理據[81]，這項觀點實在包含著認識上的嚴重混淆。自我實現是一個人要「成爲」（become）什麼的問題。如果一個人要成爲「好人」（這是一個漫長的奮鬥），他只須遵從內心靈明之指引，是不假外求的。就此而言，人具有自足的道德泉源。執政者的政治行爲則是另一種問題。根據孟子的想法，政治行爲是人的整體行爲的一部分，既然人可本仁義之心行事，政治行爲也必然可能是善的。他是錯看了問題的焦點，執政者的政治行爲基本上不可當作人格問題來處理。執政者的政治行爲是一種權威性的作爲，他們的每一種政治行爲都有不同的可能動機，或者是利己的，或者是利他的；但無論動機爲何，都會產生影響其他許多人的重大後果。所以，這個問題的焦點應該在於如何避免政治行動產生惡劣的重大後果，唯一的方法是：對不知動機爲何的政治行爲採取必要的約束。如果我們以人格的觀點來看執政者的政治行爲，必然就無法處理不良的政治行爲所造成的災禍的問題了。以上的說明與分析，使我們得以大致掌握孔、孟的「政治、社會行動的倫理取向」的預設之觀念根源及其差誤，從而對此一預設的不合法性有更深的認識。

至此，我們分別檢討了「內聖外王」觀念的三項預設，證實了這些預設的不合法性以及「內聖外王」觀念含有嚴重的理論疑難，同時也顯露此一觀念之運作困難的根由。我們的結論是：修身與治國平天下之間並未含有孔、孟所想像的簡單邏輯關係，個

81　見《孟子》，〈梁惠王上〉，6；〈公孫丑上〉，5；〈滕文公上〉，1。

人的道德修養絕不能成爲理想政治、社會秩序的基礎；任何依照
「內聖外王」觀念構思的政治方法都無法眞正解決問題。

最後，在本論結束之前，我們願意藉約翰・穆勒(John Stuart
Mill)的一段話進一步地說明：政治即使是道德的，設若沒有其他
必要的安排，仍然無法發揮其應用的功能——「我們無須假定當
權力歸屬於單獨一個階級時，那個階級會故意爲了自己的利益而
犧牲其他的階級。我們只消說，那些被排斥的階級如果沒有其自
身的辯護人，它們的利益總有被忽視的危險；而此種利益即使受
到注視，其所持的眼光也和直接有關人士的眼光大不相同。」[82]
政治如果缺乏道德的質素是危險的，但寡頭的道德政治也不足爲
訓。最重要的是制度的建構和政治機能的合理運作。在沒有這種
必要條件的情況下，道德與政治之關係的稀薄性是中國知識分子
永遠應該惕厲的。

結論

經過反覆的辨析，我們已然闡明：以個人道德修養爲基礎的
政治領導，不是建立合理政治、社會生活的適切途徑；對政治系
統及其領導者的自足道德性之認定，是儒家政治思想的根本疑

---

82 John Stuart Mill, *Considerations on Representative Government* (The
Bobbsmerrill Co, Inc., 1975). pp. 44-5. 譯文主要參照Harold J. Berman
編，陳若桓譯，《美國法律二十講》(*Talks on American Law*)(香
港：今日世界出版社，1975)，頁31所引譯。另旁酌John Stuart Mill
著，郭志嵩譯，《自由及論代議政治》(台北：協志圖書公司，
1974)，頁136-9。

難。我們不僅可從觀念分析中展示「內聖外王」觀念的差謬，更可在經驗中獲得印證。

「內聖外王」的觀念對中國社會的影響是既深且鉅的。它培養了知識分子「憂以天下，樂以天下」的使命感：道德學問不徒以養身，更當以濟世。但在人類社會的現實處境中，它往往不足以濟世。如此，便造成了知識分子心靈上的困境；當士人真切體驗到道德與事功並不具有相應的關係時，他們是極端痛苦的。這種痛苦普遍深埋在傳統知識分子的內心裡。直至清末民初，中國面臨亙古未有之奇變，這一心境就愈加鮮明可見了[83]。另一方面，「內聖外王」觀念對傳統政治產生了深遠的負面影響。中國政治傳統長期受到法家的浸滲，有非常濃厚的專制性格。但在「內聖外王」觀念的影響下，它卻披上了道德的外衣。結果，聖人沒有當上帝王，帝王卻盡成了聖人。他們不但掌握了權力，也掌握了真理：帝王之所以為帝王，不僅是天之所命，更是德之所歸。君主專制的合法性由此得到了最有力的護衛。事實上，孔、孟之道根本未曾一日行於天下，知識分子卻因而喪失了改革政治秩序的思想理據[84]。專制帝王以「內聖外王」觀念為護身符的歷史發展，更貶損了道德原則在人類社會事務中的重要地位。即使在現代，「內聖外王」觀念對中國亂局的實質影響也有跡可循。

83　參看 Lin Yü-sheng, "The Suicide of Liang Chi: An Ambiguous Case of Moral Conservatism," in Charlotte Furth, ed., *The Limits of Change*, pp. 159-61.

84　參看余英時，〈反智論與中國政治傳統〉、〈「君尊臣卑」下的君權與相權〉，《歷史與思想》（台北，聯經出版事業公司，1976），頁1-75。

我們回顧中國現代歷史，最令人感到悲痛的，並不是帝國主義的殘暴侵略，而是本土政治勢力對個人的價值、尊嚴與合理的政治、社會、文化秩序之無情摧殘，而「內聖外王」觀念卻在許多方面暗示了這種政治勢力的合理性。掌握「真理」的、道德化的革命政治團體及其以「救世主」自居的領袖之能在廣大民眾的禮讚聲中，造成對文化、政治、社會生機的嚴重斲傷，確實不是偶然的現象。道德與政治的一般關係為何，道德在政治中應有怎樣的角色，是值得重新思考的問題。

　　1980年10月28日原文定稿

　　本文原刊於《史學評論》第三期(1981年4月)，是不折不扣的「少作」，從個人今日的眼光看來，也頗有可悔之處。這次重刊，除了結論部分有若干刪節，只作最起碼的文字修訂與少數錯誤訂正，以存其真。

ll44444

44444444444444

立法之道
——荀、墨、韓三家法律思想要論

　　法律在中國具有悠久的傳統。在若干古代經典和先秦諸子的著作中，我們可以見到有關夏、商、周三代制訂刑罰的記載。1975年陝西岐山縣出土的一些銅器上的銘文以及其他若干傳世彝器，提供了西周時代司法裁判的原始資料。上古刑典的總輯，相傳爲戰國初期魏國李悝編定之《法經》六篇。就目前所見文獻所能確考者，第一部明令公佈的成文法典是春秋時代鄭國子產於西元前五三六年鑄製的〈刑書〉[1]。中國的法律具有強烈的刑事性

1　關於以上所述，參看梁啓超，〈論中國成文法編制之沿革得失〉，《飲冰室合集》(台北：中華書局，1978年台二版)，冊六，頁6-9；布施彌平治，《中國法史學概要》(東京：八千代出版社，1973)，頁2-5，11；戴炎輝，《中國法制史》(台北：三民書局，1979)，頁1-3；程武(田昌五)，〈一篇重要的法律史文獻——讀㒨匜銘文札記〉，《文物》，1976:5，頁51-4；唐蘭，〈陝西岐山縣董家村新出西周重要銅器銘辭的譯文和注釋〉，《文物》，1976:5，頁58-9；Derk Bodde and Clarence Morris, *Law in Imperial China* (Philadelphia: University of Pennsylvania Press, 1967), pp. 16-17. (2004年7月筆者附識：1975年陝西岐山銅器出土後，學界陸續出現有關西周法制的研究，特別是在日本。可參考松丸道雄、竹内康浩，〈西周金文中の法制史料〉，在滋賀秀三編，《中國法制史：基本資料の研究》[東京大學出版會，1993]，頁3-55；竹内康

質，對於民事糾紛，也常動用國家的刑罰權來處理，此在古代已顯然。這一事實意謂，依公權力而行的制裁在中國極早便認爲是一種有效的社會規範工具。

法律條文雖然至遲在春秋時代已存在，但這些條文似乎不是國家施行制裁的唯一根據。換言之，罪刑法定的原則並未嚴格建立。先秦法制實況雖不得而詳，但戰國以前貴族社會禮、法不分應屬可信之事。及至漢代，禮與律的分別猶未甚明確，而《春秋》斷獄的例子更足以顯示法律在古代中國尚未完全形成一個獨立的規範系統(system of regulations)[2]。法律不僅在現實上不是獨立的規範系統，它在思想的層面尤其未受普遍的重視。先秦子家之中，除法家外的各家都不曾有創建法律系統的意圖。抑有進者，許多思想家甚至懷疑法律作爲一種社會規範的有效性，儒家是其代表。清楚地說，儒家認爲強力制裁是一種不得已的，且亟應避免的規範方式，因爲這種方式只能消極地禁人犯罪，不能使人自覺行善。在價值上，儒家堅認教化高於刑懲，禮治優於法治[3]。

儘管先秦諸子對法律的評價甚不一致，但有一個共同認識是可以確定的：他們都認爲法律——明文規定且帶有政府制裁力的規範——對維持社會秩序具有不可省免的功能(早期道家也許是唯一的例外)。綜而言之，法律在先秦政治思想中確實是一個明顯的

(續)————————————

浩，〈金文から見た西周時代の裁判制度——西周王朝の實態の解明のために——〉，《史學雜誌》，103:8[1994年7月]，頁1-32。)

2　有關「法律系統」之意義見Graham Hughs, "Concept of Law," in *Dictionary of the History of Ideas* (New York, 1973), vol. 4, p. 1.

3　參看瞿同祖，《中國法律與中國社會》(香港：龍門書店，1967)，頁214-41。

課題，此課題的重要性則因各家而異。本文的主旨不在探討先秦法律思想的所有面相。我們所要闡述的是荀子、墨子、韓非對於立法準則之思慮；也就是說：他們對於法律所應具有的目的與內容的看法。這三位思想家的法律思想是有代表性的。他們的見解不獨可以顯示先秦儒、墨、法三家對法律制定原理的基本觀點，也有助於我們了解中國傳統法理思想之大要。

儒家與荀子的法律思想

儒家思想是中國歷史上出現最早，影響也最大的一支思想體系，在法律思想方面也是如此。儒家的開創者──孔子──對刑罰的功能基本上採取較保留的看法，他認為道德教化才是達成社會秩序最理想的手段。下面兩段話即是明證：

> 道之以政，齊之以刑，民免而無恥；道之以德，齊之以禮，有恥且格。（《論語‧為政》，2）
> 聽訟，吾猶人也。必也，使無訟乎！（《論語‧顏淵》，13）

孔子何以有這種見解是很容易理解的。孔子心目中的理想世界是一個依照倫理原則運作的社會，因此孔子政治、社會思想的主題便是在於如何建構一個道德的社會與陶養道德的社會成員。根據孔子的思想，真正的道德行為一定是自發的，法令刑罰的強制力

對於孔子的政治理想之實現因而終不免徒勞無功[4]。如果要造就道德和諧的社會秩序，當以禮教爲主，法律爲輔。孔子說：「不教而殺謂之虐。」(《論語・堯曰》，2)又說：「禮樂不興，則刑罰不中。」(《論語・子路》，3)這些話在他的觀念系統中都是具有理論涵義的。

這裡必須說明，孔子雖然力主德治，對法律的功能卻未嘗有否定的意思。這一點可以從「刑罰不中，則民無所措手足」(〈子路〉，3)的話中明白看出。孔子不可能反對法律的運作是極易想見的，因爲在論理上，一個理想的道德社會之實現必須以安定的社會秩序爲前提。就社會現實而言，法律的價值也是毋庸置疑的。孔子反對的只是把法令刑罰視爲唯一有效的或終極的社會規範的說法與作法。

孟子的思想和孔子血脈相連，但是孟子對儒家的法律思想並無貢獻。孟子思想發揮了孔子學說中的「仁」的精義；也就是說，他對儒家思想中的「內聖」面——有關人類道德行爲與理想人格之根源與實現的諸問題——提出了原創性的理論建構，對於外在道德規範或社會規範的問題則措意不深。在政治思想方面，孟子強調的是「仁政」；他認爲統治者的道德素質是政治上的決定性因素，但對法律與制度的問題則無系統的發揮。先秦儒家對於社會規範問題發展出最精緻、最複雜的論說的思想家是荀子。他的思想奠定了儒家法律思想的基礎；因此，了解荀子的法律思

4　參看陳弱水，〈「內聖外王」觀念的原始糾結與儒家政治思想的根本疑難〉，《史學評論》，第三期(1981年3月)，頁90-1。該文亦收入本書。

想是了解儒家法律觀的首要之事。

在荀子的心目中，社會、政治問題中最基本的是「秩序」的問題。以下的文字可爲明證：

> 人之生不能無群，群而無分則爭，爭則亂，亂則窮矣[5]。

荀子對「秩序」問題的重視和他的整個思想是有邏輯關連的。根據荀子的看法，世界和世界上的萬事萬物都有它們的原理。人對於這些原理的掌握，可以導使他們領悟那些紛然並存、各各殊異的具體事物之共同性質，進而有條理地安置這些事物。荀子把這些原理稱作「類」、「法」或是「一」[6]。無疑地，人類的行爲與活動之中也包含了這些原則；設若一個社會偏離或違反了這些原則，混亂與災難必隨之而生。荀子是一個人文思想家，他的基本關懷就是了解和闡明人類活動的這些原理。

人類活動的中心原則是什麼呢？對於這項問題，荀子提出了一個一貫而堅定的解答：禮。他說：「禮者，法之大分，類之綱紀也。」[7]在荀子看來，「禮」在人類社會中的功能，猶之乎繩墨能定曲直，規矩能正方圓，天秤可衡輕重[8]。質言之，「禮」是個人行爲與社會行動的準則。然而「禮」的實質意義是什麼呢？它

---

5 李滌生，《荀子集釋》（台北：學生書局，1979），〈富國〉，頁202。

6 同上，〈王制〉，頁178。

7 同上，〈勸學〉，頁10。

8 同上，〈王霸〉，頁239；〈禮論〉，頁428。

究竟何所指呢？在荀子的觀念系統裡，「禮」的第一層意義是屬
於社會與政治的範疇。它一方面指稱所有的典章制度，一方面指
稱禮儀——禮典的儀文形式。這個看法是中國古代貴族階級的傳
統見解，荀子自非別闢蹊徑[9]。在荀子思想中，「禮儀」意義的
「禮」比「制度」意義的「禮」具有較確切的意涵，同時也更爲
重要，因爲禮儀是維持社會秩序的關鍵。荀子認爲，禮儀是代表
不同政治、社會階層的標誌(他稱之爲「表」)[10]，而社會秩序則
無異於一個社會中的階層性安排(hierarchical arrangement)[11]，因
此，禮儀是每一社會成員所應遵守的行爲標準。爲了造就良好的
社會秩序，人民必須被教導(有時甚至須被強迫)遵從禮儀。
「禮」的第二層涵義屬於個人的範疇，在這層意義上，「禮」是
正當行爲的規範，包含了所有節制「人性」自然傾向的規範和儀
文形式[12]。(當然，荀子對於「禮」的這層見解是以他的「性惡
論」爲基礎的。)一個充分、完美地實踐了這些規範的人就是「聖
人」。荀子因而明白宣稱：「學至乎禮而止矣；夫是之謂道德之
極！」[13]

9　蕭公權，《中國政治思想史》(台北：聯經出版公司，1982)，頁
　　105。

10　《荀子集釋》，〈天論〉，頁379。

11　參看Homer H. Dubs, *Hsün Tzu: The Moudler of Ancient Confucianism*
　　(London: Λ. Probsthain, 1927), chap. 14。另見《荀子集釋》，〈非
　　相〉，頁80；〈儒效〉，頁157；〈富國〉，頁215，〈禮論〉，頁
　　419。

12　Cf. Stephan Kenzig, "Ritual Versus Law in Hsün Tzu: A Discussion,"
　　Journal of Chinese Philosophy, 3:1 (December 1975), p. 58.

13　《荀子集釋》，〈天論〉，頁10。

　　但是，我們現在要問：「禮」（尤其政治、社會範疇內的「禮」)與「法」是否相關呢？如果是，它們之間的關係是什麼？從論理上看來，法律是一種由公權力行使的、具有鎮制力的社會規範，它是國家典章制度的一個重要部分，自然也就屬於「禮」了。事實上，荀子抱持的正是這樣的見解。他說：

　　明主……之所以布陳於國家刑法者，則舉義法也[14]。

這裡說的「義法」，顯然是指人類社會所應遵循的大綱大則，也就是一般意義的「禮」。荀子的意思是：法律之制訂應當以「禮」爲準則。他對「禮」又曾作過下面這樣的界定：

　　禮者，治辨之極也，強國之本也，威行之道也，功名之總也[15]。

這段引文再度顯露了「禮」不僅限於自然形成的社會規範，還包含了「威行之道」——國家具有強迫性的政令制度。無疑地，法律也在其中。在荀子的思想體系中，「法」是「禮」的一個構成元素[16]。

14　同上，〈王霸〉，頁230。
15　同上，〈議兵〉，頁331。
16　Stephan Kenzig強調荀子對「禮」、「法」作了「真正的、徹底的區分」，但他的解釋似乎並不能在《荀子》書中得到證明。見氏著 "Ritual Versus Law in Hsün Tzu: A Discussion," p. 61。

　　接下來的問題是：法律具有怎樣的重要性？為了回答這項問題，我們必須先闡明荀子的法律觀。荀子對法律之功能與性質的看法是簡單而明確的。他對這個問題的認識無異於古代中國的基本觀點：法律即國家如何實施刑罰的規定。他認為刑罰在任何社會中都是不可省免的，因為罪惡之普遍存在是一個清楚的事實。刑罰的唯一功能是鎮壓罪行，維持社會安定；刑罰在這種問題上的效力是教化性的社會規範所無法比擬的。因此荀子說：「元惡不待教而誅。」[17]根據同樣的觀點，他有時甚至認為刑罰不僅是必要的，還必須是嚴屬的：「刑稱罪，則治；不稱罪，則亂。故治則刑重，亂則刑輕。」[18]在荀子思想裡，法律扮演的是一個禁制性、消極性的角色。

　　荀子不曾有直接涉及立法原理問題的明確論述，但法律既然是「禮」的一個構成要素，有關荀子思想中立法原理的問題，就必須在荀子對於「禮」的理據與起源的討論中尋求解答了。荀子對於「禮」之發生和存在理由的看法，和他的社會哲學與人性論密切相關。扼要言之，荀子認為人性是充滿爭欲的，人類世界也因而無法形成自然的秩序。遠古的聖王為求陶冶樸質的人性，避免社會混亂，乃創建了「禮」。此外，「禮」對文明社會與文明人也是不可或缺的：沒有規範的人類社會必將陷於混亂，未曾接受教養與陶冶的個人也無法端正自身。下面是兩段具有代表性的文字：

　17　《荀子集釋》，〈王制〉，頁161。
　18　同上，〈正論〉，頁393。

> 古者聖王以人性惡，以為偏險而不正，悖亂而不治，是以
> 為起禮義，制法度，以矯飾人之情性而正之，以擾化人之
> 情性而導之也……[19]。
>
> 凡用血氣、志意、知慮，由禮則治通，不由禮則勃亂提
> 僈；食飲、衣服、居處、動靜，由禮則和節，不由禮則觸
> 陷生疾；容貌、態度、進退、趨行，由禮則雅，不由禮則
> 夷固、僻違，庸眾而野。故人無禮則不生，事無禮則不
> 成，國家無禮則不寧[20]。

然而，我們還必須進一步追索：遠古聖王如何創制「禮」？
「禮」的本質是什麼？遠古聖王為什麼能夠掌握「禮」的創制原
理？就中國古代思想傳統而言，荀子對於這些問題的看法是相當
特殊的。他認為，「禮」是人類世界中應然性、規範性真理之顯
現。換句話說，「禮」是根據某些價值上的準則制定的，而這些
準則具有客觀性與固定性，它們是可以由人們以清明的知性去掌
握的。所以荀子有言：「仁義法正有可知可能之理。」[21]古代聖
王創建禮制的過程，就是他們以心知之明領悟「禮」的本質而為

19　同上，〈性惡〉，頁54。

20　同上，〈修身〉，頁24。另見〈非相〉，頁80；〈禮論〉，頁417，
　　421，439；〈性惡〉，頁544。有關荀子人性論的分析，參看D. C. Lau,
　　"Theories of Human Nature in Mencius and Shyuhtzyy [Hsün Tzu],"
　　Bulletin of the School of Oriental and African Studies, Vol. 15 (1953)；
　　張亨，〈荀子對人的認識及其問題〉，《文史哲學報》，二十期
　　(1971年6月)。

21　《荀子集釋》，〈性惡〉，頁552。

人類社會設定正確的規範。用個譬喻來說，「禮」可以類比於自然世界中的眞理，聖王制法設禮則無異於自然科學家以數理程式來表達他們所掌握的自然世界的律則。在結束對荀子法理思想的討論之前，我們可以徵引出一段最能具體反映荀子法理思想的文字，以爲上述解釋的明證：

> 法者(指國家的法令、制度、政策)，治之端也；君子者，法之原也。故有君子，則法雖省，足以徧矣；無君子，則法雖具，失先後之施，不能應事之變，足以亂矣。不知法之義，而正法之數者，雖博，臨事必亂[22]。

這段文字旨在強調「人治」的重要，卻同時清楚地顯示了荀子對於立法原理問題的一貫主張：立法的泉源在於明睿的政治領袖，這是因爲他能夠領悟「法之義」。

總結來說，荀子的思想似乎涵蘊了以下的論點：在政治社會中實際施行的法律應該根據某些更高的、未被明白宣示的原則訂定。用現代或法律學的術語來說就是：實體法必須立基於自然法，但在實際歷史和社會過程中，實體法與自然法之接榫，則要依賴聖王的睿智了。

22　同上，〈君道〉，頁263-4。

墨子的法律思想

在墨子思想中，「法」是用以指稱人類行為規律的字眼。正如同荀子一樣，墨子是從社會後果(social effect)的立場論辯人類社會中規律的必要性。他指出，在法律、政府、統治者尚未出現的遠古時代，人人都有自己的行為標準：「一人則一義，二人則二義，十人則十義。其人茲眾，其所謂義者亦茲眾。是以人是其義，以非人之義。」[23]人類因而處於攻伐混亂的狀態，這種悲慘的情境必須消弭，因此不同的行為標準也必須統一[24]。在墨子看來，統一的標準必須是合理而超然的規律，因為惟有這種規律才能真正導致持久的和平與穩定的秩序。

在《墨子》書中，「法」的基本意涵是普遍意義的「法」——即普遍意義的律則(principle)。在討論「法」的涵義之時，墨子也舉出了和荀子相同的比喻，他認為，人類社會中行動規律的功能，正如同圓規、方矩、繩墨、擺錘的功能[25]；它們都是規範正確事物的準繩。然而，與荀子不同的是，在說明有關「法」（律則)的具體問題時，墨子主要將其限於政治的領域。也就是說，與政府權力之行使有關的規律問題。

---

23 孫詒讓，《墨子閒詁》（台北：世界書局，《新編諸子集成》第六冊），〈尚同上〉，頁44。另見〈尚同中〉，頁47；〈尚同下〉，頁55-6。

24 同上。

25 同上，〈法儀〉，頁11；〈天志上〉，頁122；〈天志中〉，頁128；〈天志下〉，頁133。

「法」對墨子而言，有時清晰地指稱懲惡賞善的法令條文。《墨子》書中有一段討論刑法起源和分析刑罰性質的文字可爲明證（「唯作五殺之刑，曰法」）[26]。成文法的觀念似乎也一度出現在《墨子》書中（「天子……發憲布令於天下之眾」）[27]。但是，就整體而言，墨子並沒有明確的法律系統觀念。易言之，墨子不曾對法律與政治措施作過區分。確切地說，在墨子心目中，「法」是造就和平社會（或者一種模糊意義下的道德社會）的政治方法[28]。明文規定的刑罰只是「法」的一部分。因此，在《墨子》書中，「刑政之治」[29]與「刑法之治」[30]被交互地用來描述美好的政治狀態[31]。

無論法律和政治措施的區別在墨子思想中是如何地不明顯，有一點可以確定的是：有關政治事務中強制性規範的問題是墨子思想的一個主題，這些強制性規範事實上就是現代意義的法令——法律與政令。墨子對於法令問題的討論就是我們說明他的法理思想的根據。

墨子對於立法問題最堅定的主張是：法令的制訂不可以任意而爲，它們不應該是由立法者的意志決定的。根據這項原則，墨

26　同上，〈尚同中〉，頁51。
27　同上，〈尚同下〉，頁58-9。
28　同上，〈尚同上〉，頁44-5。
29　同上，〈尚賢上〉，頁25。
30　同上，〈尚賢下〉，頁38。
31　這兩個辭語分別出現於〈尚賢上〉和〈尚賢下〉。《墨子》一書雖非墨子手著，但這兩種不同的記述至少顯示出墨家不曾區別「政」與「法」。

子認爲法令的存在本身並不足以保證法令的正當性；善法與惡法——「刑」與「殺」[32]——因而必須予以區分。換句話說，對墨子而言，現行法的正當性是需要被一種「超法律信條」（meta-legal doctrine）判定的。他的論說是這樣的：

> 然則奚以爲治法而可？當皆法父母奚若？天下之爲父母眾而仁者寡，若皆法其父母，此法不仁也。法不仁不可以爲法。當皆法其學（老師）奚若？天下之爲學者眾而仁者寡，若皆法其學，此法不仁也。法不仁不可以爲法。當皆法其君奚若？天下之爲君者眾而仁者寡，若皆法君，此法不仁也。法不仁不可以爲法。故父母、學、君三者，莫可以爲治法。然則奚以爲治法而可？故曰：莫若法天[33]。

在此，墨子對於立法原則的問題提出了一個明確的論點。事實上，對墨子而言，超越的「天」不僅是立法的根據，同時更是一切價值之所以爲價值的判準。「天」是墨子整個思想體系中的核心觀念。

現在要繼續追索的問題是：爲什麼人間的法律應該或必須遵從「天」呢？這是因爲墨子思想中的「天」是宗教性的「天」，祂的德性使得人們應當順從祂。墨子認爲，「天」是有德的、博愛的、公義的。墨子頌讚「天」說：「天之行廣而無私，其施厚

---

32 《墨子閒詁》，〈尚同中〉，頁51。
33 同上，〈法儀〉，頁12。

而不德(或應作息),其明久而不衰。」[34]這樣的「天」當然不是
一種自然或中性的「天」;祂是道德與價值的泉源。墨子因此明
白地宣示:「義果(實在)自天出矣。」[35]「天」最昭彰明著的德
性是祂對世界普遍、無差等的愛:

> 今夫天,兼天下而愛之,撽遂萬物而利之,若豪(毫)之
> 末,非天之所爲也。而民得而利之,則可謂否(厚)矣[36]。

一言以蔽之,「天」就是「道」,就是世界上萬事萬物的準繩。
法令是人類社會中行動的標準,它自然應當以「天」爲模範了。

人間的律法之所以應當傲效「天」的另一項理由是起於
「天」的懲罰性格與能力。根據墨子的觀點,有德性的「天」同
時是一個有意志、有巨大力量的人格「天」。「天」創造了日月
星辰,帶給人間光明;祂賜給世間雪霜雨露、山川谿谷、五穀絲
麻;使人類得以溫飽生存[37]。這一切作爲都是爲了造福於人。但
另一方面,如果人不服從「天志」,「天」就會降下嚴厲的災禍
以爲警告或懲處。「天」的意志是什麼呢?它只是要求公義和
愛。因此,如果人們違背了公義,就會招致不幸:「不仁,不祥
也。」[38]墨子對「天」的這種性格的描述同時意謂著,人間的法

34　同上。
35　同上,〈天志中〉,頁123。
36　同上,〈天志中〉,頁125,126。
37　同上,〈天志中〉,頁125-6。
38　同上,〈天志中〉,頁125。

律之所以遵從「天志」的緣由不僅在於「天」是正義的，更重要
的是：爲求避免不服從「天志」而導致的嚴重惡果。墨子說：

> 天下有義則生，無義則死。有義則富，無義則貧。有義則
> 治，無義則亂[39]。

又說：

> 何以知義之爲正也？天下有義則治，無義則亂。我以此知
> 義之爲正也[40]。

墨子的正義觀念或道德思想是一種近似「功利主義」（utilitarianism）
的觀念。墨子所說的「義」並不是指具有自足性或超越性的價值
標準；「義」本身沒有獨立的意義，它是被和平或秩序所界定
的。和平是「天」的要求，「義」自然也是「天」的旨意。以立
法問題而論，墨子認爲制訂法令的目的在於造就人間的秩序；造
就秩序的目的則在於維持久遠、普遍的和平，而非爲了保障統治
者或某些特定國家的利益。如果要達成這項目的，就必須遵行公
義。任何一次錯誤的刑罰或悖理的殺伐都將激起「天」的憤怒與
懲罰。墨子說：「公天下之國，粒食之民，殺一不辜者，必有一
不祥……孰予之不辜？曰：天也。」[41]因此，在墨子看來，了解

39　同上，〈天志上〉，頁119。
40　同上，〈天志下〉，頁130。
41　同上，〈天志下〉，頁131。另見，〈明鬼下〉，頁141。

「義」或「天志」的最有效方法就是觀察那些號稱爲「義」的政治措施與法律之直接的、間接的、短程的、長程的後果。任何導致政治或社會不安的措施都是不義的,都是不合乎「天志」的。不安本身就是不符「天志」的表徵。在這層意義下,墨子思想中的「義」實在就等於和平或秩序[42]。

最後一項尚未解答的問題是:人類如何領悟「天」的意志並將之實現於人間呢?墨子以爲:聖王就是聯結「天志」與人事的人。他說:「天之行廣而無私……故聖王法之。既以天爲法,動作有爲,必度於天。天之所欲則爲之,天所不欲則止。」[43]領悟「天志」的聖王會普遍地愛世人,不偏不私地爲他們謀求福祉;同時,在人間創立以「天志」爲範本的律法[44]。在另一方面,萬能的「天」也能夠知悉誰是遵從祂的意志的人。祂會選取他們作爲人間的統治者;這些受到「天」的擢拔選立的人稱爲「天子」。墨子指出,堯、舜、禹、湯、文、武俱是往例[45]。這就是「天志」得以在人間顯現的路途。

墨子對於立法原則之問題的思考是清晰而一貫的,他的法理思想更是一種素樸的自然法觀。

42　Cf. Yi-pao Mei, *Motse: The Neglected Rival of Confucius* (London: A. Probsthain, 1934), Chaps. 5 & 7.

43　《墨子閒詁》,〈法儀〉,頁12。

44　同上。

45　同上,〈天志下〉,頁132。

韓非的法律思想

　　韓非是最後一位，也是最重要的一位法家理論家。他綜合了先前的法家觀念，完成了法家思想的系統。從「法家」這一名稱，我們即可想像，法律在法家思想中占有極特殊的地位。法家的思想家不僅認為法律條文是一個獨立的系統，他們更堅決表示：法律的制訂應與社會的既成道德規範無關。在一種更極端的觀點上，法家還認為法律是社會上惟一可被認可的行為規範[46]。因此，我們對於韓非法律思想的分析與討論即無須以有關自然界或人類社會的一般性規律的問題為起點。

　　韓非所指稱的「法」是明文公布實施的成文法。他說：

　　　法者，編著之圖籍，設之於官府，而布之於百姓者也[47]。

又稱：

　　　法者，憲令著於官府，刑罰必於民心，賞存乎愼法，而罰加乎姦令者也[48]。

法律之所以必須公開布告，是因為它是一個國家中所有人民的行

46　蕭公權，《中國政治思想史》，頁254-6。
47　陳奇猷，《韓非子集釋》（台北：河洛圖書出版社景印，1974），〈難三〉，頁868。
48　同上，〈定法〉，頁906。

動規律。這個觀念顯示了韓非法律思想的第一項特色——法律的平等性。韓非強調，無論「尊貴之臣」或「卑賤之民」都必須毫無差等地服從法律的權威[49]。韓非法律思想的第二項特色是法律的固定性與明確性。法律是不容許任意解釋的，法律的意義不多也不少地就在於法律條文本身。因此，執法者絕不可憑著自己的好惡或推論曲解法律的內容。韓非說，好的法律是「可爲之賞」、「可避之罰。」[50]韓非法律觀的第三項特色可稱之爲法律的排他性。韓非認爲，法律不但是一個自足的系統——它不建構於高於或先於它的標準上；同時也是社會上惟一被允許存在的規範系統。因此，法律還是不准許批評的。韓非堅決地表示：「明主之國：令者，言最貴者也；法者，事最適者也。言無二貴，法不兩適，故言行而不軌於法令者必禁。」[51]他最厭惡臣民，尤其是知識分子，根據自己的道德標準或知識意見抨擊現行法。他指出，國家混亂與法律失效的基本原因正是在於「聖智成群，造言作辭，以非法措於上。」[52]總而言之，韓非的法律思想徹底否定了除法律與統治者命令而外的一切規範的有效性。

然而，除了上述三項以外，韓非法律思想還具有另一項更重要的特色。這就是：韓非所謂的法律是一種非常特殊的行動規則；它並不是指令人們哪些事不可以做，而是指出哪些事可以做或一定要做。韓非法律觀念的這項意涵使得他所謂的法律與一般

49　同上，〈備內〉，頁290-1。
50　同上，〈用人〉，頁498。另見〈有度〉，頁86。
51　同上，〈問辯〉，頁898。
52　同上，〈詭使〉，頁946。另見〈飭令〉，頁1123。

意義的規律——例如，自然界的律則——大相逕庭。自然界的律則事實上無異於一些「自然的阻礙」（natural obstacles），它們只是顯示人類行動的限制[53]。舉例而言，人由於其生理上的限制，在地球上不可能躍過三公尺的高度；但是，只要他願意或需要，他可以走路、可以跑步、可以跳舞，甚至可以爬。自然的律則只是使人的行動選擇限於一定的範圍。然而，韓非思想中的法律卻像是鐵路的軌道，它是火車惟一可行之道。韓非曾經讚譽秦昭王的一次措施。秦昭王有一次患病，有些百姓買了牛行禮祝禱他早日康復。昭王聽到這項消息後，就下令凡有人祝禱他康復的村里各罰繳納兩件盔甲。他解釋說，這些百姓未獲命令而擅自禱告，雖然顯示了他們對君王的愛敬之心，但這是不從法令，必須受罰[54]。另一個更明顯地表現韓非法律觀念的例子是韓昭侯的故事。有一次韓昭侯醉酒而眠，典冠的官員見到昭侯有受寒之虞，就為他披加衣服。昭侯醒後，詢問是誰替他披衣。當他知曉是典冠官披衣之後，就同時懲罰了典衣官與典冠官。典衣官受罰，很明顯地，是因為他怠職。典冠官受罰，則是因為昭侯認為他踰越了職分[55]。韓非大以昭侯此舉為是。這兩個例子顯示，在韓非看來，臣民服從法律的意義是指臣民的行動範圍必須限制於法令明白規定的事項。用現代法學觀念來說，韓非認為自由應當是列舉的；也就是說，韓非的「法治」觀念並未涵蘊人民行動自由的前提。這樣的

53　See Friedrich Hayek, *The Constitution of Liberty* (The University of Chicago Press, 1960), p. 142.

54　《韓非子集釋》，〈外儲說右下〉，頁768。

55　同上，〈二柄〉，頁112。

法律思想，與近代某些極權國家的法律觀頗有雷同之處。我們或
許可以稱之爲法律的絕對性。

　　然而，法律的目的或功能是什麼呢？韓非認爲制訂法律的目
的純粹是爲了社會安定與國家強盛。析而論之，這個問題可分兩
個方面來談。在社會安定方面，韓非討論的基點是每個國家都有
法律這一事實。既然任何國家都具有法律，在韓非看來，國家和
社會秩序混亂的原因就必須歸之於法律的無力與紊亂。換句話
說，如果一個國家的法律愈爲完備與嚴厲，這個國家就會愈爲安
定。所以韓非說：「奉法者強則國強，奉法者弱則國弱。」[56]又
說：「聖人之治民……其與之刑，非所以惡民，愛之本也。刑勝
而民靜……故治民者，刑勝，治之首也。……嚴刑則民親法。」[57]
另一方面，韓非認爲法律還具有積極的功能。法律訂下的賞與罰
能夠激發人民爲國家效命的動力，國家也將因而強大。下面是韓
非對這個問題的看法：「治強生於法，弱亂生於阿，君明於此，
則正賞罰而非仁下也。爵祿生於功，誅罰生於罪，臣明於此，則
盡死力而非忠君也。」[58]如此，在韓非的思想中，法律就幾乎變
成了解決所有政治、社會問題的萬靈丹：

　　　聖人之治也，審於法禁，法禁明著則官法；必於賞罰，賞

56　同上，〈有度〉，頁85。

57　同上，〈心度〉，頁1134。

58　同上，〈外儲說右下〉，頁756。有關韓非對法律之目的問題的見
　　解，另見〈飾邪〉，頁308-9；〈安危〉，頁483；〈守道〉，頁
　　491；〈內儲說上〉，頁543；〈定法〉，頁906；〈說疑〉，頁
　　914。

罰不阿則民用。官官治（或當作民用官治）則國富，國富則
兵強，而霸王之業成矣[59]。

但是，我們可以提出一個合理的疑問：嚴厲的法令或許可以逼使
人民必須服從，但卻不一定能夠激發人民的工作動力，那麼，韓
非為什麼如此堅持法律的絕對有效性呢？他的人性論回答了這個
問題。韓非稱人性為「人情」。「人情」有好有惡。人喜歡混水
摸魚而厭惡束縛，愛好利祿而畏懼刑罰。針對人性的這種趨向，
懲罰的法令必須嚴厲而詳備，使人民心有所畏而不敢不克制其
「好惡」以從法。另一方面，賞賜也必須明確而豐厚，使人民因
其好利之心而熱烈遵行法律所規定的事務[60]。用韓非自己的話來
說就是：「賞莫如厚，使民利之；譽莫如美，使民榮之；誅莫如
重，使民畏之；毀莫如惡，使民恥之。」[61]只要運用這種策略，
韓非認為他心目中的「法治」的理想境地必能達成。這個境地是
這樣的：

民犯法令之謂民傷上，上刑戮民之謂上傷民；民不犯法則
上亦不行刑，上不行刑之謂上不傷人。……上不與民相
害……故曰：「兩不相傷。」民不敢犯法，則上內不用刑
罰而外不事利其產業；上內不用刑罰而外不事利其產業則

59　同上，〈六反〉，頁949。
60　同上，〈八經〉，頁996；〈二柄〉，頁111；〈解老〉，頁341；
　　〈心度〉，頁1134；〈制分〉，頁1141。
61　同上，〈八經〉，頁997。

民蕃息，民蕃息而畜積盛；民蕃息而畜積盛之謂有德[62]。

前文已經明述，韓非認爲法律本身是一個自足的系統，它不須立足於任何超越原則或先決條件之上。但這並不意謂著韓非的法律思想中沒有立法的問題。根據韓非的觀點，法律是一種工具——一種最有助於完成國家目標的工具，統治者因此就自然是造法者(law-maker)了。在韓非思想中，統治者的地位是超乎法律的，法律純然是統治者思考如何管理社會與如何促使國家強大的產物。所以他明白地宣稱：「夫賞罰之爲道，利器也。君固握之，不可以示人。」[63]又稱：「明主之所導制其臣者，二柄而已矣。二柄者，何也？刑、德也。何謂刑、德？曰：<u>殺戮之謂刑，慶賞之謂德</u>。」[64]由此而論，我們對於韓非對法律的平等性與固定性的要求就可以有更適切的了解。韓非的這兩項要求全然是基於技術考慮的要求。因爲平等的法律，包括對統治者遵守現行法的要求，可以樹立法的威信。固定而明確的法律，可以使執法者無以玩法，被統治者得以循法。它們與現代憲政主義的法律體系所要求的平等性和固定性在意義上極爲不同[65]。綜而言之，對韓非而言，法律基本上是統治者意志的表現，也就是說，法律只是一種政治上的操作。

---

62 同上，〈解老〉，頁357。
63 同上，〈內儲說上〉，頁55。
64 同上，〈二柄〉，頁111。
65 有關憲政國家法律之固定性與平等性之問題，可參看Friedrich Hayek, *The Constitution of Liberty*, pp. 205-219。

　　最後，我要提出一個有待釐清的問題。在現代學術研究中，韓非的法律思想經常被歸類爲「法實證主義」（legal positivism）。這項歸類的主要理由是，韓非的法律思想至少在兩項論點上和一般性的法實證主義有雷同之處：第一，法律是人的命令；第二，法律與道德之間沒有必然的關聯，易言之，沒有實然的法律與應然的法律之區別[66]。但是，我們要注意的是：以上兩項論點並不是法家思想的基本觀念。法實證主義雖然在有關現行法的有效性和權威性的問題上通常抱持著保守的態度，但法實證主義絕不意謂著法律是社會上惟一的規範。它更未主張法律應該是任意的，或統治者高於法律。法實證主義基本上是意圖從現存的法律系統去研究、抉發法律的性質[67]。因此，如果將法家思想歸類爲法實證主義，不能不說是對韓非或法家思想之性質的混淆。

結語

　　先秦諸子的法律思想形態基本上可從荀、墨、韓三家思想中反映出來。總結而言，這三家思想顯示了兩種類型的法律觀念。荀子和墨子的法律思想屬於同一形態；它們都具有自然法的法理理論。墨子和荀子都肯定實體法的制訂與執行必須遵從一更高的

66　見K. K. Lee, "The Legalist School and Legal Positivism," *Journal of Chinese Philosophy*, 3:1 (December 1975), p. 52。除了本文列舉的兩項論點，K. K. Lee還提出了另一項共同的特色，惟此點不在本文主題之內，故未標出。

67　參看戴東雄，《從法實證主義之觀點論中國法家思想》（台北，民國六十二年），頁5-19；Graham Hughes, "Concept of Law," pp. 1-6。

原則；他們也都強調惟有具有特殊能力的聖王才能創立正確的法律。當然，他們對於立法問題之思慮的內容是不同的：墨子從天，荀子從禮。韓非的法律思想則是屬於另外一種形態。根據韓非的觀點，法律不過是統治者爲完成國家的目的而作的冷酷理智思考之化身；更直接地說，法律實無異於統治者爲完成自己個人之目的所作的理智思考之化身。

最後，我們要闡明的是，這兩種不同形態的法律觀念也具有兩項共同的特色。第一項特色是，它們都認爲，法律之所以必要的一項主要理由是：由法律而造成的安定的社會秩序在價值上與利益上都高於處於不斷衝突中的混亂社會。第二，在這些觀念中，法律與政治措施或命令都沒有明顯的區別。

本文原收於劉岱、黃俊傑編，《中國文化新論思想篇（二）：天道與人道》（台北：聯經出版事業公司，1982）。2004年7月略作表達上的修改，實質內容無更動。

文化叢刊
公共意識與中國文化

2005年9月初版　　　　　　　　　　　　　　　　定價：新臺幣350元
有著作權・翻印必究
Printed in Taiwan.

著　　　者　陳　弱　水
發　行　人　林　載　爵

出　版　者　聯經出版事業股份有限公司　　叢書主編　沙　淑　芬
台北市忠孝東路四段555號　　校　　對　李　倩　萍
台北發行所地址：台北縣汐止市大同路一段367號　　封面完稿　胡　筱　薇
　　　　　電話：（02）26418661
台北忠孝門市地址：台北市忠孝東路四段561號1-2樓
　　　　　電話：（02）27683708
台北新生門市地址：台北市新生南路三段94號
　　　　　電話：（02）23620308
台中門市地址：台中市健行路321號
台中分公司電話：（04）22312023
高雄門市地址：高雄市成功一路363號
　　　　　電話：（07）2412802
郵政劃撥帳戶第0100559-3號
郵　撥　電　話：26418662
印　刷　者　雷射彩色印刷公司

行政院新聞局出版事業登記證局版臺業字第0130號

本書如有缺頁，破損，倒裝請寄回發行所更換。　　ISBN　957-08-2905-2（平裝）
聯經網址 http://www.linkingbooks.com.tw
　　信箱 e-mail:linking@udngroup.com

國家圖書館出版品預行編目資料

公共意識與中國文化 / 陳弱水著 .
--初版 . --臺北市：聯經，2005 年（民 94）
392 面；14.8×21 公分 .（文化叢刊）
ISBN 957-08-2905-2(平裝)

1.社會倫理-論文,講詞等
2.公德-論文,講詞等
3.中國-文化-論文,講詞等

195.07   94013264

聯經出版公司信用卡訂購單

信用卡別： ☐VISA CARD ☐MASTER CARD ☐聯合信用卡
訂購人姓名： ＿＿＿＿＿＿＿＿＿＿＿＿＿＿＿＿＿＿＿
訂購日期： ＿＿＿＿＿年＿＿＿＿＿月＿＿＿＿＿日
信用卡號： ＿＿＿＿＿＿ ＿＿＿＿＿ ＿＿＿＿ ＿＿＿＿
信用卡簽名： ＿＿＿＿＿＿＿＿＿＿＿＿＿(與信用卡上簽名同)
信用卡有效期限： ＿＿＿＿＿年＿＿＿＿＿月止
聯絡電話： 日(O)＿＿＿＿＿＿＿＿＿夜(H)＿＿＿＿＿＿＿＿
聯絡地址： ☐ ☐☐＿＿＿＿＿＿＿＿＿＿＿＿＿＿＿＿＿＿
訂購金額： 新台幣＿＿＿＿＿＿＿＿＿＿＿＿＿＿＿＿＿元整
（訂購金額 500 元以下，請加付掛號郵資 50 元）

發票： ☐二聯式 ☐三聯式
發票抬頭： ＿＿＿＿＿＿＿＿＿＿＿＿＿＿＿＿＿＿＿
統一編號： ＿＿＿＿＿＿＿＿＿＿＿＿＿＿＿＿＿＿＿
發票地址： ＿＿＿＿＿＿＿＿＿＿＿＿＿＿＿＿＿＿＿

如收件人或收件地址不同時，請填：
收件人姓名： ☐先生
＿＿＿＿＿＿＿＿＿＿＿＿＿＿＿＿ ☐小姐
聯絡電話： 日(O)＿＿＿＿＿＿＿＿＿夜(H)＿＿＿＿＿＿＿＿
收貨地址： ＿＿＿＿＿＿＿＿＿＿＿＿＿＿＿＿＿＿＿

．茲訂購下列書種．帳款由本人信用卡帳戶支付．

書名	數量	單價	合計
		總計	

訂購辦法填妥後
直接傳真 FAX：(02)8692-1268 或(02)2648-7859
洽詢專線：(02)26418662 或(02)26422629 轉 241

網上訂購，請上聯經網站：http://www.linkingbooks.com.tw